LA REVOLUCIÓN FRANCESA

GEORGE RUDÉ

LA REVOLUCIÓN FRANCESA

Barcelona • Bogotá • Buenos Aires • Caracas • Madrid • México D.F. • Montevideo • Quito • Santiago de Chile

Título original: *The French Revolution*
Edición original: The Orion Publishing Group
Traducción: Aníbal Leal

Av. Paseo Colón 221, piso 6 - Ciudad Autónoma
de Buenos Aires, Argentina.
www.edicionesb.es

Impreso en Argentina / Printed in Argentine
ISBN: 950-15-2335-7
Depositado de acuerdo a la Ley 11.723

Impreso por Printing Books, Mario Bravo 835, Avellaneda
en el mes de marzo de 2004.

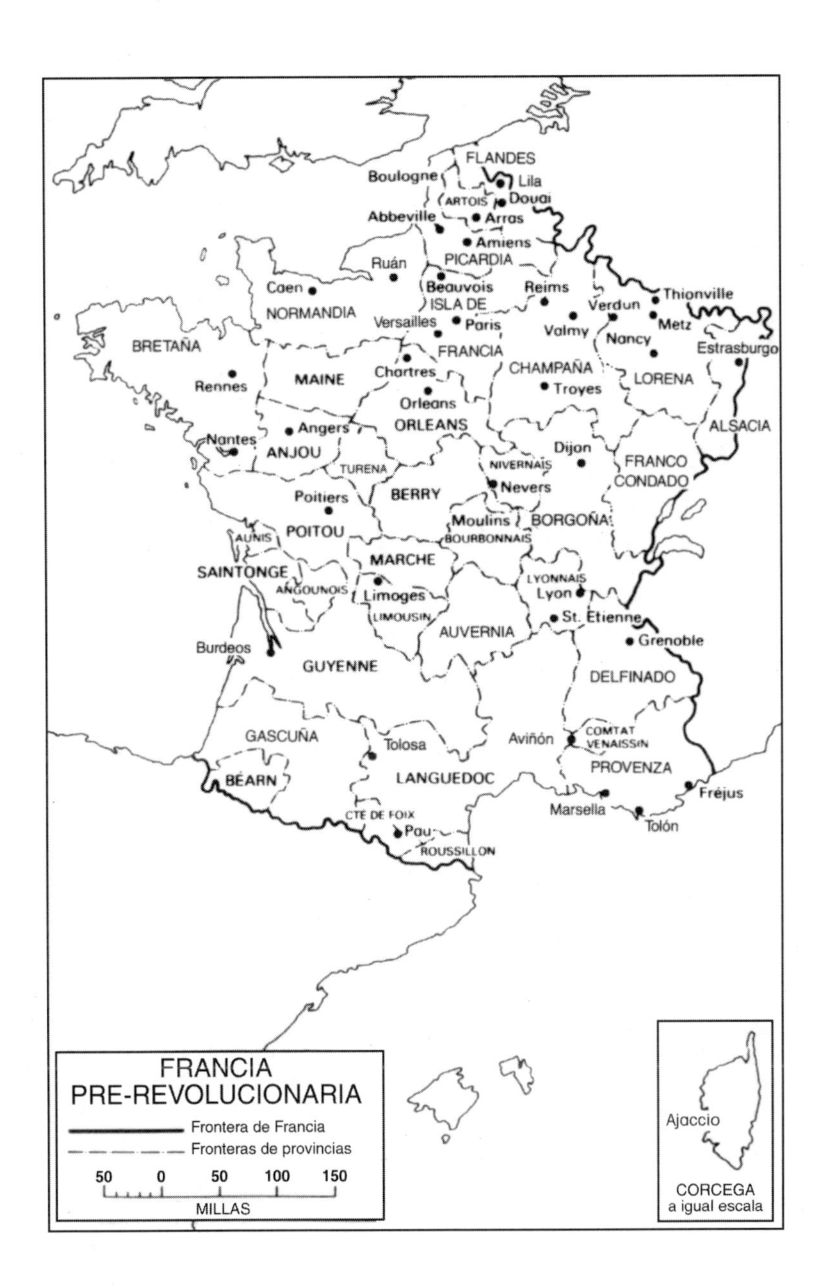
FLANDES
Boulogne
Lila
ARTOIS
Douai
Abbeville
Arras
Amiens
PICARDIA
Ruán
Caen
Beauvois
Reims
Thionville
NORMANDIA
ISLA DE
Verdun
Metz
Versailles
Paris
Valmy
BRETAÑA
FRANCIA
Nancy
Estrasburgo
CHAMPAÑA
Chartres
Rennes
MAINE
Troyes
LORENA
Orleans
Angers
ORLEANS
ALSACIA
Nantes
ANJOU
Dijon
TURENA
NIVERNAIS
FRANCO
CONDADO
Poitiers
Nevers
BERRY
Moulins
BORGOÑA
AUNIS
POITOU
BOURBONNAIS
MARCHE
SAINTONGE
LYONNAIS
ANGOUMOIS
Limoges
Lyon
LIMOUSIN
St. Etienne
AUVERNIA
Grenoble
Burdeos
GUYENNE
DELFINADO
GASCUÑA
Aviñón
COMTAT
VENAISSIN
Tolosa
PROVENZA
BEARN
LANGUEDOC
Fréjus
Marsella
CTE DE FOIX
Tolón
Pau
ROUSSILLON
FRANCIA
PRE-REVOLUCIONARIA
Frontera de Francia
Fronteras de provincias
50 0 50 100 150
MILLAS
Ajaccio
CORCEGA
a igual escala

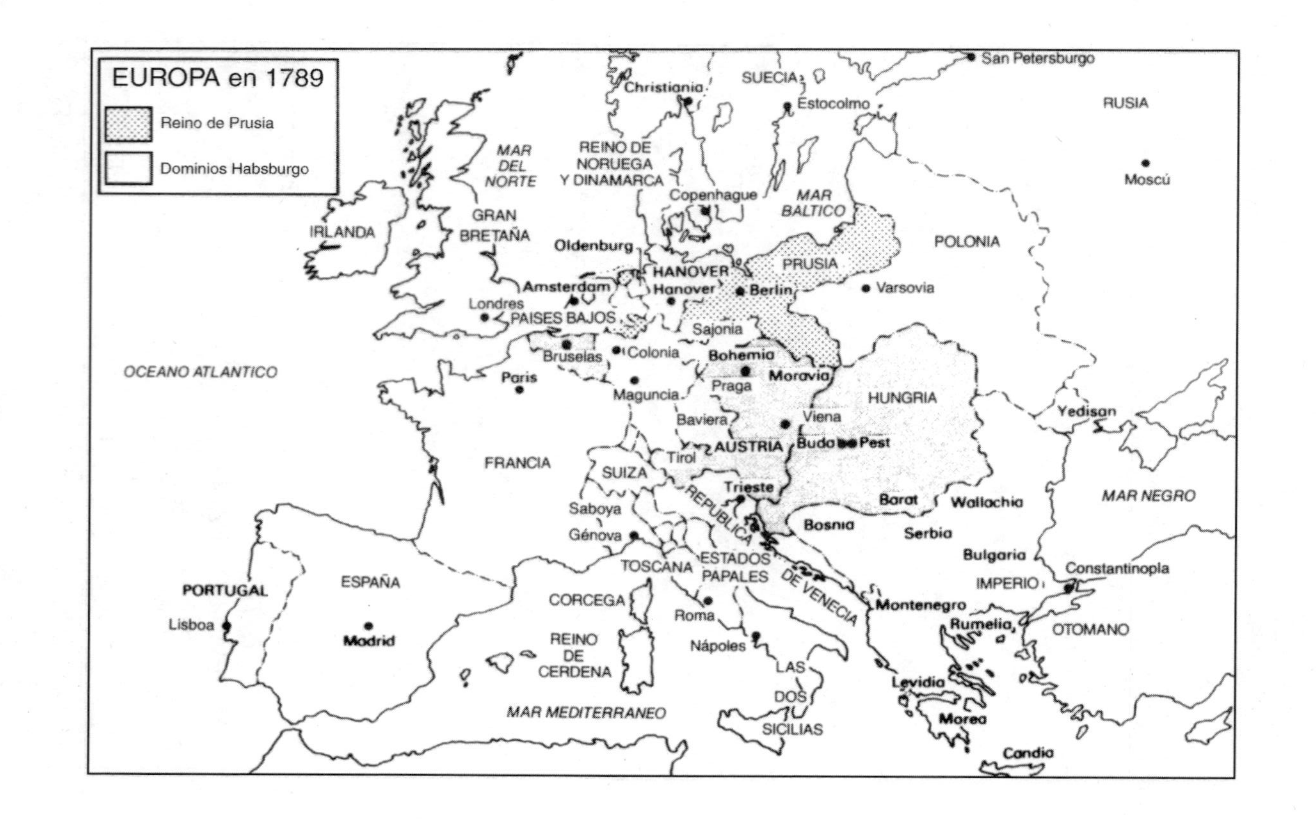

EUROPA en 1789
Reino de Prusia
Dominios Habsburgo
San Petersburgo
RUSIA
Moscú
SUECIA
Christiania
Estocolmo
MAR DEL NORTE
REINO DE NORUEGA Y DINAMARCA
Copenhague
MAR BALTICO
IRLANDA
GRAN BRETAÑA
Oldenburg
HANOVER
Hanover
PRUSIA
Berlin
POLONIA
Varsovia
Amsterdam
Londres
PAISES BAJOS
Sajonia
Bruselas
Colonia
Bohemia
Moravia
OCEANO ATLANTICO
Paris
Maguncia
Praga
HUNGRIA
Baviera
Viena
Yedisan
AUSTRIA
Buda
Pest
Tirol
FRANCIA
SUIZA
Trieste
Barat
Wallachia
MAR NEGRO
Saboya
REPUBLICA DE VENECIA
Bosnia
Serbia
Génova
Bulgaria
TOSCANA
ESTADOS PAPALES
Constantinopla
PORTUGAL
ESPAÑA
CORCEGA
IMPERIO OTOMANO
Montenegro
Lisboa
Madrid
Roma
Rumelia
REINO DE CERDENA
Nápoles
LAS DOS SICILIAS
Levidia
MAR MEDITERRANEO
Morea
Candia

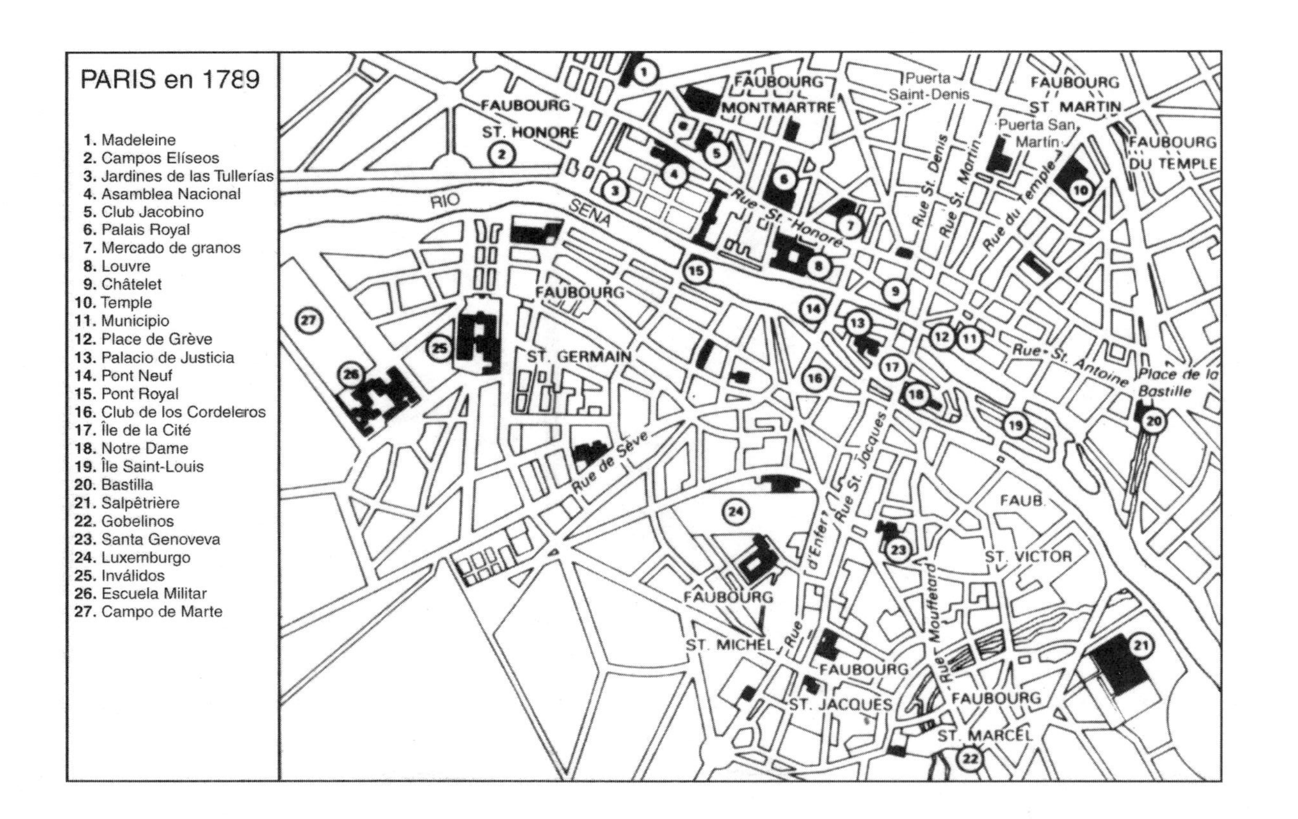
PARIS en 1789
1. Madeleine
2. Campos Elíseos
3. Jardines de las Tullerías
4. Asamblea Nacional
5. Club Jacobino
6. Palais Royal
7. Mercado de granos
8. Louvre
9. Châtelet
10. Temple
11. Municipio
12. Place de Grève
13. Palacio de Justicia
14. Pont Neuf
15. Pont Royal
16. Club de los Cordeleros
17. Île de la Cité
18. Notre Dame
19. Île Saint-Louis
20. Bastilla
21. Salpêtrière
22. Gobelinos
23. Santa Genoveva
24. Luxemburgo
25. Inválidos
26. Escuela Militar
27. Campo de Marte
FAUBOURG ST. HONORE
FAUBOURG MONTMARTRE
Puerta Saint-Denis
FAUBOURG ST MARTIN
Puerta San Martín
FAUBOURG DU TEMPLE
RIO SENA
Rue St. Honoré
Rue St. Denis
Rue St. Martin
Rue du Temple
Rue St. Antoine
Place de la Bastille
FAUBOURG ST. GERMAIN
Rue de Sève
Rue St. Jacques
Rue d'Enfer
FAUB. ST. VICTOR
FAUBOURG ST. MICHEL
FAUBOURG ST. JACQUES
Rue Mouffetard
FAUBOURG ST. MARCEL

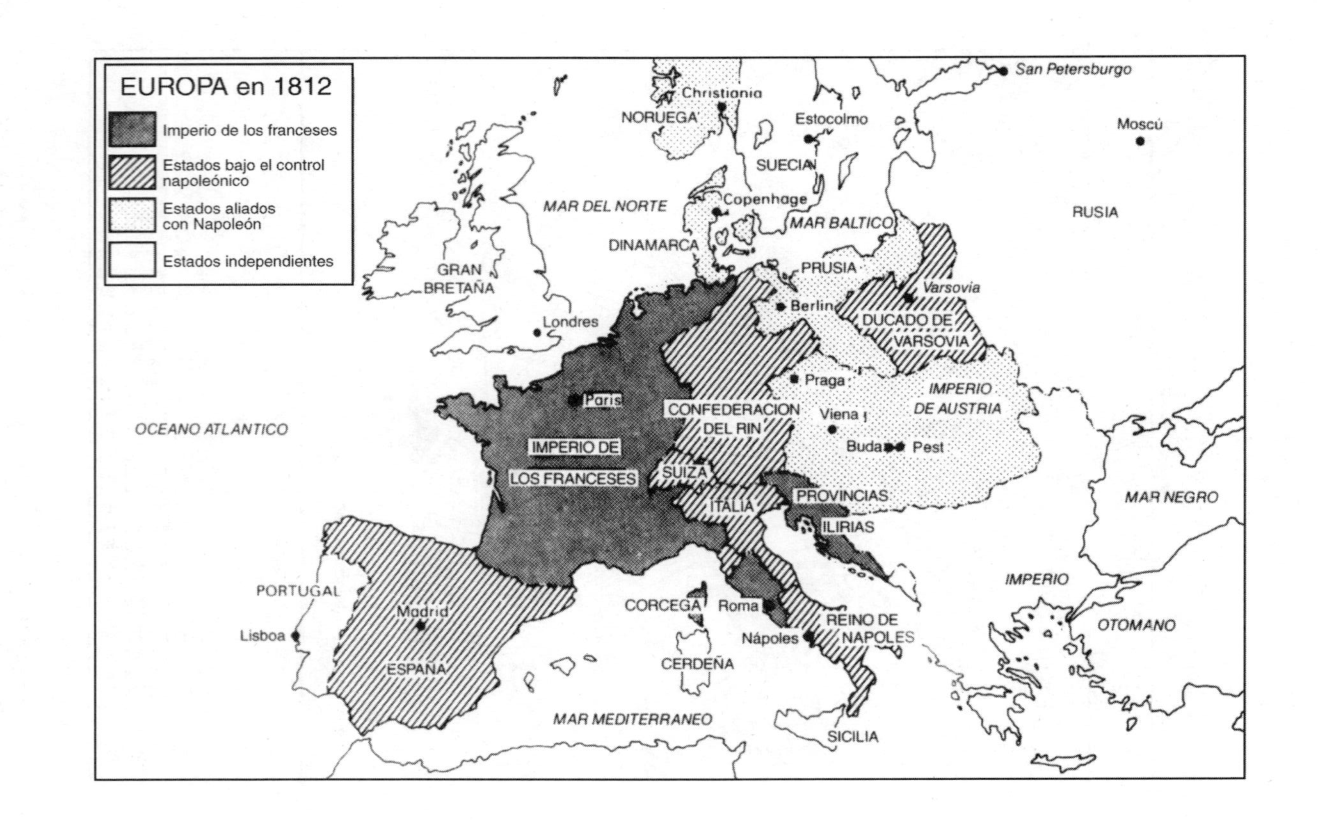
EUROPA en 1812
Imperio de los franceses
Estados bajo el control napoleónico
Estados aliados con Napoleón
Estados independientes
San Petersburgo
Christiania
NORUEGA
Estocolmo
Moscú
SUECIA
MAR DEL NORTE
Copenhage
MAR BALTICO
RUSIA
DINAMARCA
GRAN BRETAÑA
PRUSIA
Varsovia
Berlin
DUCADO DE VARSOVIA
Londres
Praga
IMPERIO DE AUSTRIA
Paris
CONFEDERACION DEL RIN
Viena
OCEANO ATLANTICO
IMPERIO DE LOS FRANCESES
Buda
Pest
SUIZA
PROVINCIAS ILIRIAS
ITALIA
MAR NEGRO
IMPERIO OTOMANO
PORTUGAL
Madrid
CORCEGA
Roma
REINO DE NAPOLES
Lisboa
Nápoles
ESPAÑA
CERDEÑA
MAR MEDITERRANEO
SICILIA

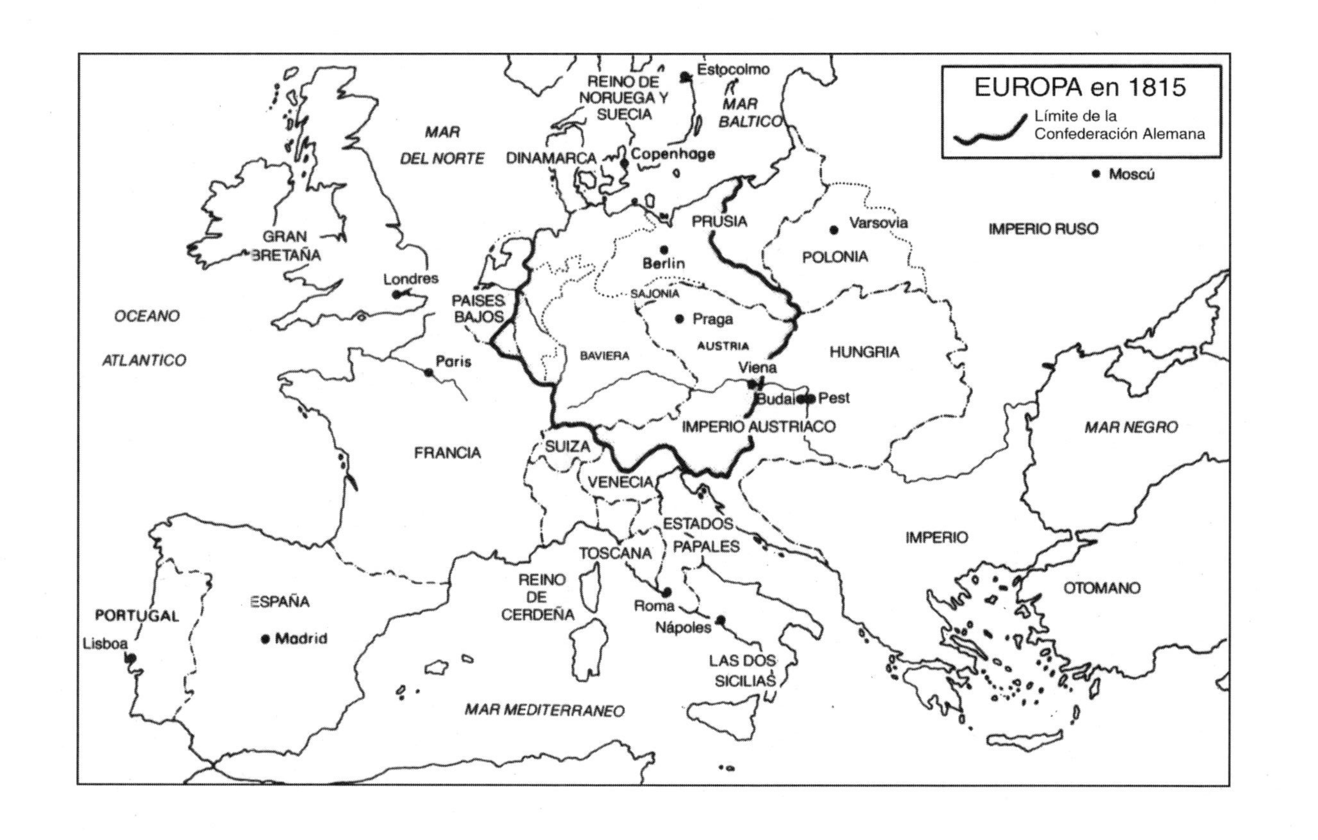
EUROPA en 1815
Límite de la
Confederación Alemana
REINO DE
NORUEGA Y
SUECIA
Estocolmo
MAR
BALTICO
MAR
DEL NORTE
DINAMARCA
Copenhage
Moscú
PRUSIA
Varsovia
IMPERIO RUSO
GRAN
BRETAÑA
Berlin
POLONIA
Londres
PAISES
BAJOS
SAJONIA
Praga
OCEANO
ATLANTICO
AUSTRIA
HUNGRIA
BAVIERA
Paris
Viena
Buda
Pest
IMPERIO AUSTRIACO
MAR NEGRO
FRANCIA
SUIZA
VENECIA
ESTADOS
PAPALES
IMPERIO
TOSCANA
OTOMANO
REINO
DE
CERDEÑA
Roma
ESPAÑA
PORTUGAL
Nápoles
Madrid
Lisboa
LAS DOS
SICILIAS
MAR MEDITERRANEO

ÍNDICE

INTRODUCCIÓN - *15*

I ¿Por qué hubo una revolución en Francia? - 17
II Los historiadores y la Revolución Francesa - 33

LOS PRIMEROS AÑOS - *53*

I Como empezó la Revolución - 55
II 1789: La Revolución "Burguesa" - 73
III La Revolución "Popular" - 91

LA MONARQUÍA CONSTITUCIONAL - *109*

I Los "Principios del 89" - 111
II La Constitución de 1791 - 115

LA LUCHA POR EL PODER - *129*

I La caída de la Monarquía - 131
II Girondinos y Jacobinos - 145
III Los Jacobinos y Sans-Culottes - 159
IV El gobierno "Revolucionario" - 173
V Termidor - 189
VI Una República de "Propietarios" - 197

NAPOLEÓN - *219*

I Ascenso al poder - 221
II Reformas en Francia - 231

LA REVOLUCIÓN Y EUROPA - *243*

I De los Constituyentes al Directorio - 245
II Bajo el Consulado y el Imperio - 261
III Balance de la Revolución, 1815-1848 - 277

LA REVOLUCIÓN Y EL MUNDO - *295*

I Como acontecimiento histórico mundial - 297
II Legado y tradición en Francia - 303

ÍNDICE DE LAS PRINCIPALES FIGURAS HISTÓRICAS - *311*

CRÓNICA DE LOS EPISODIOS PRINCIPALES, 1775-1851 - *315*

GLOSARIO - *321*

NOTAS - *333*

BIBLIOGRAFÍA - *355*

I

Introducción

I

¿Por qué hubo una revolución en Francia?

¿Por qué hubo una revolución en Francia en 1789, pero no en otros lugares de Europa? Es verdad hasta cierto punto, que Bélgica y Polonia habían presenciado algo semejante a rebeliones nacionales, contra los austríacos y los rusos respectivamente. En las Provincias Unidas —la actual Holanda— hubo un intento, aunque abortado, de revolución política protagonizado por los "patriotas", y en Ginebra en 1768, un golpe de Estado, por los burgueses de la ciudad, que durante un año inclinaron a su favor el equilibrio de la Constitución. Pero en ninguno de estos conflictos hubo una victoria decisiva de un grupo social sobre otro; ninguno fue "democrático", en cuanto ninguno trasladó, o tuvo la intención de trasladar el peso de la autoridad política a la nación en general, y ninguno avanzó, en sucesivas etapas, hasta conseguir una transformación completa de la sociedad existente. Eso sucedió únicamente en Francia; y si bien alguno de estos países, y también otros, más tarde, siguieron el rumbo trazado por los cambios revolucionarios realizados en Francia, ésta no es la cuestión que nos interesa aquí.

Entonces, ¿por qué hubo una revolución de esta clase en Francia? Los historiadores, que tienden a leer retrospectivamente la historia, han respondido de distintos modos a la pregunta, de acuerdo con sus propios prejuicios o los de sus contemporáneos, y en el próximo capítulo consideraremos ese material. Pero comencemos con una breve introducción a la sociedad francesa del *ancien régime,* así como a su gobierno y sus instituciones; un modo de levantar el telón sobre los dramáticos hechos que comenzaron a desarrollarse en 1789.

Podemos describir a la sociedad francesa del siglo XVIII como una suerte de pirámide, cuya cima estaba formada por la corte y la aristocracia, el centro por las clases "medias" o burguesía, y la base por las "órdenes inferiores" de campesinos, comerciantes y artesanos urbanos. En sí mismo, esto no sería nada nuevo: un modelo análogo podría ajustarse a la sociedad de otro cualquiera de los países europeos contemporáneos. De modo que, para hallar el rasgo distintivo de la sociedad contemporánea francesa, debemos buscar otra cosa: la pirámide social francesa estaba agobiada por las contradicciones, tanto internamente como entre sus partes constitutivas, pues tenía una monarquía que, aunque en teoría absoluta, llevaba en sí misma la simiente de su propia decadencia; una aristocracia que, si bien privilegiada y en general rica, alentaba un profundo resentimiento motivado por el hecho de que se la había excluido largo tiempo de los cargos; una burguesía que, aun gozando de creciente prosperidad, veía negadas su jerarquía social y una participación en el gobierno acorde con su riqueza; y campesinos que, por lo menos en parte, estaban adquiriendo más cultura e independencia, y sin embargo aún recibían el trato que se dispensa a una bestia de carga, despreciada y recargada de impuestos. Más aún, estos conflictos y las tensiones provocadas por ellos comenzaban a agudizarse a medida que avanzaba el siglo.

Ahora, examinemos un poco más atentamente estos problemas, partiendo de la base de la pirámide y elevándonos hacia su cima. En general, los campesinos de ningún modo eran tan pobres y estaban tan sometidos como sucedía en muchos países contemporáneos europeos. Hacia el fin del *ancien régime,* quizá una de cada cuatro familias campesinas era dueña directa de su tierra; comparativamente pocos eran prósperos *coqs de village* ("gallos de aldea"), algunos eran *laboureurs* (pequeños propietarios) relativamente prósperos, y otros ciertamente (como lo manifiesta Arthur Young, observador inglés contemporáneo, en sus *Travels in France),* eran "pobres... y miserables, situación atribuible a la minuciosa división de sus pequeñas fincas entre todos los hijos". La mitad o más de los campesinos estaba formada por *métayers* (medieros) pobres que no tenían capital y compartían su producción con los terratenientes sobre la base de la división en partes iguales, y otra cuarta parte estaba constituida por trabajadores sin tierra o peones que trabajaban por salario y arrendaban minúsculas parcelas. A su vez, la ecuación tenía en su lado positivo el hecho de que menos de uno de cada veinte —sobre todo en las propiedades de los nobles o los eclesiásticos del este— eran siervos, aunque no estaban totalmente atados a la tierra ni privados de la justicia real. Pero aunque sus inhabilidades legales eran menos opresoras que en muchos otros países, el campesino francés soportaba una pesada carga de impuestos: pagaba diezmo a la Iglesia; *taille* (un impuesto directo sobre el ingreso y la tierra), *vingtième* (un impuesto del "vigésimo" sobre el ingreso), *capitation* (impuesto *per capita* sobre el ingreso) y *gabelle* (impuesto sobre la sal) al Estado; y en beneficio del *seigneur* (señor) de la propiedad, que podía ser lego o eclesiástico, afrontaba una variada serie de obligaciones, servicios y pagos, que iban desde la *corvée* (trabajo forzado en los caminos) y los *cens* (renta feudal en efectivo) al *champart* (renta en especie) y los *lods et ventes* (impuesto aplicado a la transferencia de propiedad); o, si no era dueño directo de su tierra, quizá tenía que pagar por el uso del molino, el lagar o el horno de pan del señor. El agobio de estas cargas, como la jerarquía del propio campesino, variaban mucho de una región a otra y en algunas áreas no eran muy gravosas. Pero durante los años de malas cosechas y crisis, se convertían en cargas universalmente irritantes e intolerables, y éste fue un problema que aumentó al avanzar el siglo, lo mismo que los agravios de las clases medias, sobre los que volveremos más adelante.

La nobleza o aristocracia —para los fines que aquí nos interesan son lo mismo— se dividía en dos grupos principales: la *noblesse d'épée* (la tradicional nobleza "de la espada") y la *noblesse de robe,* antes burgueses acaudalados que, a partir del siglo XVII, habían adquirido derechos hereditarios de nobleza gracias a la compra de *charges,* o cargos, en la burocracia real.

Estos privilegios les permitían ocupar cargos como los de secretarios o intendentes. También tenían acceso a los Parlamentos, las grandes corporaciones legales que en los períodos de gobiernos débiles y divididos y de gobernantes ociosos o incompetentes, podían ejercer autoridad política negándose a registrar los edictos oficiales. Desde la época de Luis XIV se habían negado dichos cargos a la nobleza más antigua, como castigo por el papel negativo que había representado en las guerras civiles de las Frondas de fines de la década de 1640 y principios de la de 1650.

Aunque esta nobleza más antigua continuaba alimentando resentimientos a causa de su exclusión de los altos cargos, conservaba el privilegio de ocupar los principales puestos militares y, en su condición de dueños de las grandes propiedades, ejercían los derechos de los antiguos señores feudales del lugar: derechos de justicia y vigilancia local, derechos de monopolio —por ejemplo, el derecho exclusivo de cazar y tener un molino, un horno o un lagar *(banalités)*— y sobre todo, el derecho de exigir de sus campesinos rentas y servicios de carácter feudal. Además, los miembros de la nobleza francesa en conjunto, fuesen miembros del grupo de la "túnica" o de la "espada", gozaban de un nivel considerable de libertad respecto de los impuestos directos. Eran prácticamente inmunes en relación con el pago del principal y el más oneroso de estos impuestos, la notoria *taille* (aplicada al ingreso estimado y la tierra), y también en medida considerable evitaban el pago de la parte que les correspondía en el *vingtième* y la *capitation,* introducidos como suplemento de la *taille* durante los años de escasez de fines del prolongado reinado de Luis XIV, impuestos a los cuales estaban sujetos nominalmente tanto los nobles como los plebeyos. El clero, cuyos principales dignatarios pertenecían casi sin excepción a la nobleza, gozaba de ventajas financieras todavía mayores: además del ingreso obtenido como terratenientes gracias a las rentas y los derechos feudales, recibía el diezmo (que podía equivaler a una duodécima parte del rendimiento de la tierra) y cumplía sus obligaciones con el tesoro, pagando un porcentaje relativamente reducido de su ingreso en la forma de un *don gratuit* o regalo voluntario, reconocidamente menos "voluntario" para algunos gobernantes que para otros.

Por supuesto, el grado de privilegio del que las clases altas podían disfrutar dependía en medida considerable del grado de autoridad del rey. En teoría, el sistema de gobierno francés era todavía el sistema "absoluto" que Luis XIV había creado en Versalles un siglo antes. Pero bajo el régimen de los sucesores del Rey Sol ese sistema había perdido gran parte de su vigor y su capacidad para imponer respeto y lealtad a sus súbditos, privilegiados o no. Eso fue consecuencia, en parte, de la indolencia y las fallas personales de Luis XV, para quien el gobierno era una actividad desagradable y, en parte, de la tendencia de la burocracia, formada principalmente por funcionarios privilegiados, a convertirse casi en una ley en sí misma. Entretanto, las clases medias llegaron a concebir más hostilidad frente a la extravagancia, la ineficacia y la tiranía de una corte y un gobierno a cuyo mantenimiento aquéllas contribuían abundantemente, pero sobre los cuales carecían de control. Después del prolongado reinado de su padre, Luis XVI ansiaba promover reformas fundamentales en la Administración, reducir gastos de la corte, liberar el comercio de restricciones mezquinas, aliviar la carga impositiva que pesaba sobre los campesinos y promover cierta medida de gobierno propio mediante las asambleas locales de las provincias. A diferencia de su predecesor, tenía un elevado sentido de la responsabilidad personal. Además, en Turgot, el primer ministro recientemente designado, tenía un hombre que gozaba de la estima y del afecto tanto de las clases medias "esclarecidas" como de las industriosas. Sin embargo, el plan entero fracasó, y Turgot dejó el cargo un par de años después. ¿Por qué? Las reformas de Turgot, aunque bien recibidas por las clases medias, contrariaban los intereses creados de los Parlamentos, el alto clero y las facciones aristocráticas de la corte. En este sentido, su experiencia fue análoga a la de ministros reformadores, como Machault y Maupeou antes que él, y Calonne, Brienne y Necker después. Y se demostró una vez más, como se comprobaría una década más tarde, que no era posible aplicar medidas reformistas de gran alcance, por buenas que fuesen las intenciones del monarca o por honestos y eficaces que fuesen sus ministros, mientras las órdenes privilegiadas permaneciesen dueñas de sus poderes a través de los Parlamentos y de su influencia en la corte, y pudiesen obstruir la operación. Éstos eran los límites que la reforma no podía sobrepasar: alcanzaba para abrir el apetito de algunos y para irritar a otros, pero no satisfacía a nadie. Era suficiente también, y esto sería un aspecto importante en el futuro, para provocar el odio más intenso de las órdenes privilegiadas y el desprecio a la Monarquía que parecía protegerlas.

Y además, pese a toda su prosperidad en ascenso, las clases medias francesas sufrían otros agravios. Entre ellos cabe incluir los obstáculos opuestos al ejercicio más libre del comercio y la manufactura, creados por los onerosos peajes y derechos internos cobrados tanto por el Estado como por los intereses privados, y las inquisiciones de ejércitos de inspectores oficiales. Otro era su incapacidad cada vez más acentuada para realizar sus ambiciones sociales y políticas en concordancia con su riqueza. Había sido durante mucho tiempo el propósito de los mercaderes y los financistas, enriquecidos por la banca, la manufactura o el comercio, coronar su carrera personal con la compra de cargos oficiales hereditarios o de grados en el ejército. Pero se ha sostenido —lo hicieron Mathiez, Lefebvre y Godechot en Francia, y Ford y Barber en Estados Unidos— [1] que estos caminos de progreso estaban estrechándose en la segunda mitad del siglo XVIII, en lo que ha sido denominado el período de la reacción "aristocrática" o "feudal". Un ejemplo citado con frecuencia es el de la Ley Militar (la *Loi Ségur*) de 1781, que establecía que los ascensos al grado de capitán y superiores, debían quedar reservados para los hombres que tenían por lo menos cuatro "cuarteles" de nobleza, lo cual excluía a todos los plebeyos y a los que habían sido ennoblecidos recientemente. También durante este período varios Parlamentos provinciales, sobre todo los de Aix, Nancy, Grenoble, Toulouse y Rennes, estaban cerrando bruscamente sus puertas a los "intrusos". De un modo más general, parece que hacia 1789 la condición de noble había llegado a ser un requerimiento casi indispensable para ocupar altos cargos no sólo en el ejército sino también en la Iglesia y en la Administración.[2] Así, paradójicamente, escribe Jacques Godechot, "a medida que aumentaba el número, la riqueza y la educación de la burguesía francesa, disminuía el número de los cargos gubernamentales y administrativos a los que podía aspirar".[3] Si bien estas opiniones han sido cuestionadas, y el concepto general de una reacción "aristocrática" o "feudal" ha sido puesto en tela de juicio,[4] parece evidente que hacia el fin del *ancien régime* la burguesía estaba experimentando un sentimiento cada vez más intenso de indignidad y humillación a causa de los actos del gobierno y la aristocracia. No era sencillamente cuestión de que se cerraran poco a poco los caminos que permitían progresar —y es muy posible que el número de tales caminos haya sido exagerado— sino del hecho de que en efecto estaban cerrándose las puertas en momentos en que la riqueza en ascenso y la percepción de su propia importancia social por la burguesía, sin hablar del crecimiento de su número, la llevaba a creer que las puertas debían abrirse más ampliamente. El resentimiento y los agravios eran bastante serios, y en la historia, como nos recuerda Tocqueville en *The Ancien Régime and the French Revolution,* a menudo es el resentimiento el factor más importante. Por eso mismo, quizá es aun más notable que la burguesía francesa —si exceptuamos a los escritores, los periodistas y los panfletistas que eran parte de esta clase— esperase tanto tiempo antes de conferir expresión política franca a su resentimiento. De hecho, como veremos, sólo cuando fue provocada por los Parlamentos, el alto clero y la nobleza, cuyo reto precedió al de la burguesía, ésta comenzó seriamente a reclamar la igualdad social, más que una participación en el "privilegio", y a representar un papel adecuado en el control del Estado.

Los resentimientos y los agravios de los campesinos también se acentuaron durante estos últimos años del *ancien régime*. Por una parte, la creciente prosperidad campesina nunca fue universal. Aunque uno de cada cuatro campesinos franceses era dueño de su tierra, la mayoría de estos propietarios rurales tenían minúsculas parcelas que, incluso en años de buena cosecha, eran por completo insuficientes para atender las necesidades de sus familias. Estaba también el número aún más elevado de medieros y campesinos sin tierra, que compraban su pan en el mercado y que nunca, ni siquiera en la temporada más próspera, podían abrigar la esperanza de recibir más que una parte magra de la prosperidad general. Más aún, a los pequeños propietarios, a los arrendatarios pobres y a los peones se les sumaba la aflicción de que los terratenientes "dinámicos" y los campesinos más prósperos, estimulados por el ansia de acrecentar sus ganancias, cuando se les ofrecía la oportunidad cercaban campos y menoscababan los derechos tradicionales de recogida de frutos y pastoreo de los aldeanos. Una causa más general de descontento era la tendencia reciente de los terratenientes —nobles o burgueses— a exhumar antiguos privilegios relacionados con la tierra y a imponer obligaciones nuevas o ampliadas a las que ya cargaban sobre sus campesinos. Esto es lo que los campesinos —o por lo menos los más enérgicos entre ellos— en sus "cuadernos de quejas" *(cahiers de doléances)* de 1789 denominaron un renacimiento del feudalismo, y lo que muchos historiadores franceses han denominado una parte de la "reacción feudal". Pero Alfred Cobban se ha opuesto al empleo de la expresión con el argumento de que lo que los terratenientes estaban haciendo era "menos un retorno al pasado que la aplicación a antiguas relaciones de nuevas técnicas empresariales".[5] Hay cierta verdad en esta afirmación, aunque exagera el factor representado por un nuevo espíritu de "capitalismo" aplicado a la producción rural. Pero de todos modos los campesinos no tendían a realizar distinciones tan cuidadosas, y para ellos el "feudalismo", según lo veían, era aun más nocivo cuando revestía un atuendo nuevo y desconocido.

Además —y este aspecto sólo recientemente ha sido aclarado— precisamente durante los últimos años del *ancien régime* la prosperidad general de la agricultura estaba acabándose. Este proceso incluyó dos etapas principales. Después de 1778, el año en que Francia entró en la Guerra Revolucionaria Norteamericana, hubo una crisis, con el resultado de que los precios cayeron gradualmente en la mayoría de los productos industriales y agrícolas, pero alcanzando proporciones críticas en los vinos y los textiles. Durante estos años, las ganancias netas de los agricultores que eran pequeños arrendatarios, los campesinos propietarios y los viticultores tendieron, a causa de la carga pesada y permanente de los impuestos, los diezmos y las exacciones señoriales, a disminuir de un modo que no guardaba proporción con el descenso de los precios; los propietarios de grandes extensiones estaban defendidos de la pérdida gracias a sus ingresos señoriales o "feudales". Después, sobre la crisis cíclica se superpuso la súbita catástrofe de 1787-1789 que determinó cosechas pobres y escasez, de modo que el precio del trigo se duplicó en el lapso de dos años en el norte, y a mediados del verano de 1789 alcanzó niveles antes no conocidos en veintisiete de las treinta y dos *généralités*. La crisis afectó a la masa del campesinado en su condición de consumidores y productores: como viticultores, productores de lácteos y cultivadores de trigo. De la agricultura se extendió a la industria; y la desocupación, que ya estaba acentuándose a causa de un tratado de "libre comercio" firmado con Gran Bretaña en 1786, llegó a alcanzar proporciones desastrosas en París y los centros textiles de Lyon y el norte. Los asalariados y los pequeños consumidores de las aldeas y los pueblos se vieron obligados, a causa del rápido aumento de los precios de los alimentos, a incrementar su gasto diario en pan a niveles que sobrepasaban de lejos sus medios. Así, los campesinos y los artesanos urbanos y los obreros —sin hablar de los manufactureros— se vieron unidos por un lazo común de hostilidad al gobierno, a los terratenientes, a los mercaderes y a los especuladores. Por lo tanto, estas clases entraron en la Revolución en un contexto de escasez y privaciones cada vez más acentuadas, antes que en uno de "prosperidad".[6]

Pero, por supuesto, se necesita más que la privación económica, el descontento social y las ambiciones frustradas para hacer una revolución. Para ligar a los descontentos y las aspiraciones de clases sociales muy diferentes tenía que existir un cuerpo unificador de ideas, un vocabulario común de esperanza y protesta, en resumen, algo semejante a una "psicología revolucionaria" común. En las revoluciones de los últimos cien años esta preparación ideológica ha sido obra de los partidos políticos de masas, pero la Francia del siglo XVIII no tuvo tales partidos hasta mucho después de iniciada la Revolución; tampoco los hubo en las revoluciones que estallaron entre 1830 y 1871. Por lo tanto, debía prepararse el terreno apelando a otros medios: ante todo, los escritores del Iluminismo que, como muy pronto lo advirtieron Burke y Tocqueville, debilitaron las defensas ideológicas del *ancien régime*. Las ideas de Montesquieu, Voltaire, Rousseau y muchos otros se difundieron ampliamente y fueron asimiladas por un entusiasta público lector, tanto aristócrata como plebeyo. Había llegado a ponerse de moda, incluso en el clero, una actitud escéptica e "irreligiosa", y los escritos de Voltaire se habían combinado con las luchas en el seno de la Iglesia misma —sobre todo, el resentimiento del clero parroquial ante la riqueza y la creciente autoridad de los obispos— para exponerla a la indiferencia, al menosprecio o a la hostilidad. Entretanto, expresiones como "ciudadano", "nación", "contrato social", "voluntad general" y "derechos del hombre" —que pronto serían seguidos por la expresión "Tercer Estado"— estaban incorporándose a un vocabulario político común que se difundió ampliamente. Este resultado fue sobre todo obra de los panfletistas de 1788 y 1789, pero mucho antes el terreno había sido preparado por los volantes y las críticas de los Parlamentos que, en su prolongado duelo, a partir de la década de 1750, con el "despotismo" ministerial, citaban libremente y a menudo sin discriminar, los escritos de Montesquieu y Rousseau y de otros críticos "filosóficos" del momento. En este caso, el factor nuevo fue que los Parlamentos no sólo estaban redactando declaraciones políticas, como habían hecho los "filósofos", sino que se proponían conscientemente plasmar la opinión pública y promover el apoyo público activo a sus luchas con la Corona.

Pero a pesar de todo esto, todavía puede considerarse dudoso que, por ejemplo, en enero de 1787 un francés o un observador extranjero inteligente hubiera hallado motivos fundados para predecir que estaba cerca una revolución, y menos aún para prever la forma que ella asumiría. Para nosotros, con el saber adquirido mediante la visión retrospectiva, es fácil ver que tales razones existían. Sin embargo, incluso así, faltaba todavía un elemento importante: aún se necesitaba una chispa o un "desencadenante" que provocase una explosión, y se necesitaba otra chispa para promover los alineamientos específicos de 1789.

La primera chispa fue provocada por el compromiso del gobierno francés con la revolución en Norteamérica. El resultado tuvo poco que ver con la historia interna de Norteamérica: ni los disturbios de la Stamp Act ni la Masacre de Boston pesaron mucho sobre lo que sucedió en Francia. Tampoco puede argüirse seriamente que la Declaración francesa de los Derechos del Hombre —emitida por la primera Asamblea Revolucionaria francesa en 1789— deba nada importante a la Declaración de la Independencia proclamada por los norteamericanos en 1776. Ambas se nutrían en un caudal común de ideas "filosóficas" corrientes en el momento dado, y Thomas Jefferson, el autor del primer boceto de la Declaración norteamericana, estaba en París cuando los franceses contemplaban su propia declaración, e incluso es posible que haya sido consultado en el curso de las discusiones; pero las dos Declaraciones, aunque comparten ciertas semejanzas de estilo, tienen poco en común con respecto al propósito y al contenido. El vínculo real entre las dos revoluciones puede hallarse únicamente en las consecuencias de la decisión francesa de unirse a los norteamericanos en la guerra contra Inglaterra en 1778. Pues aunque cinco años más tarde Francia había conquistado la victoria e Inglaterra estaba derrotada, Inglaterra sobrevivió con su posición económica relativamente indemne, y en cambio Francia, que había exigido demasiado a sus recursos, quedó financieramente deteriorada. Y ésta fue la chispa que encendió la primera de las explosiones que condujeron a la revolución en Francia.

Pero la gravedad de la situación tardó en manifestarse. Sólo dos años después de concluida la guerra, Calonne, contralor general o ministro de Finanzas, afrontó un déficit que representaba una cuarta parte de la renta anual de la nación, declaró el estado de quiebra y reclamó remedios drásticos para superar la situación. En el caso dado, se decidió abandonar los procedimientos tradicionales y, en lugar de los Parlamentos protestatarios, convocar una asamblea de "notables" seleccionados, porque se creía que serían más asequibles a la persuasión, para examinar la crisis. Pero los "notables" rehusaron aprobar las reformas ministeriales, en gran parte porque sus propias y apreciadas inmunidades fiscales estaban amenazadas; replicaron con la petición de que se consultara en cambio a los Estados Generales, una convocatoria que representaba a los tres Estados pero que había sido mantenida en suspenso durante 175 años. El Ministerio rechazó esta propuesta, y así provocó la "revuelta aristocrática" que desgarró al país casi un año. La rebelión concluyó con la derrota del Ministerio y la victoria total de los Parlamentos y la aristocracia. Sobre todo, el gobierno se vio obligado a conceder que de todas maneras se convocara a los Estados Generales, a través de los cuales los "privilegiados" confiaban en resolver la crisis a costa de los plebeyos. Así, en setiembre de 1788, cuando el Parlamento de París regresó a la capital desde su forzado exilio, pareció que se realizaba la profecía formulada pocos meses antes por Arthur Young, mientras recorría Francia: que habría "una gran revolución en el gobierno", la cual probablemente "aumentaría la importancia de la nobleza y el clero". De modo que la creencia en una revolución, provocada por el desafío de la nobleza, ya estaba en el aire, pero la forma que adoptó, demostró que su carácter era muy diferente. ¿A qué respondió este hecho? Brevemente, a que la promesa de los Estados Generales obligó a los diferentes sectores a definir sus propósitos y a adoptar nuevas posiciones. La burguesía, o Tercer Estado, hasta aquí dividida en partidarios y opositores de la reforma ministerial, ahora consideró útil, una vez convocados los Estados Generales, cerrar filas y presentar su propio programa. Pero los Parlamentos y la nobleza, que alimentaban esperanzas muy distintas en relación con la reunión de los Estados, también se vieron obligados a poner sus cartas sobre la mesa y a mostrar que las reformas o "libertades" que tenían en mente de ningún modo eran las mismas que formulaba el Tercer Estado o, cada vez más, la nación en general.[7]

En consecuencia, la aristocracia y el clero, lejos de conquistar más reclutas, comenzaron a perderlos de prisa. Mallet du Pan, observador suizo acreditado ante la corte de Viena, informó sólo cuatro meses después del fin de la revuelta que los alineamientos políticos en Francia habían cambiado radicalmente: según escribió, la cuestión en juego ya no era un conflicto constitucional entre el rey y los *privilégiés* sino "una guerra entre el Tercer Estado y las dos órdenes restantes". Los alineamientos cambiaron después que los Estados Generales se reunieron en Versalles, en mayo de 1789. Aunque vacilante, como le sucedía siempre que afrontaba los reclamos irreconciliables de la nobleza y el Tercer Estado, Luis decidió apoyar a la primera. Llamó tropas a Versalles y se preparó para dispersar a la Asamblea Nacional (formada poco antes de manera ilegal por el Tercer Estado y sus aliados) mediante la fuerza de las armas. Este golpe fue impedido por la intervención del pueblo de París. También los campesinos, agitados por las crisis económicas y políticas, habían comenzado a actuar por propia cuenta; y una combinación de estas fuerzas —las clases medias, los artesanos urbanos y los campesinos, ahora unidos en un propósito común— fue la que, con el apoyo aristocrático, liberal y clerical, en julio-agosto de 1789 ejecutó la primera etapa importante de la revolución en Francia.

Por lo tanto, parece que la Revolución Francesa ha sido el resultado tanto de factores de gran alcance como de factores inmediatos, que se originaron en las condiciones sociopolíticas y en los conflictos del *ancien régime.* Los antiguos agravios de los campesinos, los habitantes urbanos y la burguesía; la frustración de las nacientes esperanzas de la burguesía y los campesinos acomodados y "medios"; la insolvencia y el derrumbe del gobierno; una "reacción feudal" real, o por lo menos percibida; los reclamos y la intransigencia de una aristocracia privilegiada; la difusión de ideas radicales en amplios sectores del pueblo; una honda crisis económica y financiera; y los sucesivos "desencadenantes" de la quiebra estatal, la revuelta aristocrática y la rebelión popular: todos estos factores representaron un papel. ¿Esos factores explosivos fueron peculiares de Francia? Considerados individual o aisladamente, la respuesta es negativa. Si excluimos los "desencadenantes" definitivos, tensiones, crisis y frustraciones semejantes aparecieron, en distintas formas, a menudo complementadas con una pobreza más profunda, en otros países europeos contemporáneos. Entonces, ¿por qué hubo una revolución en Francia en 1789 y no en otros lugares? O también podemos conferir distinta forma al interrogante y preguntar, como hace Jacques Godechot después de examinar los disturbios y los alzamientos en las grandes ciudades —incluso Londres, Bruselas y Amsterdam, pero no París— durante la década de 1780: "¿Por qué los disturbios que estallaron en capitales extranjeras, y sobre todo en Londres, no acarrearon el derrumbe del Antiguo Régimen, o de los poderes reales o aristocráticos en presencia de las masas insurgentes?"[8]

La respuesta breve tiene que ser que, por diferentes razones, los factores que hemos observado en la Francia del siglo XVIII no aparecieron en una *combinación* análoga en otro sitio cualquiera de Europa. En algunos, principalmente en los países orientales, faltaron visiblemente dos factores: una clase media importante y "desafiante", y un cuerpo muy difundido de ideas políticas radicales. Pero hubo también otro factor que diferenció a Francia de los países tanto del este como del oeste: París, incluso más que Londres, era una capital que estaba en el corazón mismo de los asuntos públicos, en el centro del gobierno y de la Administración, de la ley, la cultura y la educación. Más aún, era una capital que tenía una activa población de burgueses, abogados y pueblo común que, una vez encendida la mecha, podía marcar con su impronta colectiva la sucesión de hechos dramáticos que siguieron.

Pero una vez iniciada la Revolución en Francia, ciertos países y regiones occidentales —la Renania y el Piamonte, tanto como Holanda, Bélgica y Ginebra— imitaron el ejemplo durante la década de 1790. En otros —Alemania, excluida Prusia, Polonia, Italia meridional y regiones de España— hubo revoluciones o casi revoluciones que fueron consecuencia de la ocupación militar francesa más que de la mera fuerza del ejemplo francés o de la Declaración de los Derechos del Hombre.[9]

Pero ésta es otra historia, y la dejaremos para un capítulo ulterior. Sin embargo, primero, y antes de que formulemos excesivo número de interrogantes en disputa, debemos retornar al problema que mencionamos antes muy brevemente: las diferentes opiniones de los historiadores acerca del verdadero sentido de la Revolución.

II

Los historiadores y la Revolución Francesa

Y así llegamos al debate que ha dividido a los historiadores durante los últimos 200 años, desde el día en que el angloirlandés Burke por primera vez empapó su pluma en vitriolo para atacar en la cuna a la Revolución. El debate ha continuado a través de diferentes etapas, originando nuevas cuestiones y suscitando nuevos conflictos en el curso de su desarrollo. Por ejemplo, durante el primer siglo de discusión —desde 1790 hasta 1900— los historiadores tendieron a considerar los problemas de la Revolución en términos sobre todo políticos e ideológicos, sin prestar mucha atención a sus bases sociales y económicas. Burke no fue excepción; nunca realizó un intento serio de estudiar la sociedad de la cual surgió la Revolución. Pero, pese a lo endeble de las pruebas que él podía usar, consideró que el antiguo sistema de ningún modo era desagradable: de hecho, sólo se necesitaban unos pocos arreglos secundarios para enderezarlo. Por consiguiente, la Revolución no podía ser, a su juicio, la consecuencia de un auténtico y general deseo de reforma, y más bien había sido provocada por las ambiciones y las intrigas de una minoría. Cita sobre todo a la camarilla de literatos y "filósofos", que durante mucho tiempo habían estado hostigando a la Iglesia establecida, y al interés financiero en ascenso, siempre deseoso de ajustar cuentas con la nobleza tradicional. Y, siguiendo a éstos, arguye, venía la "turba" o "multitud sucia", ansiosa de botín, propensa al crimen e incapaz de formar juicios independientes. Así, la Revolución, que no tenía raíces en quejas legítimas, fue hija de la conspiración de unos pocos.[1] Esta "tesis de la conspiración" ha sido recogida por muchos autores después de aquella época: por el abate Barruel a mediados de la década de 1790; por Hippolyte Taine, liberal de la década de 1840 que se enconó a causa de la Comuna de 1871; y, con diferentes ejes, por Augustin Cochin durante las décadas de 1910 y 1920[2] y por J. L. Talmon a principios de la década de 1950. En resumen, dicha explicación ha tendido a gozar del apoyo de muchos para quienes la Revolución pareció un mal más que un bien, y que han tendido a culpar a diferentes chivos expiatorios con el fin de explicar sus orígenes y su desarrollo; es decir, los masones, los judíos, los Comités de Treinta o las "camarillas" descontentas de abogados o *literati* fracasados.

En cambio, los que apoyaron la Revolución, totalmente o en parte, naturalmente tendieron a explicarla en términos un poco distintos: como una protesta política legítima contra los defectos del *ancien régime* o como una protesta social de las clases pobres y humilladas. Los historiadores liberales de la Restauración —autores como Thiers, Mignet y Madame de Staël— la vieron principalmente de acuerdo con el primero de estos criterios;[3] y los motivos que los indujeron, durante la década de 1820, a reclamar una constitución más liberal, o carta, a Luis XVIII y Carlos X fueron básicamente los mismos que, una generación antes, habían inducido a los revolucionarios de 1789 a redactar una Declaración de los Derechos del Hombre y a elaborar la Constitución liberal de 1791. Así, dichos escritores vieron la Revolución esencialmente como un movimiento político "desde arriba", promovido por las clases "respetables" de la nación —la aristocracia liberal y la burguesía— para reparar agravios antiguos y promover la reforma de instituciones envejecidas. "Cuando la reforma llega a ser necesaria", escribió Mignet, "y ha llegado el momento de realizarla, nada puede ponerse en su camino y todo la ayuda a avanzar".[4] Esta explicación liberal, que destaca la progresión casi inevitable hacia adelante en la esfera de las ideas y las instituciones políticas, ha hallado muchos partidarios hasta el momento actual. Así, vemos a Francis Parkman, historiador norteamericano de la colonización británica de Canadá, que en una historia escrita a principios de la década de 1920 describe a la sociedad francesa del *ancien régime* como un "agregado de partes inconexas, a las que mantiene unidas una malla de poder arbitrario a su vez signado por la decadencia", que estaba "derivando lenta e inconscientemente hacia el cataclismo de la Revolución".[5]

Jules Michelet, el gran historiador francés de la década de 1840, también simpatizó con los revolucionarios de 1789; pero como era republicano y demócrata, vio a la Revolución como una operación quirúrgica mucho más drástica que lo que percibieron Mignet o Thiers. En sus páginas, la Revolución se convierte en el alzamiento espontáneo y regenerador de toda la nación francesa contra el despotismo, la pobreza y la injusticia demoledoras del *ancien régime:* en suma, algo semejante al estallido espontáneo de esperanza y odio popular representado por Charles Dickens en los capítulos iniciales de *Historia de dos ciudades*. Para Michelet, el pueblo común —los campesinos y los pobres de la ciudad, que sufrieron especialmente a causa de la crueldad y la injusticia de los reyes y los aristócratas— está lejos de ser un instrumento pasivo manipulado por otros grupos; son los seres reales y vivos de la obra.[6] Esta visión de la Revolución como un estallido espontáneo y colérico de un pueblo entero contra la pobreza y la opresión, probablemente hasta hace poco ha influido más que otra cualquiera.

Alexis de Tocqueville, que escribió pocos años después, afirmó otras opiniones. Dado su carácter de aristócrata provinciano con acentuadas inclinaciones liberales, era bastante natural que compartiese el gusto de Michelet por la libertad, pero rechazó con firmeza su pasión por la igualdad y la revolución "del pueblo". En realidad, escribió que la Revolución Francesa "fue preparada por las clases más civilizadas, pero ejecutada por las más bárbaras y toscas de la nación". Pero lejos de presentar a la Revolución como una ruptura lamentable con un pasado más glorioso (según el modo de Burke y los conservadores de la década de 1820), Tocqueville destacó la continuidad de las instituciones y las ideas que unen a la Revolución con el *ancien régime.* "La Revolución Francesa", escribió, "será sólo la oscuridad de la noche para aquellos que se limitan a mirar el episodio mismo; sólo el tiempo que la precedió aportará la luz necesaria para iluminarla".[7] Y continúa arguyendo que, mientras la Revolución y el Imperio fortalecieron la autoridad central, por referencia tanto al gobierno como a sus agentes, al proceder así se limitaron a ampliar o completar las medidas adoptadas ya por sus precursores del *ancien régime.* De hecho, en su opinión, era poco más que la secuela lógica de la "revolución administrativa" iniciada por Luis XVI. Señaló la ampliación de las atribuciones del Consejo Real hacia la década de 1750, las actividades ubicuas de los Intendentes, la reducción paulatina de la independencia del gobierno local y los *pays d'états,* la integración cada vez más acentuada de la Iglesia Galicana con la máquina estatal, y la aparición de una estructura totalmente nueva para el ejercicio de la justicia administrativa. Y no sólo eso: Francia tenía los mejores caminos de Europa; estaba mejorándose el bienestar social; se había abolido la tortura; y el sistema de admisión de *lettres de cachet* ("cartas selladas") para encarcelar a las personas sin proceso estaba cayendo en desuso —bajo Luis XVI se emitieron sólo 14.000 de estas "cartas", cifra que debe compararse con la de 150.000 bajo Luis XV—. Más aún, la Bastilla estaba vaciándose de detenidos, y en julio de 1789 sólo siete pudieron ser liberados. Pero Tocqueville agregaba con una notable sagacidad: "El orden social destruido por una revolución casi siempre es mejor que aquel que inmediatamente lo precede, y la experiencia muestra que el momento más peligroso para un mal gobierno es generalmente aquel en que se propone abordar la reforma". Por lo tanto, no fue tanto la ausencia de reforma como el carácter y el retraso de la misma lo que, al abrir los ojos de los hombres a cosas mejores, vino a precipitar una revolución en lugar de impedirla.

Tocqueville incorpora otra dimensión al debate cuando utiliza un argumento análogo para criticar el concepto de Michelet acerca de la Revolución como una revuelta espontánea de la "miseria". En verdad, ¿Francia era pobre o estaba empobreciéndose? No, contesta Tocqueville. Su comercio, su ingreso nacional y la producción de sus industrias y la agricultura estaban aumentando rápidamente; las clases medias eran más prósperas; se había procedido a la reconstrucción de París, sobre todo por iniciativa de la burguesía adinerada; y en vísperas de la revolución, Burdeos podía superar la riqueza y el tráfico de Liverpool. También los campesinos, lejos de continuar debatiéndose en la pobreza abyecta, el atraso o la sordidez irremediable o de estar sometidos a servidumbre en el dominio de su señor, comenzaban a educarse y ya se habían convertido en propietarios de un tercio de la tierra de Francia. Entonces, se pregunta Tocqueville, ¿por qué hubo una revolución en Francia y no en Austria, Prusia, Polonia o Rusia, donde el pueblo —y sobre todo los campesinos— eran mucho más pobres y estaban más oprimidos? Y responde que precisamente porque las clases medias estaban enriqueciéndose y tenían más conciencia del aumento de su importancia social y porque los campesinos estaban adquiriendo libertad, cultura y prosperidad, las antiguas supervivencias feudales y los privilegios aristocráticos parecían tanto más irritantes e intolerables. Y concluye, en un pasaje del que ya he citado un fragmento:

"No siempre al pasar de lo malo a lo peor una sociedad cae en la revolución. Sucede con más frecuencia que un pueblo, que ha soportado sin quejas, como si no las sintiera, las leyes más opresoras, se las sacude apenas se alivia su peso... El feudalismo en la cumbre de su poder no había inspirado a los franceses tanto odio como fue el caso en vísperas de su desaparición. Los más leves actos de poder arbitrario de Luis XVI parecían menos soportables que el despotismo de Luis XIV".[8]

Pero pese a toda su originalidad y a su brillo, y al respeto que mereció a generaciones posteriores de eruditos, Tocqueville dejó sin responder varios interrogantes, y entre ellos: si Luis XVI y sus ministros tenían una inclinación tan reformadora, ¿por qué sus reformas se interrumpieron —y *tuvieron* que interrumpirse— antes de aportar una satisfacción más general? Y más especialmente, ¿cuáles fueron las circunstancias concretas —cuál fue la chispa o el desencadenante— que provocó el estallido; y cómo una revuelta de magistrados y aristócratas descontentos y hambrientos de poder —pues así fue como se abrieron las compuertas— se transformó en una revolución de las clases "intermedias" y bajas de la ciudad y el campo? (Como el lector recordará, abordé algunos de estos interrogantes en el capítulo precedente.)

Pero entretanto, el debate continuó y otros historiadores bajaron a la liza, entre ellos Alphonse Aulard, autor de una *Historia política de la Revolución* en cuatro volúmenes, que apareció a principios del siglo XX. Si las opiniones de Michelet fueron las de un demócrata republicano y las de Tocqueville corresponden a un conservador liberal de las décadas de 1840 y 1850, y Taine a su vez reflejó las opiniones de un ex liberal convertido en conservador por los acontecimientos de 1871, Aulard fue un típico radical de la Tercera República que siguió inmediatamente. A semejanza del *Ancien Régime* de Tocqueville, la *Historia política* de Aulard abrió un camino nuevo y señaló un momento decisivo en el estudio de la Revolución Francesa. Por una parte, inauguró una época nueva por su carácter de trabajo de erudición exacta y escrupulosa; de hecho, Aulard fue el primer historiador francés que practicó un uso rigurosamente sistemático y crítico de las fuentes en un trabajo de historia moderna, y tomó como modelos a la escuela alemana de Ranke y la tradición medievalista francesa establecida por la École des Chartes. Pero como su título sugiere, la *Historia* de Aulard todavía se atiene a la pauta propia del siglo XIX de argüir acerca de la Revolución en términos políticos e ideológicos. Aunque su *Historia* muestra la gran objetividad del erudito entrenado en el uso de los registros originales, de ningún modo ha eliminado la inclinación política del ciudadano que, a semejanza de Michelet, se ha educado en la tradición republicana democrática. Esta tendencia y su concepción general de la Revolución son por cierto evidentes en el prefacio que escribió para la primera edición:

"Deseo escribir la historia política de la Revolución desde el punto de vista del origen y el desarrollo de la Democracia y el Republicanismo. La Democracia es la consecuencia lógica del principio de igualdad. El Republicanismo es la consecuencia lógica del principio de soberanía nacional. Estas dos consecuencias no se manifestaron inmediatamente. En lugar de la Democracia, los hombres de 1789 fundaron un gobierno de la clase media, un sufragio de dueños de la propiedad. En lugar de la República, organizaron una Monarquía limitada. Sólo el 22 de setiembre de 1792 abolieron la Monarquía y crearon la República. La reforma republicana de gobierno duró hasta 1804, cuando el gobierno de la República fue confiado a un emperador".[9]

Pero pese a las profundas diferencias de origen social y enfoque y de posición política que los dividen, estos historiadores más tempranos de la Revolución exhiben ciertas características importantes en común. Por una parte, todos (incluso Michelet) trataron a la Revolución "desde arriba", es decir, desde la altura de la corte real de Versalles, o la Asamblea Nacional, el Club de los Jacobinos o la prensa nacional. En consecuencia, la Revolución se convierte en una lucha de ideas o de facciones políticas rivales en que los principales aspirantes al poder son el rey y el partido de la corte, los Parlamentos y la aristocracia, y el Tercer Estado con sus líderes de clase media y liberal-aristocráticos. Incluso en el caso de Michelet y Tocqueville, los campesinos casi no aparecen físicamente —o lo hacen con un mínimo grado de sustancia— y mucho menos las clases bajas urbanas, o *sans-culottes*; y cuando se manifiestan, sus pensamientos y actos vienen sencillamente a reflejar los de la aristocracia, la burguesía revolucionaria o los oradores y periodistas de las Tullerías y el *Palais Royal*. Este enfoque del problema es tan válido para los historiadores liberales y radicales como para los conservadores y los monárquicos, y tanto referido a Thiers, Michelet y Aulard como a Burke y Taine.

En realidad, este desplazamiento del eje desde lo principalmente político-ideológico a lo principalmente social y socioeconómico ha sido la innovación más importante de la escuela principal de historiadores revolucionarios desde los tiempos de Aulard. El campesinado y los *sans-culottes* urbanos —sobre todo los de París— han sido incorporados al cuadro y estudiados como entidades por derecho propio —o "desde abajo"—, como clases sociales y grupos que tienen su propia identidad, sus ideas y sus aspiraciones independientes de las que se observan en las clases altas y medias.

Acompaña a este cambio de eje la tendencia a presentar los conflictos de la Revolución en términos de una lucha de clases más que de ideas políticas o ideologías. Esta reorientación de los estudios revolucionarios sin duda debe mucho a Marx y a la difusión de las ideas socialistas en Europa durante los últimos cien años, y en esa medida puede afirmarse que representa una nueva interpretación socialista, así como una interpretación de carácter más generalmente social de la Revolución Francesa. Pero es más que eso, y tal vez sea más exacto reflejarla como una respuesta a los nuevos problemas y procesos sociales del siglo XX, que han ampliado los horizontes de los historiadores en general, es decir, procesos como el sufragio universal, la investigación de mercado, el estado de bienestar, los movimientos de la clase trabajadora, los partidos políticos de masas, las revoluciones en Europa oriental y Asia y las conmociones derivadas de dos guerras mundiales.

El primer historiador francés que imprimió esta dirección nueva a los estudios de la Revolución fue Jean Jaurés, el autor de *L'Histoire socialiste de la Révolution française,* publicada por primera vez en cuatro volúmenes en 1901-1904. Jaurés fue ciertamente socialista, como lo señala claramente el título de su obra, pero el libro no fue de ningún modo un trabajo partidario o una estrecha polémica política, y como él mismo lo reconoció, Jaurés debió tanto a Michelet y al estilo biográfico-narrativo de Plutarco como a Marx. Pero a pesar de esta diversidad de influencias, su *Histoire* es esencialmente una interpretación económica y social de los orígenes y el curso de la Revolución. En verdad, Jaurés creía que la historia puramente "política" era "una mera abstracción", y así preguntó agudamente: "¿Cómo puede Aulard entender cabalmente el cambio que sobrevino durante la Revolución de una oligarquía burguesa a una democracia sin concebir las conmociones sociales y políticas como fenómenos íntimamente relacionados?"[10]

La innovación más específica de Jaurés fue haber explorado mucho más profundamente que sus predecesores las divisiones evidentes en el seno del Tercer Estado, y haber iniciado la exploración sistemática del papel representado por los campesinos y el *menu peuple*. Y esta tradición, una vez afirmada, continuó, durante los sesenta años siguientes y aún más, gracias a sus principales sucesores en este campo: Albert Mathiez, Georges Lefebvre y Albert Soboul. Mathiez dominó el estudio de la Revolución, tanto en su país como en el exterior, durante el período que medió entre las dos guerras mundiales; su principal título a la fama durante mucho tiempo descansó en el hecho de que rescató a Robespierre de la "Cámara de los Horrores" a la que los historiadores del siglo precedente, con cierto apoyo de Aulard, lo habían confinado casi sin excepción. Pero en el contexto de la "interpretación social", su principal realización fue probablemente el atento examen de los *sans-culottes* parisienses y sus portavoces, y en su *La Vie chère et le mouvement social sous la Terreur*, la clara diferenciación que hace entre el concepto de "libertad" defendido por los tenderos y los mercaderes y el que corresponde a los consumidores o *sans-culottes*.[11]

Pero no hubo otro historiador de la Revolución que gozara de una reputación internacional de erudición igual a la de Georges Lefebvre, que nació el mismo año que Mathiez (1874) pero le sobrevivió mucho tiempo. Su carrera también siguió un curso bastante peculiar. En 1924 publicó su gran estudio precursor *Les Paysans du Nord*, donde por primera vez los campesinos de la Revolución fueron presentados no como una sola clase indiferenciada (como habían hecho Tocqueville y otros) sino como un conglomerado de grupos sociales muy distintos unos de otros. A pesar de su identidad común como comunidad rural, que les permitió unirse en un alzamiento campesino universal durante el verano de 1789, en tiempos más normales estaban profundamente divididos por intereses antagónicos en el ámbito de la aldea, y esas diferencias enfrentaban a los pequeños propietarios con los terratenientes y los especuladores, y a los campesinos sin tierra y los medieros con los grandes arrendatarios y los que Lefebvre denominaba la "bourgeoisie rural". Estas diferencias y conflictos fueron rastreados a lo largo de los años revolucionarios y medidos en términos de desorden social, de compra de tierras, de distribución de la propiedad y de relaciones con los representantes oficiales "en misión" y las autoridades locales. Pero la Revolución, lejos de subsanar estas diferencias otorgando satisfacción universal, ensanchó la brecha y las hizo irreconciliables. Pues el "bourgeois rural", el antiguo y el nuevo, cosechó ventajas sustanciales, tanto porque se sacudió la carga del diezmo y los impuestos señoriales como por la compra de tierras a bajo precio, mientras los campesinos pequeños y sin tierras, cuyo reclamo de rentas controladas y de subdivisión de las propiedades no fueron atendidos, continuaron siendo pobres y se sintieron insatisfechos durante las generaciones siguientes.[12]

Lefebvre también señaló rumbos con sus importantes estudios del pánico rural (el "Gran Miedo") de 1789 y de las actitudes y el comportamiento social de las masas revolucionarias.[13] Pero correspondió a su discípulo más cercano, Albert Soboul, realizar la contribución decisiva al estudio de los *sans-culottes* urbanos.[14] Pues a despecho de la labor precursora realizada por Jaurés y Mathiez, hasta la publicación, en 1958, de la tesis de Soboul acerca de los *sans-culottes* parisienses no existía un estudio plenamente documentado de las actividades cotidianas y el modo de vida de este sector, su composición y sus organizaciones, sus ideas y aspiraciones sociales y políticas, y sus formas de conducta. El resultado ha sido asignar a esta parte considerable de la población urbana —que representa en París alrededor de tres personas de cada cuatro— esa identidad particular que Lefebvre había conferido a los campesinos, situarlos al frente de la escena como fuerza revolucionaria vital, y al proceder así arrojar nueva luz sobre la historia política de una de las fases más críticas de la Revolución. A semejanza de Aulard, Mathiez y Lefebvre antes que él, Soboul pasó a ocupar la cátedra de la Revolución Francesa en la Universidad de París, y hasta su muerte, en 1982, fue el más prolífico e influyente de los escritores franceses que escribieron acerca de la Revolución en la tradición marxista-republicana.

Por supuesto, como hemos visto, muchas de las tradiciones más antiguas —liberales, conservadoras o explícitamente contrarrevolucionarias— se prolongaron, y la nueva orientación impartida a los estudios de la Revolución por los que aplicaban una "interpretación social" no ocupó el campo completo. Pero poca duda cabe de que la "nueva ortodoxia", como se la ha denominado, con su extensa historia y su sucesión de brillantes eruditos, vino a dominar la enseñanza y el estudio de la Revolución en las escuelas y las universidades francesas. Durante mucho tiempo, los críticos —y eran numerosos— detuvieron el fuego, quizás inhibidos por los antecedentes eruditos de sus antagonistas. La primera crítica seria provino de la izquierda, de Daniel Ghérin, marxista y autor de una obra de inspiración trotskista, *La Lutte de classes sous la première République,* publicada en 1946. Guérin creía que el período de gobierno jacobino (1793-1794) elogiado por la escuela de Jaurés-Lefebvre-Soboul era un fraude que, lejos de promover los intereses populares, constituía una dictadura orientada contra los militantes *sans-culottes* o *bras nus* (obreros).[15] Pero Guérin encontró pocos partidarios convencidos y el duelo con sus colegas marxistas concluyó en una reconciliación cautelosa. Él y sobre todo Soboul convinieron en que la Revolución, a pesar de las diferencias que los separaban acerca de los papeles respectivos de los jacobinos y los *sans-culottes,* continuaba siendo "*notre mère a tous*" (nuestra herencia común).[16]

Los críticos provenientes de la derecha —conservadora o liberal— han organizado un reto más constante y fundamental. Poco a poco conquistó terreno y cobró impulso, y halló apoyo no sólo en Francia sino en Europa occidental, Gran Bretaña y Estados Unidos. Pero no fue en Francia sino en Inglaterra, seguida poco después por Estados Unidos, donde comenzó la fase más importante del ataque. Después de una escaramuza preliminar con su trabajo *Myth of the French Revolution,* en 1955, Alfred Cobban pasó a publicar su *Social Interpretation of French Revolution,* en 1964.[17] El libro fue escrito en un estilo característico del autor, que con celo iconoclasta derribó alrededor de sí a todos los presuntos dragones o vacas sagradas que se le ponían al alcance. Entre éstos estaban incluidos conceptos tan venerables como el derrocamiento del "feudalismo", la reacción "feudal" o "aristocrática" del siglo XVIII, y también gran parte de la revolución "burguesa"; y al mismo tiempo afirmó que la propia "interpretación social" estaba impregnada de supuestos políticos marxistas-leninistas, y por lo tanto de hecho no era en absoluto una interpretación "social". En esta actitud, Cobban negó prácticamente a la burguesía el más mínimo crédito en relación con el fin del sistema señorial durante el verano de 1789, y arguyó además que en su condición de clase terrateniente, y beneficiaria de los cargos, la burguesía debía reclamar escaso crédito por el desarrollo del capitalismo, o más específicamente por una revolución industrial capitalista. En verdad, insistió en que la Revolución Francesa, bajo la dirección de sus nuevos gobernantes poseedores de tierras y ex ocupantes de cargos, había retrasado este proceso en lugar de impulsarlo. En resumen, la Revolución fue "en esencia un triunfo de las clases conservadoras, propietarias y terratenientes, grandes y pequeñas".[18]

En Francia, la nueva tesis de Cobban al principio fue ignorada o mereció escasa aprobación; después de todo, estaba discutiéndose la revolución de los franceses y no la de Cobban. Pero en Estados

Unidos, como en Inglaterra, suscitó una respuesta más entusiasta. Entre los historiadores norteamericanos que aceptaron los nuevos argumentos con elogio más o menos incondicional estaban George Taylor, Elizabeth Eisenstein y —con reservas un tanto mayores— Robert Forster. Las opiniones de estos historiadores, o una parte importante de las mismas, fueron publicadas en la *American Historical Review* entre 1963 y 1967. Taylor pudo demostrar que un burgués francés próspero en vísperas de la revolución podía, tanto como un aristócrata o un noble acaudalado, invertir su capital en bienes "propietarios" o en el "consumo conspicuo", en la forma de *hôtels* urbanos o en tierras o en una vida extravagante. Forster arguyó, con un sesgo más o menos análogo, que la nobleza provinciana —y señaló en particular el caso de la que había en Toulouse— podía aspirar a tanto crédito, o incluso a más, que el mercader o el capitalista industrial en la preparación del camino para una revolución industrial. Eisenstein sostuvo que la "revuelta burguesa" de 1788-1789 fue orquestada por un comité cuyos miembros incluían más nobles y clérigos que burgueses.[19] Y en Inglaterra se manifestaron diferentes niveles de apoyo de una serie de estudiosos, sobre todo, aunque no sin críticas, de William Doyle, de la Universidad de Nottingham, cuya obra *Origins of French Revolution* apareció en 1980. El título trasunta con bastante claridad la principal inquietud del autor, que concentra la atención más en los orígenes de la Revolución que en su curso y en sus resultados definitivos. Duda del término "revolución burguesa" (porque, después de todo, ¿no estaban comprometidos los miembros más audaces de la nobleza?). Pero ciertamente no niega que una combinación de estos "notables" destruyó eficazmente, con el apoyo de los campesinos, lo que restaba de feudalismo en la Francia de fines del siglo XVIII. Sin embargo, su principal preocupación es demostrar que no existió un plan previo definido destinado a hacer tal cosa de ninguna clase ni de un grupo específico; de hecho, las circunstancias fueron más decisivas que cualquier intervención humana consciente en la consecución del resultado. Así, concluye de este modo su libro:

"Sólo entonces [se refiere a los últimos meses de 1789] la nueva élite gobernante de Francia pudo comenzar a evaluar qué buscaba y qué había realizado. Como suele suceder con los vencedores, sus miembros pronto se convencieron de que habían aplicado un plan desde el principio. Pero no hubo plan, y nadie capaz de trazarlo en 1787. Nadie pudo haber previsto que las cosas se desarrollarían como lo hicieron. De haber podido, casi nadie habría tenido certeza. Pues la Revolución Francesa no había sido realizada por revolucionarios. Sería más válido afirmar que los revolucionarios habían sido creados por la Revolución".[20]

Más importante aún, este autor también llega a la conclusión, después de analizar las tendencias de la investigación reciente, de que las "antiguas ortodoxias no sólo están muertas, sino que necesitan urgentemente que se las entierre".[21] Pero a esta altura de las cosas se había promovido en Francia un ataque más detallado y sostenido contra la escuela de la "interpretación social". Su expositor principal y más prolífico ha sido François Furet, de la École Pratique des Hautes Études de París. Comenzó con una historia en dos volúmenes de la Revolución, publicada por Furet y Denis Richet en 1965-1966. Fue un comienzo relativamente moderado y discreto, y de hecho debió poco a los nuevos argumentos propuestos por Alfred Cobban en Inglaterra. Ciertamente, en la exposición de esta obra acerca de los orígenes de la Revolución y su estallido en la forma de las "tres revoluciones del verano del '89" —la de los diputados, los campesinos y los *sans-culottes* urbanos— hay poco que difiera básicamente de la exposición de Lefebvre. Tampoco describe el estallido de la guerra, la caída de la Monarquía, la lucha entre los partidos por el control de la Asamblea, la caída de Robespierre, la "reacción" termidoriana o el ascenso de Napoleón en términos que no sean los más "ortodoxos". Pero hay una excepción más o menos importante, aunque tan discreta, que seguramente pasó inadvertida para algunos, aunque fue señalada por Claude Mazauric, un crítico alerta: [22] es la afirmación de que, con la caída de la Monarquía, la Revolución, es decir, la revolución real o burguesa, fue "desviada bruscamente de su curso" y "perdió su rumbo". Pues fue ahora, como aliados de la burguesía "intermedia" que asumieron el control, cuando se llamó a los *sans-culottes* a representar un papel para el cual, de acuerdo con la opinión de los autores, estaban especialmente mal preparados.[23]

Furet pasó a descargar un ataque mucho más agrio contra la "nueva" ortodoxia en 1971, cuando publicó en los *Annales* de París un artículo titulado "Le catéchisme révolutionnaire". Esta vez el ataque, aunque implícitamente dirigido contra la "escuela de Lefebvre" en general, concentraba la atención sobre todo en Soboul y Mazauric, por su condición no sólo de marxistas, sino de marxistas de un matiz especial: "neojacobinos" que basaban sus supuestos —y aquí Furet sigue a Cobban— en una filosofía marxista-leninista combinada con la experiencia del gobierno jacobino de 1793-1794.[24] Era un áspero ataque personal con pocas limitaciones, y que por eso mismo cerró provisionalmente la puerta al ulterior debate serio.

Pero hacia 1978, cuando apareció el siguiente libro de Furet, parte del calor y el veneno habían desaparecido de la crítica. La agria hostilidad provocada por las discrepancias en el seno de la izquierda, expresada en "deserciones" que afectaron al propio Furet tanto como a Emmanuel Leroy Ladurie y otros, por el momento se había calmado; y esta nueva atmósfera de relativo descenso de la tensión se reflejó en la publicación de *Penser la Révolution française,*[25] de Furet. En esta obra Furet admite que, por su carácter mismo, la Revolución Francesa debía inspirar diferentes interpretaciones, de la izquierda a la derecha, de acuerdo con la afiliación política del historiador, y por lo tanto con las actuaciones de protagonistas de un drama que lo atraía o repelía, pues "la Revolución Francesa tiene su historia realista, liberal, jacobina, anarquista o libertaria"; y más adelante: "El acontecimiento arraiga de un modo tan fundamental en la conciencia política francesa contemporánea que cualquier intento de considerarlo desde cierta distancia intelectual aparece inmediatamente como una forma de hostilidad". Pero Furet no acepta que tal diversidad de interpretaciones, aunque comprensible, favorezca la investigación racional universal; y aquí no es el marxista o "intérprete social" el que carga con la culpa principal, sino el contrarrevolucionario liso y llano que cierra los ojos no sólo a la realidad por referencia a los orígenes, sino también a la naturaleza de los actores y a la secuencia de los hechos. Pero por supuesto, los marxistas tienen también su parte de culpa. Por ejemplo, hay quienes no atinan "a distinguir entre la Revolución como un proceso histórico, un conjunto de causas y efectos; y la Revolución como un modo de cambio, una dinámica específica de la acción colectiva". Más concretamente, agrega: "Cuando se examinan las causas o los resultados de la Revolución, el observador debe remontarse mucho más allá de 1789 por una parte, y por otra, adelantarse mucho a 1794 o 1799. Sin embargo la 'historia' de la Revolución está encerrada entre 1789 y 1794 o 1799." De modo que hay dos planos de análisis, de acuerdo con el foco elegido. Está el enfoque inmediato, principalmente político, y el enfoque social y económico de gran alcance, y confundir los dos —de lo que él acusa a los "intérpretes sociales"— es provocar el desastre, o por lo menos exponerse a cierto grado de ridículo.

Uno puede decir, por ejemplo [continúa Furet], que entre 1789 y 1794 todo el sistema político de Francia se transformó radicalmente, porque la antigua monarquía llegó a su fin. Pero la idea de que entre estas mismas fechas se renovó de arriba abajo la trama social y económica de la nación es mucho menos plausible.[26]

Atribuye esta confusión en medida considerable a la tendencia de ciertos historiadores a identificarse demasiado estrechamente con los actores del "acontecimiento", quienes a su vez, a través de la intimidad de su experiencia, tendían a asignarle una inevitabilidad causal que nunca poseyó. El historiador marxista, hipnotizado por octubre de 1917, además se ha visto inclinado a ver la revolución burguesa en Francia como un escalón o un presagio de la revolución socialista en Rusia. Así, "se asignaron antepasados jacobinos a los bolcheviques y se determinó que los jacobinos anticipaban a los comunistas", como si el cambio del escenario histórico tuviese escasa importancia.[27]

Pero al mismo tiempo que acusa a los historiadores de la "escuela de Lefebvre de permitir que sus tendencias políticas deformen su propio juicio", Furet reconoce que el hecho de que concentraran la atención en las clases populares "ha determinado progresos de nuestro conocimiento del papel representado por los campesinos y las masas urbanas". Esto, por lo menos, es algo; y pese a toda la acritud de los anteriores ataques del escritor a los marxistas, parece creer ahora que, con el progreso del saber y la creciente diversidad de creencias socialistas, es posible que a su tiempo sobrevenga cierto "enfriamiento" de las disputas acerca de la Revolución Francesa.[28] Y también otros eruditos, comprometidos menos rígidamente con interpretaciones simplistas, han manifestado esperanzas análogas en el sentido de que pueda hallarse un nuevo consenso que coloque a los sectores en guerra por lo menos a distancia mensurable de una reconciliación parcial, ya que no total.[29] Con la llegada del Bicentenario de 1789, tales esperanzas no parecen muy propicias. Aunque es posible que algunas actitudes se manifiesten más discretamente, otras han venido a ocupar su lugar y amenazan avivar las brasas para provocar una conflagración más intensa. Un signo de los tiempos es que uno de los polemistas de la derecha, Pierre Chaunu, incluso ha denunciado el "genocidio" de medio millón de víctimas del Terror sólo en el oeste de Francia; una declaración que, al margen de su formulación tendenciosa, infla más allá de los límites de la credibilidad todos los cálculos precedentes acerca del asunto.[30] Tales pronunciamientos, puestos en el contexto más amplio de los frecuentes y amargos intercambios en la televisión (estoy escribiendo a principios de 1987),[31] no son de buen augurio, por lo menos, para ese consenso más amplio o "nueva síntesis" de las opiniones contrapuestas que ansían algunos estudiosos, y sin duda también muchos estudiantes.

II

Los Primeros Años

I

Cómo empezó la Revolución

Hasta aquí hemos examinado los diferentes modos en que sucesivas generaciones de historiadores han interpretado la Revolución Francesa; también hemos examinado sus orígenes y el problema de la razón por la cual la Revolución estalló en Francia precisamente en determinado momento. Pero antes de que pasemos a relatar con más detalle los acontecimientos de la propia Revolución, debemos considerar también de qué modo se formaron los alineamientos de la sociedad francesa que originaron la Revolución, así como las ideas que los informaron; y aquí debemos prestar especial atención a la ideología y a las actitudes del pueblo común, un tema que ha sido muy descuidado por autores anteriores, y al que sobre todo prestaron escasa atención los historiadores "revisionistas" de los últimos años.

Así, no debemos buscar la guía de estos recientes autores, sino más bien la que aportan los historiadores de la escuela "ortodoxa" que comenzó con Jaurès a principios de siglo. Pues la *Histoire socialiste* de Jaurès fue el primer intento serio de abordar los problemas, las aspiraciones y los movimientos de las masas campesinas y urbanas por derecho propio, y no simplemente como un eco de los discursos y los actos de los jefes revolucionarios en París. Este enfoque, desarrollado más todavía por los sucesores de Jaurès, no se ha limitado a iluminar con luz más viva las causas y los acontecimientos generales de la Revolución. También ha permitido medir con más exactitud el momento del estallido revolucionario y el papel representado en él por los campesinos y el *menu peuple* urbano. Por consiguiente, ya no es necesario que la explosión revolucionaria aparezca como una culminación más o menos fortuita de una sucesión de crisis meramente políticas, aunque interrelacionadas —por ejemplo el rechazo de las propuestas de Calonne por los "notables", la convocatoria de los Estados Generales en Versalles, y el abandono de su cargo por Necker— sino más bien como el choque de un complejo de fuerzas sociales y políticas, en un momento en que una explosión era inminente.

Sin embargo, es posible que el problema continúe siendo por dónde empezar, y que el cuadro se mantenga desequilibrado, si alguna de las fuerzas sociales comprometidas en la crisis no aparece en la perspectiva adecuada. Una deformación usual es la idea de que la acción revolucionaria de los campesinos y las masas urbanas estaba "esperando" la acción emprendida por las clases privilegiadas o por la burguesía. Sobre todo Mathiez nos ha familiarizado con el concepto de las etapas iniciales de la Revolución como un "despliegue" progresivo de revoluciones secundarias: primero, la *révolte nobiliaire* que afectó a las órdenes privilegiadas, después la *révolution bourgeoise, y* finalmente la revolución "popular" de los campesinos y los pobres de la urbe. Aunque dicha exposición es cómoda e incluye más de un grano de verdad, si se la toma con excesiva literalidad, tiende a reducir la intervención de las masas a un papel de importancia secundaria, y no atina a demostrar que el movimiento popular, si bien se aceleró y acentuó a causa de la crisis revolucionaria del verano de 1789, arraigó profundamente en el *ancien régime* y, de hecho, precedió por varios meses a las actividades revolucionarias de las clases medias.

Otra tendencia ha consistido en presentar la crisis revolucionaria casi exclusivamente debida a factores económicos. Así, Edouard Labrousse, conocido por su importante investigación de los precios y los salarios del siglo XVIII, ha insistido en la primacía de los factores "naturales" o económicos, sobre los "antropomórficos" o humanos.[1] Fernand Braudel y sus colaboradores de la escuela de los *Annales* han llegado más lejos: al destacar la suprema importancia de los factores de gran alcance sobre los inmediatos en su teoría de *la longue durée,* se han inclinado a disminuir el papel humano —y por consiguiente el popular— en la cadena de causas y hechos.

En cambio, Daniel Guérin se ha situado en el extremo contrario: el exagerar la independencia y el grado de coherencia y madurez del movimiento popular lo ha llevado a anticipar los movimientos obreros de los siglos XIX y XX.[2] Por supuesto, aquí no son tanto los asalariados y los *sans-culottes* sino las clases medias los que cesan de representar un papel revolucionario independiente.

Pero yo apuntaré a ilustrar la gama y la diversidad de los movimientos en la ciudad y el campo, en París y las provincias, durante los años que desembocaron en la Revolución Francesa. Intentaré situar en su adecuada perspectiva histórica, tanto la revuelta de las órdenes privile giadas en 1787-1788 como la actividad revolucionaria de la burguesía desde fines de 1788. Pero sobre todo, trataré de rastrear las etapas y las corrientes principales del movimiento popular durante los últimos años del *ancien régime,* hasta el punto en que su "fusión" con el movimiento de la burguesía desencadenó la explosión revolucionaria.

Para alcanzar el objetivo debemos remontarnos a los disturbios de los cereales o "guerra de la harina" de 1775. Naturalmente, hubo movimientos anteriores provocados por el hambre y el alto costo del pan, en 1725, 1739-1740, 1752 y 1768. Pero el de 1775 es no sólo el último de los grandes disturbios *espontáneos* por los alimentos en el *ancien régime,* sino que es también el más amplio y el mejor documentado, y permite una comparación apropiada con movimientos análogos que sobrevinieron durante la propia Revolución.

Turgot había sido designado contralor general en agosto de 1774, y, ciertamente, cuando comenzó no estaba marcado por la impopularidad, en cuanto se refiere al pueblo común o a los pequeños consumidores. Más aún, es muy posible que pareciera un cambio propicio, pues su predecesor, el abate Terray, había sido quemado en efigie en el Faubourg Saint-Antoine. Pero, para satisfacción de los enemigos de Turgot en la corte, pronto perdería todo atisbo de favor popular por la prisa con que aplicó los conceptos de libre comercio de los fisiócratas al comercio de granos: un *arrêt* (decreto) del 13 de setiembre eliminó las restricciones impuestas a la venta y la compra de granos y harina. Esta medida, combinada con una mala cosecha, provocó una dura escasez y una rápida elevación de los precios del trigo, la harina y el pan durante la primavera y el verano siguientes. El precio de una hogaza de cuatro libras en París (normalmente 8 o 9 sous, aunque los últimos años con más frecuencia 10 u 11) aumentó a 11½ sous a principios de marzo, a 13½ a fines de abril y a 14 sous a principios de mayo. Los disturbios de los cereales ya habían estallado en Burdeos, Dijon, Metz, Tours, Reims y Montauban, y tras ellos surgió ese núcleo especial de desórdenes, centrados en París y en las Provincias próximas, conocidos en la historia como *la guerre des farines* ("la guerra de las harinas").

El movimiento se extendió de un mercado a otro y adoptó la forma de un control popular de los precios del trigo, la harina y el pan: el precio del pan en general se fijó en 2 sous la libra, la harina en 20 sous el *bushel* y el trigo en 12 francos el *setier* (2 quintales). Partiendo el 27 de abril de Beaumont-sur-Oise, al norte de la capital, llegó a Pontoise el 29, a Saint-Germain el 1 de mayo, a Versalles el 2 y a París el 3. Después, los disturbios se extendieron hacia el este y el norte, hacia el interior de Picardía y la Isla de Francia, y habiéndose demorado varios días en los mercados y las aldeas de Brie, llegó a Beaumont-sur-Gâtinais —cincuenta millas al sur de París— el 9, y se extendió a Melun el 10.[3]

Es instructivo observar los rasgos principales de este acontecimiento notable. En esencia, fue un movimiento espontáneo provocado por los altos precios y el temor al hambre. Presenció la invasión en masa de los mercados y las fincas agrícolas por pequeños consumidores de las aldeas y las ciudades, e incluso por algunos agricultores y burgueses acomodados. En lo esencial fue dirigido contra los *laboureurs* o campesinos prósperos, los comerciantes de granos, los molineros y los panaderos; y provocó simpatía en otras clases: por ejemplo, algunos sacerdotes alentaron a sus feligreses a intervenir en el movimiento o hicieron poco para contenerlos, y más de un funcionario del mercado realizó su aporte fijando un precio "justo" a los granos y a la harina. Más aún, el Parlamento de París, siempre en actitud contraria al gobierno, concedió al movimiento su bendición condicional.

Entonces, ¿por qué un movimiento tan amplio y que en ciertos aspectos exhibe una sorprendente semejanza con movimientos posteriores de la Revolución no aportó resultados concretos? En primer lugar, la propia crisis de los alimentos, aunque grave, se vio superada hacia principios del otoño: los precios comenzaron a descender en octubre. Segundo, Turgot consiguió aplastar el movimiento combinando la fuerza militar con el púlpito. Más aún, la parte principal del campesinado no participó: la cuestión de los diezmos, los impuestos aplicados por los señores o las leyes de la caza no se manifestaron, y las ideas promovidas por el Iluminismo —tan importantes en 1789— aún no habían comenzado a difundirse entre los campesinos ni entre los pequeños consumidores urbanos. Finalmente, y lo que es quizá más importante, la burguesía no había comenzado a desafiar el orden vigente, y en todo caso era probable que se mostrase hostil a un movimiento dirigido contra las medidas de un ministro cuyas reformas —incluso la libertad del comercio de granos— contaban con su apoyo activo; de hecho, en varias ciudades se convocó a la milicia local con el fin de aplastar la revuelta. En resumen, la principal lección de 1775 fue que, en las condiciones de la Francia del siglo XVIII, un movimiento aislado de asalariados, artesanos, tenderos y pobres de la ciudad no tenía esperanzas de aportar resultados sustanciales. Se llegaría a entender esta verdad más de una vez, antes de la propia Revolución y durante la misma.

Los doce años que siguieron, a pesar de la agudización general de la crisis económica, fueron un período de precios relativamente estables de los alimentos y paz social. Por lo menos en París, el precio del pan se mantuvo notablemente constante: el Diario manuscrito del librero parisiense Sébastien Hardy nos dice que, si entre 1767 y 1775 el precio de la hogaza de cuatro libras rara vez descendió por debajo de once sous —y durante unos pocos días de noviembre de 1768 de hecho llegó a dieciséis—, en el período siguiente el precio normal fue de ocho o nueve sous, y se elevó a diez y medio u once sous durante breves lapsos de 1784 .[4]

Los movimientos populares durante estos años fueron procesos dispersos y esporádicos, y respondieron a una serie de cuestiones diferentes. Hubo disturbios por el pan en Toulouse y Grenoble en junio de 1778 y en Rennes en 1785. En 1784 y 1786 hubo manifestaciones en París contra el anillo de barreras aduaneras que rodeaba a la ciudad y que había sido levantado por los Agricultores Generales, un consorcio de acaudalados recaudadores de impuestos, con el propósito de imponer derechos al ganado en pie, la carne, el vino y la leña que pasaba por sus puertas. También en París hubo una nueva oleada de sentimiento popular anticlerical durante la década de 1780, un fenómeno que recordó la hostilidad provocada por los jesuitas en la década de 1720 y a principios de la década de 1750, y su blanco fue el arzobispo de París, porque se negaba el sacramento a los sacerdotes jansenistas moribundos.

Las huelgas también tuvieron cierta importancia, y las hubo tanto en París como en las provincias, y afectaron a los jornaleros de un número considerable de oficios. En el caso de los trabajadores de la seda en Lyon adquirieron, en dos ocasiones, proporciones casi insurreccionales. Sin embargo, debe observarse que en la Francia del siglo XVIII, donde las huelgas eran ilegales y en general soportaban la represión, era más probable que tales disputas estallasen en períodos de abundancia relativa y precios estables que cuando el alimento escaseaba y los precios eran elevados. Esta fórmula es tan válida para las huelgas en gran escala de los albañiles de París en 1785 y 1786 como para la huelga general de los impresores y los encuadernadores que reclamaban una jornada de catorce horas en 1776. También es aplicable a la disputa que comprometió a los porteadores y carreteros organizados en enero de 1786, cuando setecientos a ochocientos de ellos confirieron a su huelga una dimensión casi política al marchar sobre Versalles para presentar sus quejas al rey.[5] Pero a pesar de toda esta actividad, es dudoso que esas disputas laborales imprimiesen más que un ímpetu mínimo al movimiento popular difundido y variado que surgió de la crisis revolucionaria de 1788-1789.

Esta debía comenzar con la *revolte nobiliaire,* el reto aristocrático que concluyó en la victoria de los Parlamentos y sus aliados y la resonante derrota del gobierno. La "revuelta" tuvo dos etapas principales. Después de la primera, que finalizó en setiembre de 1787, el Parlamento de París retornó en triunfo a la capital en medio de desordenadas escenas de júbilo en la Ile de la Cité. Calonne, que entonces todavía era Contralor-General, fue quemado en efigie, se encendieron hogueras sobre el Pont Neuf, se quemaron fuegos artificiales y se echaron cohetes a los guardias. Durante esta etapa, el cuerpo principal de manifestantes estuvo formado por los empleados del Palais de Justice y los aprendices de las artesanías de lujo de la Place Dauphine. Pero al año siguiente presenció el fracaso de nuevas negociaciones, extensos disturbios en las provincias cuando de nuevo se exilió a los Parlamentos, y una segunda victoria total para las órdenes privilegiadas. La escena cambió de manera dramática; no sólo se obtuvo la promesa real de que los Estados Generales serían convocados a Versalles en mayo de 1789 —una concesión en sí misma muy importante— sino que sobrevino también un súbito y dramático aumento del precio del pan. La hogaza de cuatro libras, que durante mucho tiempo se había mantenido en ocho o nueve sous, pasó a nueve y medio sous el 17 de agosto (en vísperas del regreso del Parlamento a París), a diez sous el 20 y a once sous el 7 de setiembre. Acicateados por este estímulo, los habitantes de los grandes *faubourgs* populares de Saint-Antoine y Saint-Marcel se unieron a los disturbios de "bienvenida" del 29 de agosto y modificaron su carácter. Ahora, los disturbios se extendieron más allá de la Place Dauphine y el Pont Neuf, a los mercados y el Barrio Universitario, continuaron con breves pausas hasta fines de setiembre, y originaron elevado número de bajas y arrestos; estos últimos afectaron principalmente a artesanos y asalariados de distritos y oficios muy dispersos.[6]

Un proceso incluso más importante fue la transformación que entonces comenzó a manifestarse en las ideas y en las actitudes del *menu peuple* parisiense. El 5 de setiembre se enviaron tropas a los dos *faubourgs* populares, y Sébastien Hardy observó que el propósito era "someter a sus habitantes... e impedir el estallido de los disturbios que se preveía serían la consecuencia del aumento del precio del pan". Observó también que el pueblo común ahora comenzaba a incorporarse al movimiento político, ya no como marionetas manipuladas por el Parlamento, sino con el propósito de cuestionar a las autoridades —incluso al rey en Versalles—- en una causa que era peculiarmente propia.[7] Podemos seguir este proceso en dos entradas del Diario de Hardy correspondientes al 25 de noviembre de 1788 y al 13 de febrero de 1789. En la primera, cuando el precio de la hogaza de cuatro libras se elevó a doce y medio sous, observó que un ama de casa trabajadora había declarado en una panadería que era "monstruoso permitir que los pobres sufriesen hambre de este modo" y que "irían a incendiar por los cuatro costados el castillo de Versalles"; y en la segunda, cuando el precio del pan alcanzó un máximo de catorce y medio sous, observó además que "se oyó decir a algunas personas que los príncipes habían acaparado el suministro de granos para derrocar más fácilmente al señor Necker, cuyo retiro del cargo deseaban tan ardientemente". [8] De modo que la conciencia popular había adquirido una nueva dimensión, que de ningún modo existía en los disturbios de 1775: la convicción de que para defender su pan cotidiano debían comprometerse en una lucha política, dirigida no simplemente contra los comerciantes y los panaderos sino contra el propio gobierno. Era un proceso importante, pero los pequeños consumidores y los *sans-culottes* aún carecían de aliados firmes en el sector de los campesinos y la burguesía. La crisis revolucionaria que habría de unirlos todavía era cosa del futuro.

La crisis se agravó todavía más durante el invierno de 1788-1789, y se expresó en cuestiones tanto económicas como políticas. La cosecha en general fue mala, y en la región de París los cultivos se vieron perjudicados por una caprichosa granizada durante el mes de julio precedente. Siguió un invierno muy crudo que dejó sin trabajo a millares de personas y determinó que otros miles de aldeanos afluyesen a la capital; en diciembre, Hardy escribió una observación acerca de la existencia de 80.000 desocupados.[9] Entretanto, como vimos, los precios continuaron aumentando y la crisis de los alimentos se complicó con una crisis en la industria que, como consecuencia de un tratado de "libre comercio" firmado con Inglaterra en 1786, dejó sin trabajo a muchos más en todos los centros textiles. De acuerdo con los informes de los inspectores industriales correspondientes al período de setiembre de 1788 a enero de 1789, había 46.000 desocupados en Amiens, 10.000 en Ruán, 30.000 en Carcassonne y 25.000 en Lyon, y en Lille y Troyes la mitad de los telares estaba ociosa.[10]

Sobre este trasfondo, y ante la amenaza representada por la reciente victoria de la aristocracia, la burguesía como portavoz del Tercer Estado ahora unió fuerzas y se dispuso a iniciar un curso revolucionario. También otras razones de mayor alcance la indujeron a proceder así. Esas causas más profundas tenían que ver con las condiciones sociales y económicas del *ancien régime*. Si bien el comercio colonial, los valores de la tierra y el gasto en objetos de lujo habían aumentado decisivamente a lo largo del siglo, la inversión de capital y la expansión de la manufactura se veía estorbada por doquier a causa de las restricciones impuestas a la producción y la circulación de los artículos por las corporaciones privilegiadas, los terratenientes "feudales" —no todos nobles— y los inspectores oficiales. Pero aunque dichas condiciones determinaron antagonismos más profundos y duraderos, el choque entre los burgueses y los *privilégiés* se manifestó inmediatamente por referencia al problema doble de la representación y la votación en los Estados Generales inminentes. El Parlamento de París ya había perdido credibilidad como portavoz de las "libertades" populares a causa de su insistencia en que los Estados se constituyeran como antes, es decir, que cada orden tuviese la misma representación y el mismo voto en tanto que Estado separado, lo cual garantizaba que el Tercer Estado nunca podría imponerse a las dos restantes órdenes combinadas. Pero Necker, ministro de Finanzas, consiguió que el Consejo otorgase doble representación al Tercer Estado, si bien no se satisfizo el reclamo burgués de la votación "por cabeza" y no "por orden". Así, el tema central en disputa continuó sin resolverse y el conflicto se prolongó, un conflicto que Mallet du Pan denominó "una guerra del Tercer Estado contra las dos órdenes restantes". Un mes más tarde, en febrero de 1789, la "guerra" alcanzó un nivel más alto a causa de la publicación del folleto *Qu'est-ce que le Tiers Etat? (¿Qué es el Tercer Estado?),* del abate Sieyès, en que la burguesía por primera vez manifestaba su pretensión de controlar los destinos de la nación al margen de los privilegios o los deseos de los restantes órdenes.

En vista de estos hechos, no es sorprendente que el invierno de 1788-1789 presenciara el comienzo de un movimiento popular de alcance e intensidad en general más vastos que todo lo que se había visto durante los años precedentes. Este movimiento tuvo otros rasgos más importantes. Se convirtió en un proceso permanente, que no se interrumpió hasta el estallido de la Revolución. Como vimos, nació de un movimiento esencialmente interesado en las metas económicas, para convertirse en otro informado por objetivos políticos definidos más o menos claramente. Creó un vínculo común de interés entre los asalariados, los artesanos, los viticultores y los pequeños comerciantes de la ciudad y el campo contra los monopolistas, los acaparadores y los especuladores. A su vez, este movimiento comenzó a "fusionarse" con el de los pequeños propietarios campesinos y los arrendatarios contra las leyes de caza feudales, los diezmos y los derechos y finalmente —aunque no siempre a tiempo— el movimiento de las ciudades y los aldeanos se "fusionó" con la acción política de la burguesía contra el privilegio señorial y la monarquía absoluta.

La rebelión nacional contra la escasez y el aumento de los precios comenzó los últimos días de diciembre de 1788, y aparece registrada en los informes de los intendentes de varias provincias. Adoptó diferentes formas: saqueo de barcazas cargadas de cereales y de graneros; aplicación del control de precios al pan, la harina y el trigo; disturbios en las panaderías, los mercados y frente a los municipios; ataques a los funcionarios aduaneros, los intermediarios y los agricultores; y la general destrucción de propiedades. A fines de diciembre y en enero llegaron informes de Bretaña y Turena. En marzo y abril los informes provinieron de Borgoña, la Isla de Francia, Languedoc, Nivernais, Orléans, Picardía, Provenza y Turena; siguieron noticias del Limousin y el Lyonnais en mayo y junio, y de Champaña y Normandía en julio. Entretanto, Hardy registró disturbios por el pan en Reims, en el mes de marzo, y en Nancy y Toulouse en abril.[11]

En la región rural que se extiende al norte de París, la lucha contra la escasez se convirtió en un movimiento dirigido contra las leyes que regían la caza y los derechos de caza de la nobleza. En las propiedades del príncipe de Conti, en Cergy, Pontoise, I'Île-Adam y Beaumont, los campesinos y los trabajadores rurales, que no habían obtenido cosechas a causa de los estragos del granizo, se dedicaron a cazar y destruir a los conejos que infestaban sus campos. En Oisy, del Artois, los campesinos de una docena de aldeas se unieron para exterminar los animales silvestres del conde de Oisy y rehusaron pagarle la tradicional *soyeté* o *terrage*. Hubo choques más violentos cerca de Corbeil y en Chatou; al sur y al oeste de la capital parroquias enteras, sospechosas de cazar en las propiedades reales y aristocráticas, fueron desarmadas en junio. En Lorena y el Hainault, los campesinos sin tierra y los pequeños *laboureurs* unieron fuerzas para oponerse a los edictos de cercamiento y los planes de desmonte de la tierra. Entretanto, la revuelta campesina contra los impuestos reales y las exacciones señoriales había estallado en el Delfinado en febrero, en Provenza en marzo y abril, y en el Cambrésis y Picardía en mayo. Este movimiento a su vez originó otro mucho más amplio en julio y agosto que, al extenderse sobre regiones tan separadas unas de otras como Alsacia, Normandía, el Hainault, Máconnais y el Franco-Condado, dejó en su estela la general destrucción de los *châteaux* y los pergaminos señoriales. Pero la hostilidad campesina al cercamiento y a las limitaciones impuestas al derecho de pastoreo determinaron también ataques a los agricultores capitalistas; y en más de una ocasión, la *milice bourgeoise* (milicia) se unió a la *maréchaussée* (policía rural) para reprimir los disturbios campesinos.

Pero a pesar de este conflicto de sentimientos de fidelidad, a medida que la crisis se ahondó, los burgueses y los *sans-culottes*, e incluso los campesinos fueron llevados por la lógica de los hechos —como no sucedió en otros lugares de Europa— a una asociación más estrecha y a la oposición unida a las órdenes privilegiadas y el régimen absolutista. Las masas urbanas y rurales nunca aceptaron del todo el concepto burgués de "libertad" —esta cuestión continuó siendo un grave motivo de discrepancia a lo largo de los años revolucionarios— pero correspondía al interés común eliminar los obstáculos impuestos a la producción y el elevado costo de los alimentos determinado por los derechos aduaneros internos y las cargas fiscales; recortar las alas del poseedor de diezmos, o incluso desposeerlo por completo, y del extractor de las obligaciones feudales más onerosas; forzar a los *privilégiés* a realizar una contribución más generosa al tesoro nacional; sofrenar a los monopolistas y los Agricultores Generales; destruir reliquias de antiguas tiranías como la Bastilla, las *lettres de cachet* y las irritantes inquisiciones de los Parlamentos. Precisamente tales demandas —es cierto que a veces veladas— se expresaron en los *cahiers de doléances,* que comenzaron a redactarse durante los primeros meses de 1789. Aunque escritos generalmente por profesionales burgueses como los abogados y los médicos, los *cahiers* fueron ratificados por asambleas de campesinos, pequeños tenderos y maestros de taller, e incluso, aunque más rara vez, como en Reims, Marsella, Troyes y Lyons, por corporaciones de jornaleros o *maîtres-ouvriers*.[12]

Los Estados Generales suscitaron esperanzas tan ardientes —*la grande espérance* como la llamó Lefebvre—, porque se creía generalmente que, si se conseguía eliminar la obstrucción y el dominio de las órdenes privilegiadas, ese cuerpo llegaría a ejecutar un programa reformista radical. De esta esperanza nació la entusiasta adopción del lema *Vive le Tiers État* con que Arthur Young fue saludado durante su viaje a través de Alsacia, y la creencia apasionada, después que el partido de la corte había amenazado frustrar esas esperanzas, en la existencia de una "conspiración aristocrática". Y precisamente como respuesta directa a este estímulo, los jornaleros, peones, tenderos y maestros de taller parisienses —ya incitados a la acción por el costo ruinoso del pan, la carne y el vino— acudieron a la llamada del liderazgo revolucionario instalado en el Palais Royal. Es cierto que, con más vacilaciones, esa llamada atrajo a los electores del Tercer Estado cuya base se encontraba en el Municipio. Además, la creencia de que la corte se preparaba para dispersar a los Estados y someter a París con la ayuda de tropas extranjeras ganó para la causa de la Revolución al cuerpo principal de la guarnición parisiense, pese a que estas tropas poco antes se habían dedicado a disparar sobre los alborotadores en el *faubourg* Saint-Antoine. De modo que cuando Necker, el primer ministro por entonces popular, fue despedido el 12 de julio, el pueblo de los *faubourgs* y los mercados se unió a la burguesía y las tropas descontentas para organizar una insurrección armada, el primer gran alzamiento popular de la Revolución. Se realizaron incursiones en los arsenales de los armeros y las casas religiosas en busca de armas, las odiadas *barriéres* aduaneras fueron incendiadas, se reclutó una Guardia Nacional que incluía a jornaleros, pero no a "vagos" ni desocupados, se creó un gobierno revolucionario en el Municipio y finalmente se tomó por asalto la Bastilla. El movimiento popular no se había "fusionado" totalmente con el de la burguesía revolucionaria; el ejemplo, donde no se había anticipado aún, fue seguido rápidamente en otras regiones de Francia.

Pero antes de concluir este capítulo, falta formular una pregunta muy importante: ¿qué sucedía en las ciudades provinciales de Francia? Allí el pueblo común tenía una historia prerrevolucionaria análoga a la de París, o se limitaba sencillamente a la actitud que se explicó a Arthur Young respondiendo a una pregunta semejante formulada en Nancy, al día siguiente de la captura de la Bastilla: "Somos una ciudad de provincia; debemos esperar noticias de lo que está sucediendo en París." Ciertamente, los informantes de Young agregaron que, en vista del precio cada vez más elevado del pan, "debemos esperar lo peor del pueblo común", que estaba "al borde del disturbio".[13] Jaurès, que fue el primer historiador que prestó atención seria a esta cuestión, creía que Lyon, la más importante ciudad industrial de Francia, tenía su propia historia prerrevolucionaria, la que gravitó especialmente sobre sus trabajadores de la seda y los correspondientes patrones. "No creo", escribió, "que otra ciudad cualquiera de Francia se viese desgarrada tan violentamente por el conflicto social en el curso del siglo XVIII". A semejanza de historiadores ulteriores de la ciudad, Jaurès destacó los grandes conflictos obreros de 1744 y 1786 que descalabraron la industria, y se preguntó por qué los jefes de los obreros de la seda, después de excluir a los manufactureros-comerciantes —como no sucedió en ningún otro lugar de Francia— de las asambleas convocadas para redactar los *cahiers de doléances* de la industria, se mostraron absolutamente incapaces, cuando llegó el momento, de manifestar demandas destinadas a mejorar radicalmente las condiciones de los trabajadores.

¿A qué respondió esta situación? Paradójicamente fue imputable, como lo entendió Jaurès, y más tarde Soboul, a que, como resultado de su experiencia específica, los trabajadores lyoneses en un aspecto importante habían sobrepasado el límite de una revolución puramente burguesa: sus conflictos con los patrones ya habían comenzado a dividir la industria de acuerdo con líneas rigurosamente clasistas, hasta un punto que no había sido visto en París o en otros centros industriales de Francia.[14]

Pero, ¿qué puede decirse de otras ciudades, por ejemplo Dijon, Rennes, Grenoble, Estrasburgo, Burdeos, Ruan o Marsella? ¿En qué contribuyeron antes del acontecimiento a la crisis revolucionaria de julio de 1789? Algunas —Rennes, Dijon y Grenoble— tenían, como París, sus propios Parlamentos, y durante los episodios tumultuosos de 1787 y 1788 seguramente presenciaron el desarrollo en el pueblo bajo de una nueva conciencia política o *prise de conscience*. Sin embargo, no hay pruebas ciertas de que este proceso alcanzara el nivel que observamos en los parisienses durante los meses tempranos de 1789. Cabe señalar la posible excepción de Rennes y el pequeño número de distintas ciudades de Bretaña, entre ellas Saint-Malo y Nantes, donde los *Jeunes gens* —formados por estudiantes de derecho, empleados de oficina y los hijos de los notarios y los tenderos, por consiguiente principalmente pequeños burgueses más que *sans-culottes*— a partir de diciembre de 1788 comenzaron a promover disturbios y a iniciar la rebelión armada contra la nobleza en nombre del Tercer Estado. Por lo menos en Rennes hubo nuevos estallidos en enero y febrero de 1789.[15]

Quizá es sorprendente que tan escasa información de esta clase aparezca en las muchas historias locales y regionales que han sido escritas desde la época de Jaurès. Tales trabajos sin duda incluyeron estudios, además de los que ya hemos mencionado, de Estrasburgo, Marsella, Burdeos, Ruán, Montauban, Reims y Troyes. En todos hay pruebas suficientes de inquietud social, reflejada en los disturbios por los alimentos y las disputas obreras, pero al parecer no existe una constancia clara de una acentuación de la conciencia política o de la acción política del pueblo bajo antes del verano de 1789. Reconocemos que este panorama no es concluyente, porque es posible que las cuestiones pertinentes no hayan sido formuladas de manera directa. Debemos suspender un juicio definitivo hasta que se hayan realizado nuevas investigaciones. Sin embargo, por el momento es necesario suponer que, durante las semanas y los meses que precedieron al estallido revolucionario, la actividad política independiente de los pequeños tenderos y los artesanos se limitó a París, Lyon y un puñado de ciudades del oeste; y que en otros lugares, como sucedió con los informantes de Arthur Young en Nancy, la actividad local esperó más que anticipó las noticias y el ejemplo de los parisienses.

II

1789: La Revolución "Burguesa"

Como vimos, la aristocracia, incluso los Parlamentos y el alto clero, intentó ampliar su poder en la *révolte nobiliaire* de 1787-1788. Este reto tuvo un doble resultado: desembocó en una victoria aristocrática sobre la Corona, pero también indujo al Tercer Estado, temeroso de las intenciones de sus rivales, a abandonar la neutralidad que había observado hasta allí, a unir sus propias fuerzas y a reclamar a su vez una participación en el gobierno. De modo que hacia 1789 —"*l'année cruciale*", como lo denominó un historiador francés— el eje principal de la "revuelta aristocrática" era cosa del pasado y ahora había llegado el momento de que los dos contendientes restantes —la burguesía y el pueblo común (campesinos y *sans-culottes*)— realizaran su propio y específico aporte a la revolución que sobrevino, sobre la base de una amplia alianza burguesa-popular, entre julio y octubre de ese año. Por lo tanto es conveniente, aunque no rigurosamente exacto, tratarlos como dos procesos separados en los dos capítulos siguientes.

Algunos historiadores —sobretodo Elizabeth Eisenstein en la *American Historical Review*— han negado la existencia de un componente "burgués" específico, diferenciado de un frente "patriota" común donde los aristócratas liberales a menudo representaron un papel determinante, en el desafío concertado al privilegio y el gobierno absoluto que llevó, a través de la guerra de folletos de 1788-1789 y las reuniones de los Estados Generales en Versalles, al estallido revolucionario de fines del verano de 1789.[1] Es verdad que la burguesía reaccionó lentamente y prefirió esperar los hechos de 1787-1788 antes de hacer su propia reclamación; pero el desafío, una vez formulado durante el invierno de 1788, fue concebido de tal modo que promoviese un interés ampliamente "burgués" en que los abogados, los médicos y los comerciantes —más que sus aliados liberal-aristocráticos y clericales— señalaron el ritmo. Y esto será más evidente a medida que sigamos el curso de los acontecimientos de la primavera, el verano y el otoño de 1789.

Después de las escaramuzas iniciales de noviembre-diciembre de 1788, cuando el Tercer Estado comenzó a reaccionar frente a las pretensiones extravagantes de la aristocracia, el primer paso decisivo de la campaña fue dado a fines de enero de 1789, cuando el abate Sieyès —burgués sólo por adopción— publicó su famoso folleto *Qu'est-ce que le Tiers Etat?* El abate respondió a su propia pregunta con dos breves palabras: "la Nación"; y por "la Nación" entendía no sólo los veinticuatros millones de personas representadas por el Tercer Estado, y menos aun la pequeña minoría de doscientos mil *privilégiés* (incluidas sus familias), sino la nación en general. De modo que aún no estaba reclamando que el poder fuese conferido sólo al Tercer Estado, pero insistía, con sólidos argumentos, en que si las órdenes privilegiadas rehusaban acceder a la petición del Tercer Estado de unírseles en una asamblea deliberativa común, los plebeyos, que representaban una proporción tan abrumadora de la población del país, tendrían perfecta razón —y no sólo razón, sino voluntad— de ignorar la obstrucción de una reducida minoría y asumir en propias manos la dirección de los asuntos nacionales. Y en las condiciones que prevalecían en Francia en 1789 esto significaba que en la práctica la burguesía, en su condición de líder del *tiers,* realizaba su primer intento de asumir la dirección del gobierno mismo. Aunque ésta no era todavía la opinión general de los plebeyos, ya constituía un enunciado claro de la intención final.

Entretanto, prosiguieron los preparativos para la primera reunión de los Estados Generales, ahora convocada para el 5 de mayo. El 24 de enero se publicaron las normas que regían la elección de los diputados y la redacción de los *cahiers de doléances*, o listas de quejas, destinadas a orientar las deliberaciones de los Estados. En general, se formaron distritos electorales a partir de las antiguas subdivisiones utilizadas para administrar justicia, los *bailliages* en el norte y las *sénéchaussées* en el sur. Se asignó a París el carácter de una división electoral separada, y como otra excepción se concedió a los Estados regionales del Delfinado, reconstituidos recientemente, el derecho de designar a sus propios diputados. Por lo demás, los diputados debían ser elegidos por sus propios Estados reunidos en asambleas separadas. Las órdenes privilegiadas gozaban del sufragio adulto masculino directo, y en cambio los diputados del Tercer Estado eran elegidos mediante una concesión un tanto más restringida, así como mediante un sistema más complicado de elección indirecta. Excepto en París, donde el sufragio se limitaba a los que pagaban seis libras anuales de *capitation,* los plebeyos franceses de veinticinco años o más, cuyos nombres estaban incorporados a las nóminas impositivas —por reducido que fuese el monto que pagaban— podían votar en la asamblea primaria, de la parroquia o de la corporación urbana. En resumen, todos los plebeyos adultos de sexo masculino gozaban del derecho de voto, con excepción de los servidores domésticos, los que no tenían casa *(non-domiciliés)*, los hijos que vivían en la casa del padre, los peones más pobres y los pobres de solemnidad. Pero los representantes en definitiva elegidos por su Estado surgían sólo después de dos, tres o cuatro etapas del proceso electoral, lo que dependía, entre otros factores, de que el electorado fuese urbano o rural, y del tipo de propiedad poseída por los electores.

Al margen de la intención oficial, el sistema sin duda favorecía a la burguesía urbana y profesional, que dominaba las discusiones y las votaciones en las asambleas del Tercer Estado. La burguesía aprovechó cabalmente su monopolio práctico de la cultura y la expresión verbal y gozó de los medios y el ocio necesarios para coordinar la acción común de los "patriotas", imprimir circulares y folletos, y promover campañas electorales que no estaban al alcance de los artesanos rurales y los campesinos, y mucho menos de los peones y los pobres de la aldea. Por consiguiente, no es casualidad que la burguesía urbana se apoderase de los escaños correspondientes a los diputados del Tercer Estado: de los 610 que fueron a representar a su orden en Versalles, alrededor del venticinco por ciento estaba formado por abogados, el cinco por ciento por profesionales, el trece por ciento por industriales, comerciantes y banqueros; a lo sumo del siete al nueve por ciento estaba formado por agricultores, y de éstos sólo unos pocos eran campesinos.[2]

Entretanto, había comenzado a formarse un partido "patriota" entre los promotores de la reforma constitucional. Aunque expresaba sobre todo las esperanzas del Tercer Estado, incluía a aristócratas acaudalados como el marqués de La Fayette y el duque de La Rochefoucauld, y a conocidos *parlamentaires* como Adrien Duport, Hérault de Séchelles y Lepeletier de Saint-Fargeau; algunos habían participado, como miembros del ala liberal, en la "revuelta aristocrática", y todos representarían un papel destacado en la Revolución. Algunos pertenecían a logias masónicas, otros al Comité de los Treinta, que se reunía en la casa de Duport y estaba formado por abogados, aristócratas y clérigos liberales, entre éstos Talleyrand y Sieyès. A su vez otros, como Sieyès y Mirabeau, se desempeñaban en el papel de nexos entre "los Treinta" y el duque de Orléans, que en su condición de casi pretendiente al trono desarrollaba su propia y específica campaña. Tales hechos han inducido a algunos historiadores a destacar demasiado la existencia de una dirección central de toda la agitación revolucionaria, y a exagerar el papel representado por los francmasones y "los Treinta", cuyas actividades han sido presentadas como prueba de una conspiración coordinada para socavar las instituciones del *ancien régime.* Sin embargo, debe recordarse que las logias masónicas, si bien en general sospechosas para la Iglesia establecida, reclutaban a hombres de todos los matices de opinión, y que las comunicaciones todavía no estaban bastante desarrolladas para permitir una dirección muy organizada a cargo de hombres relativamente desconocidos. Incluso así, sin duda es cierto que ahora comenzaban a aparecer jefes reclutados tanto en la burguesía como en el sector de los aristócratas liberales, los que podían suministrar cierta orientación a la discusión nacional, y gravitar con sus ideas y su personalidad en la acción espontánea de muchos miles que en términos generales compartían las mismas opiniones, o estaban dispuestos a adoptarlas, en todas las regiones del país.

Mientras tanto, los electores habían estado redactando sus *cahiers de doléances.* Eran de dos clases: los que fueron redactados en las asambleas preliminares de las parroquias y las corporaciones para someterlos a las asambleas de los *bailliages,* y los que fueron elaborados por los *bailliages* para presentarlos directamente a los Estados Generales. La mayoría de estos últimos ha llegado a nosotros, y se dividen más o menos equitativamente entre los tres Estados. Como cabía suponerlo, los *cahiers* del clero y la nobleza generalmente destacan su adhesión a los privilegios y las inmunidades tradicionales, aunque a menudo reconocen el principio de que deberían pagar una parte más considerable de los impuestos. Al mismo tiempo, se unen a los documentos del Tercer Estado en el reclamo de que se eliminen los abusos más opresores y destructivos de la monarquía absoluta. Condenan redondamente los abusos y la extravagancia del fisco, los actos arbitrarios de los ministros, el sistema de *lettres de cachet* (que implicaba la detención sin proceso), las anomalías y las vejaciones de las aduanas internas, y el caótico sistema de pesas y medidas que prevalecía. En un terreno más concreto, reclaman libertad de prensa y del individuo, aunque todavía no libertad de conciencia, y una constitución que, si bien afirmando la autoridad tradicional de la Monarquía, conferirá a los Estados Generales convocados periódicamente el derecho de aprobar leyes y votar impuestos, cuya evaluación y recaudación será confiada a asambleas provinciales y municipales electivas. En resumen, había un grado considerable de acuerdo entre los tres Estados en las cuestiones referidas a la reforma política y administrativa.

Pero los *cahiers* generales del Tercer Estado, redactados en casi todos los casos por portavoces de la burguesía, llegan mucho más lejos. No sólo reclaman libertad de palabra, de pluma y de reunión, libertad de comercio, y libertad frente al arresto arbitrario; en general, también insisten en la total igualdad civil de los tres Estados, es decir, en que el clero y la nobleza no sólo deben renunciar a supervivencias tan absolutamente desacreditadas como la servidumbre, sino también a privilegios seculares como el diezmo, las *banalités* (monopolios señoriales), el *champart* (la venta feudal en especies), los derechos de caza y la jurisdicción señorial. Era lo que la burguesía había aprendido, si no por su propia experiencia, al menos gracias al estudio de las quejas de los campesinos; pero en estos *cahiers* rara vez o nunca se aborda la necesidad campesina más apremiante, es decir, más tierra.

De los *cahiers* locales ha sobrevivido una proporción mucho más reducida. Algunos son trabajos formales basados en modelos difundidos, y por lo tanto nos dicen poco acerca de las verdaderas intenciones de sus presuntos autores. Otros —y hay varios de éstos en el conjunto de "anotadores" parroquiales— son bastante auténticos e ilustran dos verdades: una, que los aldeanos que intervenían en los debates apoyaban las críticas burguesas a la monarquía absoluta y a las supervivencias feudales en las áreas del régimen de la tierra y la justicia; y la otra, que a menudo tenían sus propios reclamos sociales, y que en ciertos aspectos éstos los separaban claramente de los "capitalistas" y los grandes propietarios del Tercer Estado.[3] Volveremos sobre estos reclamos en el capítulo siguiente.

Los Estados Generales se reunieron en Versalles el 5 de mayo sobre el trasfondo de la crisis en ascenso y la inquietud popular. En París, el precio del pan era casi el doble de su nivel normal; se habían producido sangrientos disturbios en el *faubourg* Saint-Antoine; y en la campaña los campesinos habían pasado de las palabras a los hechos y estaban deteniendo los convoyes de alimentos, asaltando los mercados y destruyendo las reservas de animales silvestres. Cuando se inauguró la gran asamblea, nada se hizo para respetar las susceptibilidades de los plebeyos o formular promesas de reforma de gran alcance. Se ordenó a los plebeyos que usaran el atuendo negro tradicional, que entrasen por una puerta lateral, y de todos los modos posibles se les recordó su jerarquía inferior. El Consejo Real había aceptado otorgar doble representación a los plebeyos, pero se había negado a aceptar la posterior reclamación de que deliberase juntamente con los restantes Estados. Necker simpatizaba con la idea, pero en el Consejo tropezó con la firme oposición de Barentin, el "guardián de los sellos", y no pudo orientar a los delegados. Se limitó a aconsejar paciencia al Tercer Estado, y además invitó a los *privilégiés* a realizar el sacrificio voluntario de sus inmunidades fiscales. Entretanto, se ordenó a los Estados que se reuniesen en asambleas separadas y recomendaran los temas que debían ser discutidos y votados en común. El rey no tenía una política definida, y se veía zarandeado de un lado al otro. Pero los plebeyos consideraron que ya habían decidido volcar su peso en favor de la nobleza y el clero, pues la doble representación era una victoria inútil si no la acompañaba la unión de los Estados: sin el apoyo de los diputados de igual posición pertenecientes a las restantes órdenes siempre podían ser superados por la fuerza combinada de sus antagonistas. De modo que se negaron a deliberar como asamblea separada y exigieron una sesión conjunta para considerar la validez de los mandatos, como primer paso para realizar sesiones comunes en las cuestiones más fundamentales. Por supuesto, los obispos y los nobles percibieron el peligro y se opusieron a la sugerencia, si bien los obispos se vieron en dificultades para disuadir a los sacerdotes parroquiales —que los superaban en la proporción de cinco a uno— de la idea de unirse a sus colegas los plebeyos. Detrás de esta disputa de cinco semanas acerca del procedimiento había una lucha alrededor de un principio fundamental.

El 10 de junio, alentado por el apoyo que estaba recibiendo del exterior, el Tercer Estado decidió tomar el toro por los cuernos. Invitó a las restantes órdenes a reunirse en una sesión común para designar una autoridad común; si se negaban a aceptar el Tercer Estado, siguiendo en esto el argumento anterior de Sieyès, se declaraba dispuesto a proseguir sin los dos restantes. Reforzado por unos pocos sacerdotes parroquiales completó el control de los resultados electorales, eligió dos secretarios y a Jean-Sylvain Bailly como presidente; el 17 de junio, por mayoría de 491 a 89 votos, se arrogó el título de Asamblea Nacional. El primer acto revolucionario de la burguesía fue seguido por la emisión de dos decretos: uno establecía que la disolución de la nueva Asamblea, fuera cual fuese la causa, anularía todos los impuestos existentes; la otra, que tan pronto se hubiese aprobado una constitución, la deuda pública, en lugar de solventarse localmente, debía unificarse y correspondería al conjunto de la nación. El 20 de junio, afrontó un nuevo reto cuando la Asamblea se encontró —según parece por accidente— impedida de utilizar su acostumbrada sala de reuniones. Después de acompañar al presidente Bailly a una pista de pelota adyacente, todos los diputados excepto uno juraron solemnemente que la Asamblea Nacional no se disolvería antes de que se hubiese establecido firmemente la Constitución. A esta altura de las cosas el clero había decidido, por escasa mayoría, unir su suerte a la de la nueva Asamblea; pocos días después se incorporaron 150 diputados clericales, encabezados por dos arzobispos.

Incluso antes de este último acto de desafío del Tercer Estado, Necker había exhortado al rey a reafirmar su autoridad, romper el punto muerto entre las órdenes y tomar la iniciativa en un ámbito legislativo. Con este fin, sugirió la celebración de una *séance royale,* donde se anunciaría que cuestiones como la constitución futura de los Estados Generales se discutirían en común, y en cambio las cuestiones que afectaban los intereses particulares de los Estados individuales continuarían siendo examinadas por separado. Después de agrias discusiones en el Consejo, el 19 de junio se adoptó la primera decisión, es decir, la celebración de la *séance* el 22, presumiblemente sobre la base de las propuestas de Necker. Pero entretanto, el rey, indeciso como siempre, había sido persuadido por otro consejo. Rodeado por un grupo de cortesanos a quienes dirigía su hermano más joven, el conde d'Artois —que contaba con el apoyo de la reina—, se le persuadió de que anulase los decretos dictados por la

Asamblea autodesignada el 17 de junio, que remitiese la discusión de la futura organización de los Estados Generales a cada una de las órdenes por separado, y que se impusiera al Tercer Estado mediante una demostración de fuerza. En este momento se adoptó la decisión secreta de separar de su cargo a Necker.

Cuando la *séance royale,* postergada por un día, se reunió el 23 de junio, se realizaron esfuerzos con el fin de intimidar al Tercer Estado: se lo tuvo esperando bajo la lluvia mientras los *privilégiés* ocupaban sus asientos, la sala fue rodeada por soldados, y los procedimientos exhibían toda la atmósfera arbitraria de *un lit de justice.* La actividad principal fue dirigida por Barentin, un hombre de la reina, que leyó dos declaraciones reales. La primera declaraba nulas las resoluciones de la Asamblea Nacional, y si bien recomendaba la aceptación del principio de las sesiones comunes para las cuestiones de interés común, reservaba expresamente a la deliberación por separado las cuestiones relacionadas con los privilegios y las inmunidades especiales de los Estados Primero y Segundo. La segunda declaración delineaba el programa legislativo del Consejo. En general, contemplaba una reforma de las instituciones del *ancien régime* de acuerdo con los criterios ya preconizados en los *cahiers* de los tres Estados, pero la trama social del antiguo orden debía permanecer intacta: se afirmaba categóricamente que los diezmos y los gravámenes señoriales debían ser tratados como derechos de propiedad y que no se exigiría la renuncia al privilegio fiscal sin el consentimiento de las partes más directamente interesadas. Finalmente, se ordenaba a los Estados que se disolvieran y reanudaran la discusión en sus respectivas cámaras al día siguiente.

Pero los planes del partido de la corte abortaron. Millares de parisienses respondieron al desafío contrarrevolucionario y afluyeron a Versalles para exigir que Necker continuara en el cargo. Los soldados puestos al mando del príncipe de Conti se negaron a obedecer la orden de disparar, y los diputados del Tercer Estado, después de rechazar la orden de dispersarse al fin de la *séance,* fueron agrupados por Mirabeau, que pronunció un fogoso discurso. El rey se vio obligado a ceder. Necker permaneció en el cargo, y además de que la Asamblea Nacional —cuyo número se había elevado a 830 diputados— quedó dueña de su cámara, el 27 de junio los restos de las otras órdenes recibieron el mandato explícito de incorporarse a aquélla.

Hasta ahora el humor revolucionario que ya estaba manifestándose en París había carecido de una dirección eficaz. Pero al recibir las últimas noticias de Versalles, las clases profesionales y comerciales de la capital, que estaban dispuestas a esperar los acontecimientos y que habían visto con escasa simpatía el sordo mascullar de los *faubourgs* y los mercados, comenzaron a imprimir cierta orientación a las cosas. Sin su liderazgo, difícilmente se habría realizado la insurrección de julio. A partir de este momento, los periodistas y los panfletistas del entorno del duque de Orléans —entre los cuales estaban tanto Danton como Desmoulins— comenzaron a organizar un cuartel general permanente en el Palais Royal. Allí se congregaban miles de personas noche tras noche y conocían los lemas y las instrucciones de lo que Sébastian Hardy denominó en su Diario "el partido revolucionario extremo". Asimismo, en este momento los 407 electores del Tercer Estado de París, cuya tarea había sido designar a los delegados parisienses que debían representarlos en Versalles, comenzaron a reunirse regularmente en el Municipio. Estos dos organismos representarían papeles diferenciados pero complementarios en los acontecimientos que siguieron. Sin embargo, durante los días anteriores el Palais Royal, con su amplia provisión de talentos y fondos, fue el único que imprimió una dirección concreta al movimiento popular. Mientras el Municipio se contentaba con trazar planes en el papel con vistas a la creación de una milicia de ciudadanos, el Palais Royal daba pasos, mediante la agitación pública y un manejo generoso de los fondos, para conquistar a las tropas —sobre todo, a los *Gardes Françaises*—, revirtiendo su sentimiento de lealtad hacia la corte. Los volantes que apoyaban la postura del Tercer Estado se distribuían en las guarniciones de París, y los Guardias, que lealmente habían disparado a los participantes en los disturbios dos meses antes, en el *faubourg* Saint-Antoine, desfilaban por las calles de París a los gritos de "¡Viva el Tercer Estado! ¡Somos los soldados de la Nación!". El 10 de julio, 80 artilleros que habían salido de sus cuarteles en el Hôtel des Invalides fueron agasajados públicamente en el Palais Royal y los Champs Elysées.

Como reacción frente a estos hechos, la corte, que había estado llamando constantemente tropas suizas y alemanas fieles a Versalles, intentó otra confrontación. El 11 de julio Necker fue exiliado y reemplazado por el barón de Breteuil, protegido de la reina. Fue la chispa que desencadenó la revolución popular en París, la que desde el punto de vista del Comité de Electores, instalado en el Municipio, amenazó salirse de cauce. Así, la mañana del 13 de julio ese organismo realizó un enérgico intento de afirmar su control. Formaron un comité permanente que actuó como gobierno provisional de la ciudad y decidió detener el armamento indiscriminado de la población entera, que ya había comenzado. Los miembros de este Comité entendían que las bandas de desocupados y gentes sin hogar, la mayoría de los cuales habían afluido desde la campiña circundante, representaban para la seguridad y la prosperidad de los ciudadanos una amenaza tan grave como la corte y las órdenes privilegiadas que conspiraban en Versalles. De modo que, teniendo presente ambas amenazas, ahora se dedicaron a organizar seriamente una milicia ciudadana o Guardia Nacional, y mal puede sorprender que sólo en relación con el primer aspecto fuese posible inducir al rey, al día siguiente, a otorgar su consentimiento. Se convocó a los propietarios de casas a las reuniones celebradas en los sesenta distritos electorales en que París estaba dividida. Cada distrito debía aportar 200 —más tarde 800— hombres. La misma tarde Barnave escribió a sus representados del Delfinado que ya había 13.200 ciudadanos registrados y equipados. De este cuerpo se excluyó a todos los vagos y a las personas sin domicilio *(gens sans aveu)*, e incluso a gran parte de los asalariados que tenían domicilio fijo: de hecho, se entendía que la Guardia debía ser, como escribió Barnave, una "buena burguesa". Pero las armas continuaron cayendo en manos no autorizadas mientras duró la insurrección. Para limitar su distribución, los electores encomendaron a un miembro del cuerpo, el abate Lefebvre, la vigilancia de las existencias de armas y pólvora acumuladas en las bóvedas del Municipio. Pero tan acentuada era la presión de la multitud que se había formado alrededor del edificio, que Lefebvre se vio obligado a entregar, por lo menos, la pólvora, con más rapidez y menos discriminación que lo que se había planeado.

Y a partir de esta frenética búsqueda de armas sucedió que el 14 surgió el clamor: "¡A la Bastilla!". Sin embargo, remitiremos al capítulo siguiente la historia de su ocupación, porque es parte de la revolución "popular" más que de la "burguesa". Los electores —y también esto es importante— representaron un papel en el episodio, aunque habrían preferido negociar su rendición concertando un acuerdo con su gobernador de Launay. Pero el plan fracasó y la fortaleza fue tomada mediante un ataque frontal en que los *Gardes Françaises*, recientemente incorporados a la revolución por el Palais Royal, representaron un papel fundamental. Su caída tuvo consecuencias dramáticas y profundas, que aprovecharon especialmente los jefes "patriotas". Por lo menos momentáneamente la Asamblea Nacional estaba a salvo. El partido de la corte comenzó a desintegrarse cuando Artois, Condé y Breteuil se exiliaron, mientras se llamaba nuevamente a Necker, que había sido la víctima de aquéllos. En la capital, el poder pasó a manos de los electores, que organizaron un concejo municipal (o *Commune)* con Bailly en el cargo de alcalde y La Fayette como comandante de su Guardia Nacional. Tres días después, el propio rey viajó a París escoltado por cincuenta diputados, y fue recibido con aclamaciones en el Municipio donde, en signo de aquiescencia al giro de los hechos, se adornó con la escarapela roja, blanca y azul de la Revolución. Por lo tanto, parecía que la Asamblea Nacional ahora podía ejecutar tranquilamente su plan de dar una constitución a Francia.

Pero faltaba escuchar la voz de las provincias, que en general habían esperado, como se dijo a Arthur Young en Nancy a mediados de julio, saber "qué se hacía en París". Por supuesto, había excepciones a esta norma general, por ejemplo en Rennes y otras ciudades bretonas; en Dijon, el pueblo se alzó en armas y formó el núcleo de una Guardia Nacional el 15 de julio, anticipándose en tres días a la recepción de las noticias de París en el sentido de que la Bastilla había caído. Pero fue más frecuente que esta noticia, transmitida oralmente o por carta, durante los siete a catorce días siguientes indujese a actuar a las provincias imitando más o menos fielmente los grandes acontecimientos de París. "El espíritu parisiense de conmoción", escribió Arthur Young desde Estrasburgo el 21 de julio, "se extiende rápidamente"; y tuvo resultados casi instantáneos, y la velocidad de la reacción en general dependió —aunque de ningún modo fue siempre el caso— de la distancia de la capital. Así, Angers reaccionó el 17 de julio, Burdeos el 19, Lille y Estrasburgo el 21 y Toulouse el 27. En casi todos los casos la noticia provocó una "revolución municipal" en que la burguesía acaudalada generalmente representó el papel dirigente. Pero estos episodios asumieron distintas formas, de acuerdo con la historia reciente de aspectos como los conflictos sociales y políticos o la gravitación de los períodos de escasez y los disturbios. Así, en la Flandes marítima, la antigua corporación municipal se limitó a ampliar su composición, adoptó la escarapela tricolor y continuó trabajando como antes. A veces, como en Burdeos, los acontecimientos siguieron de cerca el ejemplo de París y abrieron paso a los electores del Tercer Estado. Con más frecuencia —como en Lille, Ruán, Cherburgo, Dijon, Reims, Rennes, Lyon y Montauban— las antiguas autoridades fueron apartadas o derrocadas mediante la fuerza y sustituidas por nuevos comités de ciudadanos más comprometidos, a menudo decididos a reducir el precio del pan. En casi todos los casos la transferencia de la autoridad estuvo acompañada por la creación de una Guardia Nacional según el modelo parisiense, un cuerpo cuyo propósito principal era, lo mismo que en la capital, afrontar el doble peligro de la "licencia" popular y la obstrucción aristocrática de la reforma.[4] Entretanto, los intendentes, es decir, los antiguos gobernantes de las provincias, desaparecieron silenciosamente.

Poca duda cabe de que estos movimientos, que se ejecutaron a poca distancia de los hechos de París, elevaron la jerarquía y la dignidad de la Asamblea Nacional. Pero la posición de este cuerpo no era segura, ni mucho menos. Mientras la Corte y el Reino permanecieron en Versalles, y una minoría activa de diputados pudiese, unida con la corte, frustrar los deseos de la mayoría, el poder efectivo continuaba dividido en una suerte de equilibrio inestable entre la burguesía revolucionaria, apoyada por una minoría de aristócratas y obispos, y los partidarios del *ancien régime*. Las conquistas realizadas, aunque parecían sustanciales, eran precarias, Luis rehusaba ratificar algunas de las reclamaciones más apremiantes de la Asamblea, por ejemplo la Declaración de los Derechos del Hombre; había sucesivas intrigas realistas o aristocráticas encaminadas a secuestrar al rey para llevarlo a distancia segura de la capital; y en agosto se realizaron intentos decididos de persuadir a la Asamblea de que adoptase una constitución conservadora de estilo inglés, otorgando al rey el derecho de "veto" absoluto sobre la legislación, y creando una Cámara Alta.

Estas propuestas fueron formuladas por los llamados *Monarchiens* o "partido inglés", un grupo encabezado por Mounier y Malouet en el campo de los plebeyos, y por Lally Tollendal en la nobleza. Sus objetivos eran elaborar una constitución "mixta" de acuerdo con el modelo inglés, con división de poderes en proporciones más o menos iguales entre el rey, la nobleza y los comunes, y en que sólo los propietarios de cierta importancia tendrían derecho de voto, y los campesinos rebeldes y el *menu peuple* urbano ocuparían el lugar que les correspondía. El proyecto de una Cámara Alta tuvo escaso apoyo: no sólo se opusieron la izquierda y el centro, sino también la *noblesse* provinciana que temía verse excluida de hecho de una Cámara dominada por la aristocracia de la corte. Pero la propuesta del "veto" fue sostenida tenazmente, y provocó hondas divisiones en la Asamblea y fuera de ésta. Los "patriotas" parisienses, afirmados en el Municipio, reclamaron su rechazo total; pero Barnave, que hablaba en nombre de la izquierda en Versalles, estaba dispuesto a negociar con el centro, que se inclinaba a aceptar, Cuando a fines de agosto se interrumpieron las negociaciones, la posición de los parisienses se había fortalecido, y un grupo de periodistas del Palais Royal (entre ellos Desmoulins) intentó inducir a sus conciudadanos a marchar sobre Versalles y obligar al rey a regresar a su capital. Pero el intento fracasó, porque Barnave y sus colegas, que temieron una trampa, se opusieron, y porque los parisienses aún no estaban convencidos de la necesidad de dar ese paso.

Pero llegarían a convencerse cinco semanas más tarde, cuando se agravó la crisis de los alimentos y el partido de la corte desencadenó una nueva oleada de provocaciones que, a partir de mediados de setiembre, reincorporaron a la escena a los propios "patriotas". El 11 de setiembre Barnave, en un nuevo intento de negociar un acuerdo, convenció a la Asamblea de que exhortase al rey a adoptar una actitud más conciliadora hacia las propuestas de la mayoría, y como respuesta directa a esta insistencia la corte decidió apelar nuevamente a la fuerza militar. El día 15, Luis, que había rechazado el consejo de los moderados de trasladar la corte a una ciudad provinciana, donde estaría más segura, ordenó que el Regimiento Flandes fuese a Versalles. La noticia fue saludada con un banquete ofrecido por los Gardes-du-Corps reales, y en el curso de la comida la nueva escarapela tricolor fue pisoteada y la reina y sus hijos fueron recibidos con fervor casi místico. El incidente fue muy difundido por la prensa parisiense y provocó una respuesta casi inmediata tanto del pueblo como de los jefes "patriotas" de la Asamblea Nacional. Esta vez Barnave, ofendido por el episodio, retiró su oposición a la apelación a la fuerza. Danton presentó en el Club de los Cordeleros una resolución en la cual exhortaba a los parisienses a marchar a Versalles con un ultimátum al rey, y Desmoulins repitió desde el Palais Royal su convocatoria a los parisienses, para que llevasen el rey a París.

Los parisienses respondieron ahora con lo que se ha denominado los "días" de octubre; y el pueblo más que los "patriotas" o la burguesía fue quien manifestó el protagonismo más activo.

III

La Revolución "Popular"

La revolución "popular" de 1789 se divide naturalmente en dos partes principales; la que se relaciona con los campesinos y la que corresponde a los *sans-culottes* urbanos. Aunque compartían un fondo político común, cada una tenía su propio y particular origen y su modo de comportamiento, y cada una arrojó resultados inmediatos y generales diferentes. Los dos movimientos se superpusieron parcialmente, pero el movimiento campesino comenzó primero y fue también el primero que terminó, por lo menos provisionalmente.

Como observamos en un capítulo anterior, los orígenes de la inquietud campesina estaban en las condiciones económicas y políticas del *ancien régime* y se alimentaban de las protestas provocadas por los impuestos y la exacción señorial de gravámenes, servicios y obligaciones que se remontaban a los tiempos medievales. Además, los campesinos más pobres —que eran compradores más que productores de trigo y pan— también padecían en la condición de pequeños consumidores a causa de los frecuentes aumentos del precio de los alimentos. Y ésta fue la cuestión inicial en lo que se convirtió en un movimiento campesino permanente y prolongado que comenzó durante el invierno de 1788, y se desarrolló hacia la primavera de 1789 para convertirse en una rebelión más general contra las leyes de la caza, los derechos de caza, los impuestos reales, los diezmos y los gravámenes señoriales. La revuelta campesina —o "revolución", como la denominó Lefebvre— tuvo una identidad y un impulso completamente propios, y a diferencia de los estallidos urbanos de las provincias no esperó las "noticias de París" antes de comenzar. Sin embargo, estas noticias en efecto le imprimieron un nuevo estímulo, sobre todo a causa de los rumores que también llegaban: no sólo que la corte y la aristocracia habían intentado disolver la nueva Asamblea —en la cual los campesinos depositaban grandes esperanzas— mediante la fuerza de las armas, sino también que las tropas realistas, disueltas después de la caída de la Bastilla, en realidad estaban formadas por "bandidos" que se disponían a apoderarse de las tierras y destruir las cosechas de los campesinos. Así, "el miedo engendró miedo" (para citar nuevamente a Lefebvre) y confirió una nueva dimensión a la inquietud campesina, la cual, durante la última parte de julio, se generalizó y difundió sobre la mayor parte de Francia. Tenía objetivos precisos, y nunca adoptó la forma de una *jacquerie* desordenada, como a menudo había sucedido antes con los estallidos campesinos. Apuntó a blancos cuidadosamente seleccionados, se detuvo en el límite de las ciudades y buscó los odiados pergaminos señoriales y los *châteaux* en los que se sabía que estaban guardados. Aldeas enteras, a veces encabezadas por sus funcionarios locales, se pusieron en marcha, y centenares de *châteaux* fueron incendiados; tanto el rumor como la distribución de volantes confirmó la creencia general de que esto se hacía en nombre —ya que no por orden directa— del rey. No hubo desórdenes indiscriminados, y por lo que se sabe sólo cuatro *seigneurs* (nobles y burgueses) perdieron la vida. Había pocos delincuentes entre los atacantes, y como dijo un magistrado al referirse a dos docenas de hombres a quienes sentenció a penas de prisión o muerte: "Al parecer, se reunieron de común acuerdo con la intención de destruir castillos y mansiones, y liberarse de sus rentas destruyendo las correspondientes cartas".

De esta rebelión campesina general, cuyo impulso principal estuvo dirigido contra los *châteaux* y las cartas señoriales, surgió a fines de julio ese extraño y, particular fenómeno llamado el "Gran Miedo", un fenómeno que, como Lefebvre siempre insistió en señalar, tiene rasgos muy peculiares y propios. El miedo —dijo Lefebvre— era un factor permanente, pero ya no se trataba sencillamente del miedo de que los "bandidos" estuviesen acercándose; ahora era "la certidumbre total" de que en efecto habían llegado a la puerta y se disponían a entrar. Ya no se trataba de dispersos bolsones de miedo muy separados unos de otros a lo largo y lo ancho del país; el pánico se había concentrado ahora en regiones bien definidas, y en cada una se extendió en un proceso de reacción en cadena y de contagio de una ciudad o una aldea a la siguiente. El Gran Miedo se ajustó a límites precisos de tiempo y lugar: los disturbios empezaron el 20 de julio y concluyeron el 6 de agosto, se limitaron a media docena de regiones y pasaron de largo al lado de alguna de las principales áreas de la rebelión campesina. Por ejemplo, Bretaña se mantuvo prácticamente intacta, y lo mismo puede decirse de Alsacia, el Mâconnais (norte de Lyon), las Landas y el país vasco hacia el suroeste, y los bosques normandos del noroeste, y por su parte dos de las regiones más revoltosas del norte, Hainault y Cambrésis, apenas fueron tocadas. Ya no había un solo punto de partida en París, como en el caso del miedo más generalizado; ahora se trataba de media docena de puntos de arranque, tantos como corrientes u olas en su esfera de operaciones. Cerca de Nantes, donde comenzó el Gran Miedo, se difundió el rumor —y se extendió prontamente a las aldeas de los alrededores— de que un destacamento de dragones marchaba sobre la ciudad. En Clermont, cerca del centro, el Miedo partió de una disputa entre cazadores furtivos y guardabosques; cerca de Angoulême, en el suroeste, halló su causa en el temor a los mendigos y los vagabundos en vísperas de la cosecha; y cosas por el estilo. Lefebvre resume así el progreso de cada una de la media docena de corrientes del Gran Miedo:

"El Gran Miedo de Les Mauges y Poitou comenzó en Nantes el 20; el de Maine, al este de la provincia, el 20 y el 21; el Miedo en el Franco-Condado, que difundió el pánico en todo el Este y el Sureste, el 22; en Champaña meridional comenzó el 24; en el Clermontois y el Soissonnais el 26; cruzó el Suroeste partiendo de Ruffec (norte de Angoulême) el 28; llegó a Barjols en Provenza el 4 de agosto y a Lourdes, al pie de los Pirineos, el 6 del mismo mes".[1]

Pero a pesar de la confusión y la irracionalidad con todos sus concomitantes, el Gran Miedo tuvo rasgos y resultados positivos. Obligó a las ciudades y a las milicias creadas poco antes a organizarse con más eficacia; relacionó a las ciudades y las aldeas, y de ese modo creó las bases de la Federación futura; y alimentó un odio más intenso hacia la nobleza, lo cual a su vez imprimió ímpetu al progreso de la Revolución en las provincias. En una sola región el Miedo precedió a la rebelión campesina general. Fue en el Delfinado, donde el ataque a los *châteaux* y las cartas derivó directamente del armamento de los campesinos con el fin de enfrentar a los "bandidos" conjurados por el Gran Miedo.

Más aún, como parte de la rebelión general de los campesinos, el Miedo contribuyó a promover resultados que fueron aún más trascendentes y duraderos, pues a principios de agosto la Asamblea Nacional se vio obligada por la permanente inquietud del lugar a prestar atención inmediata a las supervivencias del privilegio feudal y las apremiantes necesidades de los campesinos rebeldes. Así, mientras todavía se reunía en Versalles, realizó concesiones importantes con el fin de sofocar la conflagración. Éstas adoptaron la forma espectacular de la anulación, la noche del 4 de agosto, de los derechos señoriales considerado "feudales" y de las inmunidades fiscales, apreciadas y defendidas obstinadamente durante tanto tiempo. Pero la afirmación de la Asamblea en el sentido de que con esos pasos "el régimen feudal había sido completamente destruido" era engañosa: si bien los restos de la servidumbre, la *corvée* (trabajo impago en los caminos), el diezmo eclesiástico y las *banalités* quedaban abolidos lisa y llanamente, algunos de los privilegios y las obligaciones más onerosas —el *cens,* la renta compensatoria, el *champart* y los *lods et ventes* entre ellos a lo sumo podían ser redimidos —o esa fue la intención— mediante compensación pagada por los campesinos a sus terratenientes. Los terratenientes nunca cobraron su dinero (la indemnización total ha sido estimada en 4.000 millones de libras), lo cual fue imputable menos a la previsión y la generosidad de los legisladores, burgueses y aristocráticos, que a la permanente —aunque provisionalmente sofocada— resistencia de los campesinos, que no estaban dispuestos a aceptar diferencias tan finas entre lo que era "feudal" y lo que no lo era. De modo que Alfred Cobban tiene razón cuando arguye que la concesión obtenida con lo que se ha denominado los "Decretos de Agosto" reflejó las ventajas particulares que los terratenientes burgueses deseaban obtener.[2] Pero la resistencia campesina con el tiempo demostró ser demasiado intensa para mantener la línea donde se la había trazado en agosto de 1789: y la combinación de la militancia campesina con la necesidad jacobina de un grado más amplio de unidad nacional en momentos de crisis política indujo a la Convención jacobina, por un decreto de junio de 1793, a poner punto final al "régimen feudal".[3]

El aporte dé los *sans-culottes,* aunque menos duradero, fue igualmente dramático. Su permanente intervención en las calles contribuyó a impulsar la Revolución a través de todas las etapas sucesivas. La rebelión de los *sans-culottes* comenzó con la lucha por la supervivencia física. A lo largo del siglo XVIII, la preocupación más constante del *menu peuple* urbano —los asalariados, los pequeños tenderos, los artesanos y las amas de casa— fue el suministro de pan barato y abundante. La protesta popular por el pan comenzó a cobrar una nueva dimensión política en cierto momento entre noviembre de 1788 y febrero de 1789, un período decisivo señalado por el fin de la "rebelión aristocrática" y la reclamación de poder del Tercer Estado. Favorecido por este ímpetu, la "politización" del *menu peuple* —sobre todo, pero no exclusivamente, el de París— se desarrolló con ritmo sostenido.

Los disturbios de Réveillon estallaron en el *faubourg* Saint-Antoine a fines de abril. Se los ha denominado el primer gran estallido popular de la Revolución en París, aunque quizá con la misma razón pueda afirmarse que fue el último del *ancien régime* o quizá todavía con más exactitud, deba vérselos como un momento de transición entre los dos. Réveillon era un próspero fabricante de empapelado, cuya fábrica principal, en la Rue du Faubourg Saint-Antoine, empleaba 350 obreros. Era acaudalado: su biblioteca contenía 50.000 volúmenes, y decíase que sus muebles valían 50.000 libras. Gozaba de la reputación de buen patrón, que pagaba a sus obreros no menos de venticinco sous diarios en momentos en que era usual que se retribuyese al trabajador a lo sumo con veinte, y ciertamente es significativo que ninguno de sus propios operarios estuviese entre los muertos y los heridos en el incidente, o entre los que fueron detenidos después por la policía. Entonces, ¿por qué un ciudadano tan sólido, buen patrón y miembro respetado de la Asamblea Electoral local se convirtió en blanco de la violencia destructiva de los jornaleros y los peones del distrito Saint-Antoine?

El 23 de abril Réveillon pronunció un discurso en la Asamblea del distrito Sainte Marguerite, y en esa pieza lamentó los costos cada vez más altos de la producción y la carga impuesta a la industria por el elevado nivel de los salarios. Parece que manifestó su añoranza de los tiempos en que los trabajadores podían arreglarse con sólo quince sous diarios. Opiniones análogas fueron expresadas el mismo día por Henriot, un fabricante de pólvora de un distrito vecino. De todo esto hay constancia, y que estas observaciones, al margen de su intención, fueron las que suscitaron la furia inmediata y espontánea de los asalariados del Faubourg es evidente a partir de un informe preparado para el gobierno la mañana siguiente por el Teniente de Policía.

Después de la pausa, la tormenta estalló el 27; era lunes *(saint-lundi)* día de descanso de los trabajadores, y por lo tanto apropiado para la ocasión... A las tres de la tarde, dice el informe policial, quinientos o seiscientos trabajadores se reunieron cerca de la Bastilla y, después de colgar en efigie a Réveillon, recorrieron diferentes sectores de la ciudad con figuras que representaban a los dos fabricantes. Esa misma tarde Hardy, cuya librería de la Rue Saint-Jacques estaba situada admirablemente para presenciar tales desfiles, observó en su Diario que la "insurrección" se había extendido al distrito de Notre Dame. Más tarde, vio a varios centenares de trabajadores, armados con estacas y encabezados por un tambor, en la Rue de la Montagne-Sainte Geneviève. Después de reclutar refuerzos en el *faubourg* Saint-Marcel, regresaron al Municipio, con una fuerza de alrededor de 3.000 personas.[4] Pero un primer intento de atacar la fábrica de Réveillon en la Rue de Montreuil se vio frustrado por la presencia de los soldados, de modo que la multitud cambió de rumbo y se dirigió a la casa de Henriot, en la cercana Rue de Cotte, y al llegar destruyó los muebles y los efectos personales. Entretanto, fueron llamadas más tropas y pareció que la crisis había concluido.

Temprano en la mañana siguiente el movimiento recomenzó y se extendió sobre un sector más amplio. Ese día nadie trabajó en los muelles, y por la tarde temprano se incorporaron más obreros fabriles y jornaleros de los talleres, muchos reclutados por los grupos que se desplazaban. La culminación llegó esa tarde a las seis, cuando la multitud asaltó la casa de Réveillon. La fuerza protectora de cincuenta guardias del regimiento de la Corbata Real fue apartada, y la destrucción de la noche precedente se repitió en mayor escala. El duque de Châtelet, que mandaba las *Gardes Françaises*, dio orden de disparar. Muchos murieron (se desconoce el número exacto), pero la multitud respondió luchando y gritando "¡Libertad... no cederemos!" Otros gritaron, y esto fue un indicio importante del ánimo popular, "¡Viva el Tercer Estado!", y también "¡Viva el rey!" y "¡Viva el señor Necker!" La batalla duró hasta las ocho, en que la gente, tanto los sitiadores como los espectadores, se dispersaron. Hardy temió una repetición al día siguiente y observó que, antes de dispersarse, los perturbadores habían advertido que "por la mañana provocarían un gran desorden para imponer la rebaja del precio del pan".[5] Pero fuera de las autopsias y la intervención judicial —un hombre fue ahorcado, cinco fueron exhibidos en la picota y veintiséis, incluso una mujer, sufrieron cortas penas de cárcel—, aquí terminó el asunto.

¿Cuál fue, por lo tanto, el eje de este violento disturbio? Ciertamente no fue una huelga, pese a la abrumadora proporción de asalariados en el grupo de los participantes; porque si lo hubiera sido, ¿cómo se explicaba que el personal del propio Réveillon no se hubiera comprometido en el asunto? La última observación de Hardy nos aporta una clave: tras la cólera provocada por las imprudentes observaciones de Réveillon y Henriot acerca de los salarios había una inquietud más profunda y premiosa: el precio del pan. Es significativo que, al dispersarse, la multitud intentó asaltar dos tiendas de alimentos del vecindario. Sin duda, también había cierto grado de motivación política, indicación cierta de que los trabajadores tenían conciencia de que los Estados Generales debían reunirse en Versalles una semana después. En este aspecto, los dos lemas voceados son importantes: "¡Viva el Tercer Estado!", por cierto adecuado si consideramos el nuevo significado asignado al término en la ideología popular; Réveillon y Henriot eran miembros destacados de sus respectivas asambleas electorales, pero con su comportamiento habían demostrado que no merecían el título. Igualmente adecuado y más fácilmente comprensibles fueron los gritos "¡Viva el rey!" y "¡Viva el señor Necker!" La gente aún creía que los dos eran defensores del Tercer Estado en vísperas de los trascendentes acontecimientos que se desarrollarían en Versalles.[6]

Tanto los campesinos como los *sans-culottes* habían tenido cierta intervención, aunque rara vez decisiva, en la elaboración de los *cahiers* preparatorios de las parroquias y las corporaciones. Hemos señalado que algunos de estos *cahiers* populares criticaban ásperamente a los "capitalistas" y propietarios acaudalados del Tercer Estado. Pero rara vez se oye la voz de los asalariados, y menos aún en París, donde se invita a formular sus quejas sólo a las corporaciones mercantiles más prósperas. También en otros lugares los *compagnons,* o jornaleros, generalmente se veían excluidos de las asambleas de los maestros artesanos. Había excepciones, como en Reims, Troyes, Marsella y Lyon, donde los trabajadores protestaron contra el alza de los precios, pero por lo demás aceptaron la conducción de sus maestros. Sin embargo, algunos asalariados y artesanos o pequeños comerciantes formularon más explícitamente sus quejas contra los mercaderes y los patrones. Por ejemplo, de Concarneau, cerca de Quimper, llegaron dos *cahiers,* redactados por pescadores en un caso y por marineros en el otro, para quejarse de los recortes aplicados a sus derechos de pesca por los egoístas propietarios de embarcaciones y los "monopolistas". Los jornaleros sombrereros de Orléans se quejaron amargamente de los bajos precios con que retribuían su trabajo los comerciantes sin escrúpulos; y los artesanos de Pont l'Abbé (Bretaña) reclamaron que el despacho municipal se abriese no sólo a los burgueses sino también a los artesanos y los pequeños campesinos propietarios.[7]

Los cahiers campesinos abundan más y tienden a ser más francos e incluso más explícitos. Además de las quejas de la comunidad rural entera —que incluye, por supuesto, lo que Lefebvre ha denominado una "burguesía rural"—, a veces escuchamos las quejas específicas del pequeño propietario, el mediero o el arrendatario. En el distrito de Ruán, donde el precio de la hogaza de cuatro libras se había elevado a dieciséis sous, los aldeanos exigieron que se redujese a la mitad. En Bretaña, los pequeños campesinos que poblaban los alrededores de Rennes se quejaron de que la carga de los impuestos y los derechos señoriales era tan onerosa que una parcela de tierra con un rendimiento bruto de cuarenta libras anuales apenas suministraba a su propietario un ingreso neto de la cuarta parte de esa suma. En Lorena y Hainault, los campesinos sin tierra y los pequeños propietarios *(laboureurs)* unieron fuerzas para oponerse a los edictos de cercamiento y los planes de despeje de la tierra promovidos por los miembros más prósperos de su comunidad. En cambio, en los Vosgos, un *cahier* parroquial señalaba que la asignación de tierra a los campesinos que no la tenían, en cumplimiento de una decisión de los plebeyos, perturbaba las relaciones armoniosas que habían existido hasta ese momento entre los campesinos y los propietarios.[8] En resumen, los *cahiers* parroquiales reflejaban tanto los lazos comunes de intereses que vinculaban a todos los miembros de la comunidad campesina en contraposición al recaudador de impuestos real, el beneficiario de los diezmos y el terrateniente, como las posteriores divisiones en el seno de la propia comunidad, que separaban al pequeño consumidor del gran productor, y al trabajador sin tierra y el mediero del arrendatario y el *laboureur* acomodado. La revolución en la aldea reflejó todos estos elementos y continuaría haciéndolo después de los hechos dramáticos del verano de 1789.

La contribución de los *sans-culottes,* aunque secundaria en mayo y junio, tuvo mayor importancia para el curso y el desenlace de los hechos revolucionarios que se sucedieron en julio y octubre. El primero de estos episodios comenzó cuando la noticia de la exoneración de Necker llegó a París, el 12 de julio. Los parisienses acudieron al Palais Royal, donde los oradores —Camille Desmoulins entre ellos— proclamaron el llamamiento a las armas. Rápidamente se formaron grupos de manifestantes y desfilaron con los bustos de Necker y Orléans, los héroes del momento, por los bulevares; se cerraron los teatros como signo de duelo; en la Place Louis XV (hoy Place de la Concorde), los manifestantes chocaron con la caballería mandada por el príncipe de Lambesc, a quien se había ordenado que despejase los jardines de las Tullerías. Besenval, comandante de la guarnición de París, se retiró al Champ de Mars. La capital quedó en manos del pueblo.

Cuando la campana dio la alarma, bandas de insurgentes se unieron a los que, dos días antes —por propia iniciativa o por iniciativa del Palais Royal— ya habían comenzado a incendiar las odiadas *barrières,* o puestos aduaneros, que circundaban la ciudad. Aunque el Palais Royal casi seguramente tuvo participación directa en la operación —se informó que dos puestos pertenecientes al duque de Orléans intencionadamente fueron omitidos por los incendiarios— el pueblo común de París tenía su propia cuenta que arreglar con una institución que cobraba peaje a los vinos, la carne, las verduras y la leña que entraban en la capital. Durante la noche grupos de civiles armados, *Gardes Françaises* y pobres locales irrumpieron en el monasterio de Saint-Lazare, sobre el límite norte de la ciudad, buscando las armas que según se sabía estaban ocultas allí, liberaron a los prisioneros y retiraron cincuenta y dos carros de trigo y harina que fueron llevados al mercado central de granos. Pero el aspecto principal de esa noche fue la búsqueda frenética de armas. Hubo visitas a las casas religiosas y los armeros, y los fabricantes de arneses fueron asaltados en la capital entera. De hecho, los armeros parisienses más tarde presentaron a la Asamblea Nacional una declaración de sus pérdidas, que representaban más de 115.000 libras —poco más de 9.000 libras esterlinas—, las que aparentemente no fueron recobradas. La mañana siguiente continuó la búsqueda, y se retiraron 30.000 mosquetes del Hôtel des Invalides. A partir de este momento resonó el clamor: "¡A la Bastilla!".

Los historiadores realistas se han burlado de la imagen de millares de parisienses arrojándose sobre la Bastilla para liberar a un puñado de prisioneros: allí se retenía solamente a siete. Pero dicha crítica yerra el blanco. El propósito inmediato fue encontrar la pólvora que había sido enviada allí desde el Arsenal, un movimiento tanto más urgente después de la gran provisión de mosquetes retirada de los Invalides. Sin duda, otros motivos representaron un papel. Se creía que la fortaleza poseía una importante guarnición; sus cañones, que esa mañana apuntaban a la Rue Saint-Antoine, podían provocar un desastre en las casuchas atestadas; además, se rumoreaba que durante la noche las tropas habían entrado en el Faubourg y ya habían comenzado a masacrar a sus ciudadanos. Más aún, aunque tenía sólo un puñado de prisioneros oficiales, la Bastilla era odiada generalmente como símbolo del "despotismo" ministerial: los *cahiers* parisienses de los tres Estados lo atestiguan. Pero no existía la intención de tomarla por la fuerza, y menos aún pensaba tal cosa el Comité Permanente de Electores que dirigía las operaciones, con vacilante incertidumbre, desde el Municipio. Este cuerpo había aclarado desde el principio sus intenciones: negociar con el gobernador la entrega de la pólvora que retenía y el retiro de todos los cañones instalados en sus almenas. Con este propósito el Comité envió una delegación —seguida después por otra— para parlamentar con él a las diez de la mañana. De Launay los recibió cortesmente, los invitó a comer y, aunque se negó a entregar la fortaleza, prometió que no dispararía a menos que fuese atacado.

Pero se suspendieron las negociaciones después que la multitud, que rodeó la fortaleza y temió una trampa cuando la delegación tardó tanto en reaparecer, descendió el puente levadizo, inexplicablemente sin vigilancia que conducía al patio interior. Temeroso de un ataque frontal inminente, de Launay dio orden de disparar. En el combate que siguió los sitiadores tuvieron noventa y ocho muertos y setenta y tres heridos. En este punto, los electores abandonaron sus esfuerzos y la multitud se hizo cargo de la situación. El golpe decisivo fue asestado por dos destacamentos de las *Gardes Françaises* que, respondiendo al llamado de Hulin, un ex suboficial, marchó hacia la fortaleza con cinco cañones retirados esa mañana de los Invalides. Con el apoyo de unos pocos centenares de civiles armados, apuntaron los cañones sobre la entrada principal. De Launay amenazó volar la fortaleza, pero disuadido por su guarnición descendió el principal puente levadizo y se rindió a sus atacantes. El propio de Launay y seis de los 110 defensores fueron muertos; cabe señalar que fue un reducido número de víctimas, cuando se compara con las pérdidas mucho más altas sufridas por los sitiadores. Así cayó la Bastilla, con las consecuencias políticas señaladas brevemente más arriba.

Pero falta responder a una pregunta: en realidad, ¿quiénes eran los sitiadores? Entre las muchas leyendas que acompañaron a la captura de la Bastilla pocas fueron tan persistentes como las que describen a sus atacantes como vagabundos, criminales, o una chusma mercenaria alquilada en las tiendas de bebidas alcohólicas del distrito de Saint-Antoine. Pero todas las pruebas disponibles refutan este concepto. Gracias a las listas de los *vainqueurs de la Bastille* acreditados, redactadas después por la Asamblea Nacional, conocemos las profesiones, la edad y la dirección de la gran mayoría de los civiles —alrededor de 600— que intervinieron directamente en la ocupación de la fortaleza. La mayoría, lejos de estar formada por vagabundos o desheredados, eran residentes estables del *faubourg* Saint-Antoine y las parroquias adyacentes; la edad media era de treinta y cuatro años; casi todos eran padres de familia, y además la mayoría estaba formada por miembros de la milicia cívica recientemente formada, de la cual se había excluido rigurosamente a los vagabundos y las *gens sans aveu*. Aquí aparecen los nombres de un puñado de hombres que habrían de distinguirse en el curso de la Revolución —por ejemplo Jean Rossignol, orfebre y más tarde general de la Revolución, y Antoine-Joseph Santerre, acaudalado fabricante de cerveza y comandante en jefe de la milicia que derrocó a la Monarquía en agosto de 1792—. Pero casi todos eran hombres comunes, reclutados en los oficios y las profesiones típicas del *faubourg* y los distritos adyacentes: carpinteros y ebanistas, cerrajeros y zapateros —estos últimos representaban más de una cuarta parte de los civiles atacantes—, tenderos, fabricantes de gasas, escultores, trabajadores del río y peones, y en el conjunto los artesanos y los tenderos aventajaban holgadamente a los asalariados, de modo que en general constituían una imagen bastante fiel de la población trabajadora del *faubourg*.[9]

Pero en un sentido más amplio tal vez podamos coincidir con Michelet en que la captura de la Bastilla fue obra, no de los pocos centenares de ciudadanos provenientes sólo del distrito de Saint-Antoine, sino del pueblo de París en general. Se ha afirmado que ese día de 180.000 a 300.000 parisienses estaban bajo las armas.

Desde un punto de vista más general, no debemos ignorar el papel representado, aunque de manera menos conspicua, por la gran masa de los pequeños artesanos, los comerciantes y los asalariados parisienses —en el *faubourg* Saint-Antoine y en otros lugares— cuyo ánimo revolucionario se había visto plasmado a lo largo de muchos meses por el elevado costo de la vida y, a medida que se acentuó la crisis política, por la convicción cada vez más acentuada de que las esperanzas suscitadas por la convocatoria de los Estados Generales estaban siendo frustradas por una "conspiración aristocrática".

Y fue precisamente la misma convicción, acentuada todavía más por el aumento del precio del pan, lo que estimuló la participación popular en las "conmociones" provinciales que en general imitaron el ejemplo de París. Ya hemos mencionado los estallidos de Dijon, Angers, Lille y Toulouse; hubo otros en Nancy y Douai, y Arthur Young narró el desarrollo de manifestaciones análogas en Estrasburgo y Belfort hacia fines de julio. El historiador moderno Vovelle, al describir esos incidentes en Provenza (en Aix, Marsella, Toulon), observa que en Marsella la composición de la multitud, con su predominio de artesanos, se ajustaba a un esquema más o menos semejante al de la Bastilla.[10]

Hemos visto también que el temor suscitado por una "conspiración aristocrática" representó un papel importante en cuanto incitó a los parisienses a marchar sobre Versalles en octubre. El movimiento estaba bien preparado, entre otras cosas, por el desarrollo de la ideología revolucionaria popular en agosto y setiembre. Que el pueblo común de la capital estaba siendo influido más profundamente por las corrientes de la opinión avanzada había sido evidente durante la campaña electoral, y el fenómeno se acentuó. Los debates mantenidos en Versalles durante los meses de julio y agosto llegaban con sorprendente velocidad a las multitudes del Palais Royal y la Place de Grève. La expresión *Tiers État* ya estaba en boca de los artesanos en vísperas del asunto Réveillon, durante la tercera semana de abril. El 24 de agosto, incluso antes de que se adoptara la Declaración de Derechos, un oficial armero, arrestado por la policía porque había insultado a La Fayette, insistió en que "le droit de l'homme" le otorgaba derecho a un juicio justo. Malouet informa que los portadores de *chaises,* que estaban cerca de la entrada de la Asamblea Nacional, discutían las virtudes y los defectos del "veto" real; y a mediados de setiembre los trabajadores desocupados de los *ateliers de charité* manifestaron su intención de ir a Versalles para traer a París a la familia real. Pero la crisis de los alimentos fue otra vez el factor que confirió un filo especial a la agitación popular. Una semana después de la caída de la Bastilla, el precio de la hogaza de cuatro libras había descendido de catorce y medio a trece y medio sous, y dos semanas más tarde, después de las manifestaciones ante el Municipio, a doce. Pero la calma que siguió duró poco. La cosecha había sido buena, pero la sequía prolongada impidió que los molineros moliesen una cantidad suficiente de grano. La escasez de harina y pan que resultó de esta situación permitió que los especuladores hicieran su agosto, pero inquietó mucho a los panaderos, que eran los blancos más inmediatos de la venganza popular. A lo largo de agosto y setiembre hubo permanentes disturbios por el pan en París y Versalles, y en Saint-Denis, y durante los mismos, un panadero y un funcionario municipal fueron muertos por la gente encolerizada, y a otros los amenazó con colgarlos de la temida *lanterne.* Hardy observó que, a partir de mediados de setiembre, el papel principal en la agitación estuvo a cargo de mujeres de los mercados y los *faubourgs*, y que ellas tomaron la iniciativa y dirigieron a sus hombres en la marcha hacia Versalles.[11]

Pero correspondió a los hombres del círculo del duque de Orléans lanzar la llamada a la acción que, como el 12 de julio precedente, arrancó ecos en los jardines del Palais Royal. Temprano en la mañana del 5 de octubre las mujeres de los mercados centrales y el *faubourg* Saint-Antoine invadieron el Municipio, reclamando pan y buscando armas. Frente al edificio se les unió Stanislas Maillard, funcionario judicial y capitán de los Voluntarios de la Bastilla, a quienes convencieron de que las llevase a Versalles para presentar sus reclamaciones al rey y la Asamblea Nacional. De modo que, encabezadas por Maillard, marcharon hacia Versalles con una fuerza de seis a siete mil personas "armadas con palos de escoba, lanzas, horquillas, espadas, pistolas y mosquetes", atravesaron Chaillot y cruzaron el Sena por Sevres.[12] Mientras marchaban cantaban, según dice la tradición, "Atrapemos al panadero, a la esposa y al hijito del panadero". Pocas horas más tarde siguieron 20.000 guardias nacionales de los distritos de París, que habían obligado al renuente La Fayette a ponerse a la cabeza, y una abigarrada banda de civiles armados con mosquetes, estacas y picas. En vista de este impresionante despliegue, el rey no necesitó mucha persuasión para impartir la orden de que se aprovisionase a la capital y se aprobasen los Decretos de agosto, detenidos durante mucho tiempo, y la Declaración de Derechos. Pero estas concesiones no bastaron para satisfacer a los insurgentes, y al día siguiente el rey y su familia, que habían desperdiciado la última oportunidad de buscar refugio en la fuga, se vieron obligados a acompañar a los manifestantes de regreso a París, donde se les unió diez días después la Asamblea Nacional. De modo que la monarquía francesa, después de una ausencia de más de un siglo, regresó brevemente a su hogar ancestral.

Gracias a esta segunda intervención del pueblo de París, se consolidaron las conquistas de la revolución de julio, tanto la "popular" como la "burguesa". El rey estaba ahora bajo la mirada vigilante de la Asamblea, el gobierno municipal de París y los distritos; el partido "inglés", con su programa más conservador, ahora se veía definitivamente desacreditado, y sus líderes imitaron a Artois y Condé y se exiliaron; y el poder pasó firmemente a manos de los monárquicos "constitucionales". Pero habían sobrevivido sólo porque, bajo la apremiante compulsión de los hechos, se habían mostrado dispuestos a hacer causa común con el pueblo que, en el marco de sus propios objetivos y sus quejas, compartía con aquéllos el temor y la suspicacia frente a la aristocracia. En este sentido, la revolución de 1789 fue el resultado de una alianza que dejaría su impronta sobre el curso entero de la Revolución en Francia.

De todos modos, la alianza de la burguesía y el pueblo de ningún modo fue fácil, estable o fluida. Incluso entre los vencedores de octubre, había muchos que, como no compartían el entusiasmo que Barnave sentía ante el papel de los parisienses, lo consideraban con aprensión; y una vez que la insurrección alcanzó sus propósitos, la Asamblea fue persuadida de la necesidad de adoptar medidas para sofrenar las energías revolucionarias del *menu peuple* parisiense mediante la imposición de la ley marcial, la pena de muerte por rebelión y la censura de la prensa radical. La primera víctima de estas restricciones impuestas a la libertad, Michel Adrien, peón de la Bastilla, fue ahorcado el 21 de octubre porque intentó provocar una "sedición" en el *faubourg* Saint-Antoine; y se impuso severa vigilancia a Marat, el popular periodista del *Ami du peuple.* Pues ahora que había conquistado su victoria sobre el "privilegio" y el "despotismo", la burguesía deseaba paz y tranquilidad para abordar su tarea de dar una constitución a Francia.

III

La monarquía Constitucional

I

Los "Principios del 89"

Los constituyentes de 1789 a 1791 de ningún modo eran "ideólogos abstractos" o renovadores totales, como han afirmado Burke y otros. Los Constituyentes, o monárquicos constitucionales, eran esencialmente los abogados, los comerciantes, los ex funcionarios oficiales y los propietarios de tierras del antiguo Tercer Estado, con una pequeña minoría de "monárquicos". Ampliaron su número con cincuenta nobles "patriotas", cuarenta y cuatro obispos y alrededor de doscientos clérigos parroquiales, la mayoría de los cuales tenía una idea bastante clara del lado por donde el sol los calentaba. Después de la partida de la derecha en octubre, sus nuevos jefes eran hombres que habían pertenecido a la izquierda y el centro: el triunvirato formado por Barnave, Duport y Charles Lameth; Sieyès y Mirabeau representaban un papel importante, más o menos independiente, y había una oposición de izquierda formada por un pequeño grupo de demócratas entre los cuales estaban Pétion y Robespierre. A causa de circunstancias que no estaban sometidas totalmente al control de la Asamblea, el *ancien régime* del privilegio aristocrático y el absolutismo real se había derrumbado, y era necesario poner algo en su lugar. La constitución y las leyes que estos hombres sancionaron durante los dos años siguientes de paz social relativa exhibieron, como la anterior Declaración de Derechos, el sello de la filosofía del momento, pero también fueron concebidas con arreglo a la imagen decididamente "burguesa" de los propios legisladores.

La Declaración de los Derechos del Hombre fue adoptada por la Asamblea Nacional antes de trasladarse a París, el 27 de agosto de 1789. Estos "principios del 89", que más tarde habrían de cautivar o dividir a Europa entera, fueron el resultado de un áspero regateo entre diferentes grupos de diputados. Tanto Mounier como La Fayette, que pertenecían respectivamente a la derecha y al centro, representaron un papel importante en la redacción. Pero ni siquiera la presencia de Thomas Jefferson en París, y la estrecha afinidad con la Declaración Virginiana de 1776 demuestran que debieron su inspiración sobre todo a la influencia norteamericana: es más razonable llegar a la conclusión de que tanto los norteamericanos como los franceses tenían una deuda común con la escuela filosófica del "derecho natural", y sobre todo con Locke, Montesquieu y Rousseau. La Declaración de Derechos de 1789 es notable en cuanto equilibra bien un enunciado de principios universales con una preocupación evidente por los intereses de la burguesía. En general, expresa las reclamaciones fundamentales del Tercer Estado, tal como se expresó en los *cahiers de doléances* de este sector. Protección de la propiedad; libertad de conciencia, libertad de prensa y libertad frente al arresto arbitrario; igualdad ante la ley; imposición igual y derecho igual de elegibilidad para los cargos; y, para mostrar hasta dónde los diputados apreciaban las realidades prácticas, sancionaba implícitamente —*post factum*— el derecho de rebelión.

Por otra parte, las omisiones y las reservas de la Declaración son igualmente significativas. Nada se dice de la libertad económica, la Asamblea todavía estaba dividida acerca del futuro de las corporaciones, y la resistencia de los pequeños consumidores a la "libertad" del mercado aún no era una cuestión candente. Se presenta la igualdad en términos principalmente políticos; la igualdad económica aún no aparece. La propiedad es "un derecho sagrado e inalienable" y no se intenta todavía definirla o circunscribirla. Tampoco se menciona la obligación del Estado de suministrar trabajo o auxilio a los pobres y los desposeídos. Tampoco se habla de los derechos de reunión, petición y asociación. Se presenta a la ley como "la expresión de la voluntad general", pero no se garantiza que todos los ciudadanos gozarán de una participación igual en su aprobación, y menos que nada en las colonias: no se menciona la esclavitud ni el tráfico esclavista. En las cuestiones religiosas, los protestantes y los judíos tienen derecho a sus opiniones, "con la condición de que su manifestación no perturbe el orden político"; no puede hablarse de libertad de cultos completa e irrestricta mientras la Iglesia Católica Romana goce de la bendición oficial exclusiva e incuestionada. Pese a toda la nobleza del lenguaje y la afirmación de verdades universales, la Declaración es esencialmente un manifiesto de la burguesía revolucionaria y sus aliados radicales y liberal-aristocráticos. En ese sentido, fue el toque de difuntos del *ancien régime* en Francia, y al mismo tiempo preparó al público para los nuevos procesos y desarrollos legales que aún eran cosa del futuro.[1]

II

La Constitución de 1791

La parte principal de la legislación de la primera Asamblea Nacional se incorporó a la Constitución de 1791. Informa su texto la preocupación de los nuevos gobernantes de la nación en el sentido de que el sistema que debía desarrollarse estuviese bien protegido contra el triple peligro del "despotismo" real, el "privilegio" aristocrático y la "licencia" popular. En la Asamblea aún no había republicanos declarados, y se convenía generalmente en que debía mantenerse la Monarquía; pero debía ser una nueva monarquía constitucional, privada de su antiguo control absoluto sobre el gobierno, la legislación, el ejército y la justicia. El "rey de los franceses" debía ocupar un cargo hereditario, dispondría de una lista civil de 25 millones de libras como primer servidor del Estado, y tendría el derecho de designar a sus propios ministros —al margen de la Asamblea—, sus embajadores y comandantes militares. Mediante un presunto "veto suspensivo" ejercería el poder de suspender o retrasar todas las leyes promovidas y adoptadas por la Asamblea durante un período de hasta cuatro años, o por la duración de dos parlamentos consecutivos. Pero no tendría el poder de disolver la Cámara; los ministros de hecho serían responsables, no ante él sino ante la Asamblea y sus numerosas comisiones; y si bien podía dar los primeros pasos para declarar la guerra o hacer la paz, tales medidas estarían sujetas a la aprobación del Parlamento. Entretanto, las fuerzas armadas en general ya habían sido apartadas del control real: se había procedido a purgar a muchos de los antiguos oficiales con grado militar, y la tarea a menudo estuvo a cargo de las propias tropas; los cargos estaban abiertos a todos, todos los oficiales debían prestar juramento de fidelidad a la nación tanto como al rey; y las autoridades locales dispondrían de su propia milicia o Guardia Nacional. De modo que los líderes, tanto de la derecha como de la izquierda que, por diferentes razones, deseaban un ejecutivo fuerte o un poder absoluto de veto, fracasaron en sus intentos.

El poder real del país debía ser de hecho la propia Asamblea Nacional. Sería un cuerpo unicameral, sin el estorbo de los "controles y contrapesos" del modelo inglés o norteamericano, armado con atribuciones ilimitadas sobre la imposición, y con poder de iniciativa y autoridad en todas las cuestiones legislativas, limitada sólo por la obligación de celebrar elecciones cada dos años. Además, la mayoría puso cuidado en garantizar que, si no ella misma, por lo menos diputados de orientación parecida retornasen en cada elección posterior. Inducida por Sieyès, adoptó una fórmula en virtud de la cual sólo los ciudadanos de cierta sustancia y propiedad tendrían derecho de voto en dos etapas electorales. Aunque la Declaración de Derechos había proclamado el derecho de todos los ciudadanos "a participar, personalmente o por sus representantes, en la formación de las leyes", había guardado silencio sobre el derecho específico de sufragio. Ahora, los ciudadanos se dividirían en "activos" y "pasivos", y sólo los "activos" votarían. Para merecer la ciudadanía activa uno debía ser varón, tener veinticinco años o más, estar domiciliado durante un año, no dedicarse a tareas domésticas y pagar un impuesto directo equivalente al valor de tres días de trabajo no especializado. Estos ciudadanos podían seleccionar a los candidatos de su preferencia en las asambleas primarias, es decir, en la primera etapa del proceso electoral.

Pero las asambleas secundarias, las que en realidad elegían a los diputados, excluían a todos menos a los que pagaban un impuesto directo equivalente al valor de diez días de trabajo. Finalmente, para ser elegido diputado, un ciudadano debía pagar un marco plata, es decir, cincuenta y dos libras, en concepto de impuestos. Los historiadores han discutido acaloradamente cuáles fueron las limitaciones que este sistema impuso de hecho o pretendió imponer al derecho de voto y representación. Es un problema difícil, tanto más porque, en agosto de 1791, la Asamblea acentuó considerablemente la severidad de las cláusulas que regían el acceso a las asambleas electorales, al mismo tiempo que suavizó las que se relacionaban con los diputados. Formalmente, es posible que el profesor Palmer acierte cuando llega a la conclusión de que, hasta agosto de 1791, casi setenta sobre cien ciudadanos tenían derecho de voto en la etapa primaria, alrededor de diez sobre cien podían ser electores, y uno en cien podía alcanzar la condición de diputado nacional.[1] Pero las listas publicadas indican que, en la práctica, tanto los ciudadanos "activos" como los electores —sobre todo estos últimos— tendían a ser hombres de mayor sustancia que lo que estas cifras sugieren. Incluso así, puede afirmarse sin reservas que estas restricciones impuestas al derecho de votar o no votar eran mucho menos severas que las impuestas por el Parlamento británico no reformado: la sociedad burguesa francesa de 1789-1792 era evidentemente más democrática que la sociedad aristocrática allende el Canal.

La autoridad real se vio debilitada todavía más por la reforma de la administración y el gobierno local. Los antiguos cargos hereditarios, obtenidos por compra, fueron eliminados y se indemnizó a quienes los ocupaban: mal hubiera podido procederse de otro modo, dado que dos de cada cinco miembros de la Asamblea eran antes funcionarios. Un destino similar recayó sobre el antiguo y complicado sistema de *generalités* e *intendances, bailliages* y *sénéchaussées, pays d'états* y *pays d'élections,* las corporaciones privilegiadas y los bolsones sobrevivientes de jurisdicción eclesiástica y señorial. Después de la Declaración de Derechos, el cargo público quedó abierto, por elección o designación, al talento. En lugar de la antigua red heterogénea de autoridades se ideó un sistema uniforme basado en los departamentos, los distritos, los cantones y las comunas, que en esencia ha sobrevivido hasta hoy. Había ochenta y tres departamentos de extensión más o menos igual, pero se trazaban sus límites prestando cuidadosa atención a la geografía: de hecho, los nombres, como los que se aplicaron a los meses en el posterior Calendario Revolucionario, derivaban de fenómenos naturales —en este caso, sobre todo de los ríos, las montañas y los mares—. Los departamentos y sus subdivisiones, los distritos y los cantones, ya no serían gobernados, como bajo el antiguo sistema absolutista real, por funcionarios designados, sino por comités elegidos por los votantes. La base de la pirámide estaba formada por unas 44.000 comunas (o municipalidades), cuyos alcaldes y consejeros eran elegidos por los ciudadanos activos y tenían considerables atribuciones de administración local. París tendría su propio consejo municipal y se subdividiría en cuarenta y ocho secciones (que venían a reemplazar a los sesenta distritos electorales de 1789) con derecho de elegir funcionarios, y controlar la policía y la administración de justicia. Así, se desmanteló no sólo la monarquía absoluta sino el sistema entero de gobierno centralizado; y en esta etapa de la Revolución, Francia se convirtió prácticamente en una federación de departamentos y municipalidades electivos, que gozaban de una amplia medida de autonomía local, y se unificaban en el centro mediante una legislatura fuerte pero con un ejecutivo débil.

Las mismas consideraciones rigieron la reforma de la justicia y el sistema judicial. En el nuevo Estado burgués, la justicia ya no podía estar sujeta a la prerrogativa real ni ser dispensada por una aristocracia local de la espada, la mitra o la túnica. De modo que, los Parlamentos, las "cartas selladas" y los tribunales señoriales y eclesiásticos, a semejanza de la Bastilla y los antiguos cargos venales, cayeron en el olvido. Como en Inglaterra y Estados Unidos, se declaró al poder judicial independiente del Ejecutivo: debía depender de la "nación", es decir, de los ciudadanos con derecho de voto. Se declaraba a la justicia libre e igual para todos; se creó una red de tribunales de carácter municipal, departamental y nacional, con jueces electivos y jurados elegidos para actuar en los casos penales. En la cúspide había dos tribunales nacionales —una Corte de Apelaciones y una Alta Corte— y esta última, relacionada con el enjuiciamiento de los ministros, los funcionarios públicos y los enemigos del Estado, anticipó el Tribunal Revolucionario de 1793. Y a su debido tiempo (después de marzo de 1792) la guillotina, el gran nivelador, reemplazaría a la espada aristocrática o el hacha y a la cuerda plebeya como único instrumento de ejecución para todos los delitos capitales.

El antiguo sistema fiscal en general había sido destruido durante el verano de 1789; después, las odiadas *taille* y *gabelle,* así como los diezmos, las barreras aduaneras, las inmunidades fiscales y la autoridad de los Agricultores Generales habían sido destruidos por la nación en armas. Cuando llegó el momento de reemplazarlos, los

Constituyentes afrontaron uno de sus problemas más difíciles. Para afrontar las necesidades inmediatas se aplicó un impuesto sobre la tierra, que gravaba todas las propiedades y que según se calculaba permitiría recaudar 240 millones de libras anuales. Debían imponerse otros impuestos a los ingresos personales y la propiedad mueble, y a los ingresos comerciales e industriales; además, una contribución "patriótica", propuesta por Mirabeau recaudó otros 100 millones de libras. Pero estas medidas fueron insuficientes para afrontar la deuda cada vez más elevada, los pagos de compensaciones y las erogaciones corrientes, y provocaron violenta hostilidad, sobre todo en los campesinos, que al mismo tiempo que se quejaron de que aún continuaban soportando impuestos excesivos, declararon en muchos distritos lo que en definitiva fue una huelga de contribuyentes. De modo que fue necesario hallar remedios excepcionales, y de éstos con mucho el más importante fue la decisión de nacionalizar las propiedades de la Iglesia y llevarlas a subasta pública. Para financiar la operación, se emitieron bonos que devengaban interés y que se llamaban *assignats,* los que gradualmente pasaron a ser aceptados como billetes de banco, y después de 1790 soportaron una constante depreciación. El *assignat* fue una inyección saludable, y salvó a la Asamblea de sus dificultades momentáneas, pero la inflación que con el tiempo trajo como secuela —bajo el influjo de la guerra y la especulación— representaría una pesada carga por referencia al sufrimiento humano y la perturbación popular.[2]

Como hemos visto, la nobleza había perdido sus derechos de ejercicio privado de la justicia, las exenciones fiscales y los gravámenes y privilegios feudales. Además, los títulos y la nobleza hereditaria fueron abolidos y la aristocracia dejó de existir, lo mismo que otras corporaciones, como un Estado del reino. La abolición de los títulos redujo al ex noble a la simple jerarquía de ciudadano, y así satisfizo el reclamo de igualdad social de los plebeyos. Pero un hecho mucho más trascendente por sus consecuencias fue la eliminación de las cargas feudales que pesaban sobre la tierra, medida adoptada en 1789 cuando, como señalamos más arriba, la Asamblea distinguió entre un tipo de obligación feudal y otro, con lo cual reveló la ansiedad de los diputados que los inducía a transgredir sólo en lo que era absolutamente necesario su propio y explícito principio de la inviolabilidad de la propiedad. Aceptaron la afirmación de Merlin de Douai, autoridad legal reconocida, en el sentido de que ciertos derechos habían sido usurpados o afirmados mediante la violencia: entre ellos estaban los derechos de tener cortes señoriales, los derechos de caza y pesca, el derecho de mantener conejeras, palomares, molinos y lagares, de cobrar peajes y multas comerciales, de recaudar impuestos personales e imponer trabajos obligatorios (*corvée*), y sobre todo de imponer vínculos de sometimiento personal a los campesinos. Pero otros, aunque a menudo representaban una carga más pesada para el campesinado, fueron declarados derechos legales de propiedad: nos referimos a los diferentes pagos realizados a causa de la propiedad o la transferencia de la tierra, por ejemplo los *cens* y el *champart* (rentas pagadas en efectivo y en especies), y los *lods et ventes* (impuesto sobre la venta de tierras). Tales rescates, o cumplimiento de obligaciones, podían ser saldados según la tasa del cinco por ciento del valor del capital en el caso de los pagos realizados en efectivo, y del cuatro por ciento de los pagos en especie. Pero como dijimos antes, los campesinos no atinaron a apreciar la minucia de estas distinciones y rehusaron pagar ningún tipo de compensación, hasta que la Convención jacobina, cuatro años más tarde, declaró nula la deuda.

La abolición del diezmo.también benefició al propietario campesino, pero persistía la gran masa de medieros y trabajadores sin tierra a quienes estos arreglos en general no afectaron. La nacionalización y la venta de tierras de la Iglesia aportó una posible solución, pero la venta en subasta tendió en la mayoría de los casos a favorecer a los grandes compradores, y la Asamblea Constituyente hizo poco para vender tierras en pequeñas parcelas o alentar a la población rural a unir sus recursos. En este sentido, sus sucesores jacobinos, aunque tuvieron intenciones más generosas, no se desempeñaron mucho mejor. De manera que una parte importante del problema agrario permaneció sin resolver, y continuaría en ese estado incluso después del final de la Revolución.

Como cumplía a una Asamblea en que los intereses comerciales de la burguesía representaron un papel tan importante, los Constituyentes se mostraron más consecuentes e integrales en la ejecución de las reformas comerciales e industriales. No obstante, se las omitió de la Declaración de Derechos. Entretanto, la opinión se había endurecido frente a las anomalías y los controles del *ancien régime*, y la Asamblea aprobó un número de leyes que, en medida considerable, eliminaron anteriores restricciones impuestas a la economía nacional, y promovieron el comercio libre en el mercado interno. Se aplicó un sistema unitario de pesas y medidas; fueron abolidos los peajes locales en los caminos y los ríos, y los puestos aduaneros retrocedieron hasta las fronteras nacionales; finalmente, en febrero de 1791, fueron suprimidos las corporaciones y los controles aplicados a los artículos manufacturados, tema controvertido en los *cahiers* del Tercer Estado. En las cuestiones relacionadas con el comercio exterior, la política aplicada fue menos decisiva, y dejó entrever el choque de intereses contrapuestos. Así, la Compañía de Indias perdió su monopolio, se anularon los controles aplicados al comercio más allá del Cabo de Buena Esperanza, y Marsella perdió sus privilegios en el comercio con Levante. Pero la libertad de comercio era un asunto distinto si se trataba de las relaciones comerciales con otros países europeos. Se mantuvieron los derechos aduaneros que protegían a las industrias francesas, aunque por el momento los manufactureros no consiguieron persuadir a la Asamblea de la necesidad de anular el tratado de "libre comercio" firmado con Inglaterra en 1786. Pero todos los partidos cerraron filas cuando afrontaron el problema de la fuerza de trabajo. En junio de 1791 los Constituyentes, temerosos de las perturbaciones provocadas por los desocupados, clausuró los talleres públicos *(ateliers de charité)*, creados en 1789 para absorber y emplear a los desocupados. El mismo mes aprobaron la famosa ley Le Chapelier, que nuevamente declaraba ilegales las "coaliciones" de trabajadores (o sindicatos), una norma que fue aplicada con tanto mayor rigor cuanto que los precios de los alimentos, por falta de controles, pudieron elevarse. La medida siguió a las huelgas de carpinteros y otros artesanos de París, y fue aprobada respondiendo a las peticiones protestatarias de los manufactureros. Ningún miembro de la Asamblea, ni siquiera Robespierre, se opuso a la medida, y los sindicatos continuaron siendo proscritos durante toda la Revolución. La ley no fue derogada hasta 1884.

El más intratable de todos los problemas abordados por los Constituyentes, y el más temible por sus consecuencias, fue el arreglo de las relaciones con la Iglesia Católica. La solución a la que llegaron no estuvo determinada por una actitud de menosprecio filosófico hacia la religión, por un arraigado prejuicio anticatólico o por consideraciones especiales de clase; las divisiones y la hostilidad profundas que el arreglo provocó respondieron, por lo menos en parte, a circunstancias ajenas al control de los Constituyentes. Era cosa generalmente aceptada —entre otros por los obispos y el clero parroquial— que la Iglesia necesitaba una urgente reforma. En su condición de organismo corporativo, la Iglesia del *ancien régime* había gozado de riqueza, privilegios y autoridad inmensos: el valor de sus propiedades, que originaba una renta anual de 50 a 100 millones de libras, representaba entre dos quintos y la mitad del caudal de tierras de cada provincia del dominio; y estaban exentas de todos los impuestos, salvo los que ella ofrecía voluntariamente al Tesoro en la forma de un *don gratuit.* Gran parte de estas propiedades estaba en manos, no del clero secular, sino de monasterios y capítulos que, como se apropiaban del diezmo y otras rentas, a menudo pagaban un estipendio anual, denominado *portion congrue,* al sacerdote y al capellán practicantes, y cuyos propios servicios a la religión eran cuestionados cada vez más seriamente tanto por el clero como por los laicos. De hecho, se tenía tan escaso aprecio por las órdenes contemplativas que, después de una investigación realizada en 1768, por lo menos mil comunidades habían sido disueltas, y sus propiedades transferidas a los usos seculares. Un abismo social separaba al clero de obispos y abades aristócratas de la base común de sacerdotes parroquiales: mientras un obispo de Estrasburgo recibía rentas de 400.000 libras y un abad acaudalado de Angers 50.000 libras, un humilde *curé* tenía que subsistir con un ingreso, proveniente del diezmo o la *portion congrue,* de mil o setecientas libras anuales. También se habían perfilado otras cuestiones: los obispos, las universidades y los Parlamentos galos habían unido fuerzas en 1762 para disolver y expulsar a los jesuitas; el jansenismo era una fuerza declinante desde mediados del siglo, pero continuaba confundiendo a los predicadores y los feligreses en cuestiones de doctrina; y —lo que era más importante— los sacerdotes de las parroquias, resentidos por el crecimiento de las pretensiones episcopales, habían comenzado a reclamar insistentemente que la Iglesia fuese gobernada, no simplemente por los obispos y los canónigos, sino por la comunidad entera de los pastores.[3]

De manera que la Iglesia se había visto arrastrada a la Revolución en la condición de una fuerza dividida, aunque de ningún modo era una observadora desinteresada. Mientras los obispos y los abates apoyaron la “rebelión aristocrática” y reclamaron la convocatoria de los Estados Generales, el clero parroquial vio su oportunidad de arreglar viejas cuentas cuando las instrucciones del Consejo Real en enero de 1789 les otorgaron el derecho de asistir personalmente a las asambleas electorales, mientras los monjes y los canónigos a lo sumo podían enviar representantes. El clero parroquial aprovechó a fondo esta concesión, y en sus *cahiers* especiales pidió amplias reformas, incluso el gobierno propio de la Iglesia, que les permitiese hacer oír su voz, y aun les otorgase el derecho de elegir a sus propios obispos. No era muy fácil ignorar esas peticiones cuando el número les permitía dominar las asambleas de su orden en Versalles. Como hemos visto, en esta ocasión apoyaron entusiastamente las reclamaciones del Tercer Estado; y el hecho de que se separaran de sus superiores clericales representó un papel importante para decidir al rey, contra sus propias inclinaciones, a ordenar que los dos Estados superiores se uniesen a la Asamblea Nacional autodesignada. Por eso mismo no fue en absoluto sorprendente que la Asamblea recibiese el apoyo más que el rechazo del cuerpo principal del clero cuando en agosto de 1789 decretó la abolición del diezmo, las anatas y la pluralidad de cargos, y puso fin a la antigua jerarquía corporativa de la Iglesia y a su derecho de autoimposición. Tampoco se alarmó impropiamente el clero cuando, de acuerdo con la propuesta de Talleyrand (entonces obispo de Autun), se decidió nacionalizar las propiedades de la Iglesia y llevarlas a subasta. Nuevamente, cuando en febrero de 1790 la Asamblea disolvió o reagrupó las órdenes monásticas, se derramaron pocas lágrimas, excepto en el caso de los que se veían afectados más inmediatamente. En realidad, ninguna de estas medidas provocó un conflicto grave entre la Iglesia y la Revolución; esa situación sobrevino sólo cuando la Asamblea, ansiosa de afirmar un control más completo de la Iglesia, pasó a adoptar la Constitución Civil del Clero durante el siguiente mes de julio.

Pero incluso ahora el choque no fue inmediato y quizás hubiera sido posible impedirlo. Varias cláusulas de la Constitución eran bastante aceptables para el cuerpo principal del clero: ni los obispos ni el clero parroquial objetaban su propia transformación en servidores a sueldo del Estado; en todo caso, los sacerdotes serían pagados más generosamente que antes; y los Constituyentes, aunque concedían total libertad de culto a los protestantes —y más tarde a los judíos— no abrigaban la intención de separar del Estado a la Iglesia Católica, o de suspender su condición privilegiada como la única Iglesia oficial de Francia. Asimismo, el clero estaba dispuesto a aceptar la reorganización muy retrasada de los límites diocesanos y parroquiales; pero la drástica reducción de los obispados de 135 a 83 —de acuerdo con el número de departamentos— significaba que varios obispos —y muchos más sacerdotes parroquiales— se verían privados de sus medios de vida. Más grave todavía era la negativa de la Asamblea a someter la Constitución, antes de que se convirtiera en ley, a un sínodo de la Iglesia, que lo aprobase: así, tanto los obispos como el clero parroquial podían haber sido apaciguados. Pero las "corporaciones" habían sido abolidas, y remitir a una asamblea de la Iglesia lo que era del resorte exclusivo de la "nación", se objetaba —Robespierre entre otros— era someter la "voluntad general", según la interpretaban los representantes de la nación, al veto superior de un cuerpo corporativo individual. En este punto la Asamblea, salvo sus miembros clericales, se mantuvo inflexible. De modo que la sanción canónica, si alguna había, debía ser requerida al Papa, pero el Papa Pío VI, si bien según se sabía era hostil a la Revolución, estaba comprometido en delicadas negociaciones acerca de la condición futura del antiguo enclave papal de Aviñón, y temeroso de perjudicar sus intereses temporales con una decisión apresurada acerca de una cuestión doctrinaria, demoró su respuesta varios meses. Sin embargo, la Asamblea tenía prisa: las sedes y los beneficios estaban quedando vacantes, y por falta de una guía firme y de autoridad, el clero estaba cayendo en la confusión y la división.

Así, en noviembre de 1790 la Asamblea decidió no esperar más y quemó sus puentes. Declaró vigente la Constitución Civil y ordenó que los clérigos que ocupasen cargos prestasen juramento de fidelidad a la constitución y el reino; y por lo tanto, por implicación, también a la Constitución del Clero. Los diputados laicos, firmemente convencidos de que se alcanzaría un acuerdo, se sintieron abrumados por el resultado: obtuvieron el acatamiento de sólo dos de los cuarenta y cuatro obispos de la Asamblea y de un tercio de sus miembros clericales. El clero general se dividió en dos bloques más o menos equilibrados de "juramentados" y "no juramentados", una división que llegó a ser tanto más irrevocable cuando al fin Pío, en marzo-abril de 1791, cerró la puerta al compromiso al condenar en bloque la Constitución Civil, suspender a los obispos conformistas (Talleyrand y Gobel) y ordenar explícitamente a todo el clero que negase o retirase su fidelidad al nuevo arreglo con la Iglesia. Por lo tanto, una vez que el Papa habló en estos términos, los que reconocían su autoridad o simplemente seguían su propia conciencia al negarse a prestar juramento, se convirtieron, en una sucesión inevitable de etapas, en enemigos declarados, no sólo de la Constitución Civil sino de la propia Revolución, y por eso mismo fueron identificados por los "patriotas" con la aristocracia y la contrarrevolución. De aquí provino, a su vez, la trágica y fatídica secuencia de la emigración, la proscripción, e incluso la masacre de sacerdotes "refractarios", la guerra civil en el oeste, el terror y el contraterror. Otra consecuencia fue que, a su vez, la nueva Iglesia Constitucional, cuya doctrina era igual a la de los "fanáticos" proscritos, también perdió credibilidad, fue separada del Estado, perseguida en tiempos de la "descristianización", y seguida por los cultos de la Razón, el Ser Supremo y la Teofilantropía, hasta que la antigua Iglesia fue restablecida sobre nuevas bases por el Concordato de 1801 firmado por Bonaparte.

Pero, por supuesto, esto implica anticipar hechos que sobrepasan de lejos el período de la Asamblea Constituyente. También es un recordatorio en el sentido de que los integrantes de la misma, aunque quizá los más importantes, no fueron los únicos legisladores que representaron un papel en la reconstrucción de Francia y en la determinación de su futuro después del derrocamiento del *ancien régime*. Como era inevitable que sucediera, hubo cambios importantes a medida que la nación atravesó las sucesivas etapas de una monarquía constitucional, una primera república, un consulado y el imperio. Estos procesos políticos y sus consecuencias —algunas efímeras, otras más perdurables— serán examinados en los capítulos siguientes.

IV

La lucha por el poder

I

La caída de la Monarquía

Al proclamar la Constitución el 28 de setiembre de 1791 y recomendarla a los franceses acompañada por un conmovedor alegato en favor de la unidad nacional, Luis XVI declaró solemnemente: "La Revolución ha concluido". Era una esperanza compartida, mucho más sinceramente, por la mayoría de la Asamblea e incluso por algunos miembros de la oposición democrática. Sin embargo, en el lapso de un año se desechó la Constitución, el rey perdió su trono, los principales monárquicos constitucionales estaban siendo proscritos o se habían exiliado, y la Revolución, lejos de haber terminado, ingresaba en una nueva y decisiva fase.

¿Por qué la situación había cambiado tan bruscamente? En primer lugar, el rey había aceptado la Constitución sólo en apariencia: mucho antes de que fuera firmada, había realizado un fracasado intento de buscar su propia seguridad en la fuga, y después que fue devuelto ignominiosamente a su capital, continuó intrigando con los gobernantes de Suecia, Prusia y Austria para restaurar su antigua autoridad mediante la fuerza de las armas. Por lo tanto, no podía confiarse en el rey —y menos aún en la reina—, y la deserción y la traición de ambos impidió que los monárquicos constitucionales continuasen gobernando o alcanzaran el tipo de compromiso que su Constitución había contemplado.

Asimismo, sólo una minoría de la nobleza había aceptado de buena gana la pérdida de sus antiguos derechos y privilegios. Muchos habían acompañado al exilio a Artois y Breteuil, o se habían unido al ejército *émigré* de Condé en Coblenza y Worms; pero estos hombres nunca representaron más que una duodécima parte de las antiguas familias nobles de Francia. Otra minoría más pequeña se oponía activamente desde adentro a la Revolución, y se ha registrado el hecho de que unos 1.250 de ellos cayeron víctimas de la guillotina.[1] Algunos se reconciliaron con la Revolución, y muchos aristócratas participaron en el trabajo de las asambleas, los comités y los tribunales incluso durante la culminación del Terror: la Convención Nacional de 1793 incluía a veintitrés ex nobles, de los cuales siete eran marqueses y uno príncipe de la sangre. Pero, por supuesto, no eran casos típicos. La gran mayoría, aunque permaneció en Francia y sobrevivió al Terror, nunca se reconcilió con el nuevo orden; formaban un centro permanente de discrepancia, de hosco resentimiento y suspicacia, e inducían a las autoridades revolucionarias a adoptar medidas cada vez más severas para limitar sus libertades y mantenerlos controlados. Quizá fue más grave la división provocada en el clero por la nueva organización de la Iglesia. Al distanciar a muchos de los sacerdotes parroquiales, los revolucionarios de 1790 se habían embarcado en un curso que habría de arrojar a los brazos de la contrarrevolución a un número considerable de miembros del clero y de sus rebaños formados por el campesinado devoto y socialmente atrasado del oeste y el suroeste. A esto siguió la dura guerra civil y las guerrillas de la Vendée en el oeste, y en regiones del sur y el suroeste, que habrían de debilitar el potencial humano y los recursos de la futura República, y provocar medidas de represión cada vez más duras.

En sí mismos, estos disentimientos habrían imposibilitado detener el curso de la Revolución y estabilizar sus conquistas sobre la base del arreglo de 1791. Sin embargo, el factor que impulsó el progreso de la Revolución no estuvo sólo en la oposición de las fuerzas que tenían más que perder que lo que podían ganar mediante este proceso, sino quizás incluso más en la intervención de las clases que habían contemplado el estallido de 1789 como una solución a sus problemas y cuyas esperanzas iniciales se vieron frustradas o realizadas sólo parcialmente en vista del resultado. Como hemos visto, los campesinos quedaron liberados del diezmo y los impuestos, y de las obligaciones feudales más opresoras, pero pocos habían satisfecho su hambre de tierra y todavía persistía la carga de la deuda. Los pequeños campesinos y los que carecían de tierra, así como los medieros, sufrían lo mismo que los habitantes urbanos la elevación de los precios de los alimentos, y se les había dispensado escasa protección, o a veces ninguna, frente al recorte de sus antiguos derechos comunales por los agricultores emprendedores (los llamados *coqs de village*) y los terratenientes. Así, la Revolución en la aldea continuó, aunque ya no con la fuerza explosiva de 1789, y a su propio modo sirvió para avivar la disputa faccional de los grupos políticos rivales. Además, había muchos pequeños propietarios urbanos y profesionales a quienes se había privado del derecho de voto —y muchos más que carecían del derecho de pertenecer a la Asamblea— a causa de las restricciones impuestas, por sugerencia de Sieyès, en octubre y diciembre de 1789. Estos hombres representarían un papel dirigente en la campaña encaminado a acabar con la distinción entre ciudadanos activos y pasivos y la condición del "marco de plata" (cincuenta y dos libras).

Sobre todo, estaba la permanente y cada vez más acentuada insatisfacción de la parte principal de los *sans-culottes* urbanos —los pequeños tenderos, los maestros de los talleres y los asalariados— sobre todo los de París, que habían garantizado el éxito de la Revolución en 1789 y aún no habían merecido una recompensa sustancial, en la forma de los derechos políticos o de los beneficios materiales representados por salarios más altos o suministros de alimentos más baratos y más adecuados. Sus quejas y aspiraciones específicas eran antiguas, pero en el contexto de la Revolución habían adquirido un nuevo contenido y una definición más perfilada a causa de su propia participación en los hechos y de la incorporación de nuevos y contagiosos lemas e ideas referidos a los "derechos del hombre" y la "soberanía del pueblo". Así, por etapas, los *sans-culottes* se convirtieron en una fuerza política con la cual había que contar y, al encontrar aliados y defensores en las facciones políticas que se disputaban el poder, vinieron a profundizar el antagonismo entre los grupos burgueses y a impulsar hacia la izquierda a la Revolución, de acuerdo con orientaciones ni concebidas ni deseadas por los hombres de 1789.

Pero si Francia hubiese permanecido en paz con el resto de Europa, es posible que a pesar de estos obstáculos la Revolución hubiese interrumpido su curso, o por lo menos no hubiese sobrepasado los límites del arreglo de 1791. Pero la guerra estalló en abril de 1792, y a causa de la violencia de su influjo, acentuó inconmensurablemente todas las tensiones existentes. Como Engels escribió a Victor Adler un siglo después del episodio: "Toda la Revolución Francesa está dominada por la Guerra de Coalición; todas sus pulsaciones dependen de ella".[2] Como era inevitable que sucediese, la guerra aportó nuevo aliento a quienes deseaban destruir la

Revolución desde adentro y desde afuera, y provocó a su vez medidas excepcionales para enfrentar a la contrarrevolución, la aristocracia y el "fanatismo". Reveló la duplicidad y la traición de la corte y provocó la caída de la Monarquía. Desencadenó la inflación y el aumento de los precios de los alimentos, y por lo tanto originó la resistencia y la agitación enérgicas de los *sans-culottes* urbanos. A través de la inflación, la traición, la derrota y la perturbación social, forzó a la Asamblea, contrariamente a sus propios y apreciados principios, a organizar un gobierno revolucionario fuerte, a instituir el Terror, a controlar los precios y a movilizar a la nación para la guerra. Sobre este trasfondo de la paz inicial seguida por la guerra y el conflicto social, los jefes y los partidos lucharon por el poder y la Revolución avanzó a través de nuevas fases, alianzas y experimentos políticos.

El año 1790 había sido de relativa paz social. El precio del pan había descendido provisionalmente a su nivel normal, prerrevolucionario, la agitación popular estaba suspendida, y la Asamblea pudo realizar, casi sin molestias, su trabajo de elaboración constitucional. Pero los primeros meses de 1791 presenciaron la reanudación de la agitación. Los demócratas parisienses del Club de los Cordeleros, que se encontraban al sur del río, habían comenzado a interesarse en la difícil situación de los desocupados, cuyos talleres estaban siendo clausurados, y facilitaban cierta ayuda a los obreros en huelga. Habían iniciado la lucha contra el *marc d'argent* ("marco de plata") y la privación de derechos electorales a los ciudadanos pasivos, y estaban incorporando a los asalariados y a los artesanos a sociedades "fraternales" afiliadas al club central. Este adoctrinamiento intencional de los *sans-culottes* por los demócratas debía aportar una abundante cosecha en el futuro, pero habría necesitado más tiempo para producir resultados de no haber sido por el intento del rey de huir atravesando la frontera imperial. Para ocultar sus intenciones, Luis había ordenado a su ministro, el conde de Montmorin, que enviase a las cortes extranjeras, en abril de 1791, una carta que exaltaba las virtudes de la Revolución, descrita como "sólo la destrucción de una multitud de abusos acumulados en el curso de los siglos a causa de los errores de la gente o el poder de los ministros". Pero antes y después había repudiado, en su correspondencia secreta con España, Suecia y Austria, todas las concesiones otorgadas al Tercer Estado y los Constituyentes, con la afirmación de que habían sido arrancadas por la fuerza; y desde fines de 1790 el plan de fuga aplicado en junio de 1791 había sido preparado con la colaboración del conde Fersen, un devoto caballero andante de la reina. El plan era salir disfrazados de París durante la noche, y unirse a los austríacos en la ciudad fronteriza oriental de Malmédy; desde allí, se lanzaría un llamado a los gobernantes europeos, pidiéndoles su intervención contra la Revolución. A causa de la torpeza del rey y sus acompañantes y la vigilancia de un maestro de postas aldeano, el plan fracasó, y el 25 de junio la familia real fue traída de regreso de Varennes a París bajo una nutrida guardia militar y una escolta civil, mientras Barnave estaba de servicio.

El episodio tuvo un efecto electrizante, y destruyó muchas ilusiones. A causa del temor a una invasión, se enviaron tropas a las fronteras, los clubes de París intensificaron su agitación, y los manifestantes reclamaron la abdicación de Luis y la proclamación de una república. La Asamblea Constituyente estaba dividida, pero coincidió en un compromiso: se suspendió en el cargo al rey, pero después de prometer que aceptaría la Constitución inminente, fue reinstalado y se difundió la versión de que había sido "secuestrado" por enemigos de la Revolución. Los demócratas y los periodistas republicanos del Club "popular" de los Cordeleros e incluso muchos del club hermano —más moderado— de los Jacobinos, se negaron a aceptar el veredicto y organizaron una serie de peticiones de protesta. La última de éstas, aunque no reclamaba especificamente una república, pedía la abdicación de Luis y contó con el apoyo de una nutrida multitud reunida en el Champ de Mars, de París. Unas 6.000 personas ya habían firmado, o marcado con sus cruces, la petición exhibida en el *autel de la patrie,* cuando la Comuna de París, dirigida por el alcalde Bailly, decidió prohibir la manifestación, declaró la ley marcial y envió a La Fayette, comandante de la milicia de París, con diez mil guardias nacionales y la orden de dispersar a la multitud. Cuando encontraron oposición, los guardias abrieron fuego, matando e hiriendo a unos sesenta peticionantes; otros 200 fueron arrestados, y los jefes del Club de los Cordeleros —incluso Danton— buscaron refugio en la huida. Fue un episodio fatídico, no tanto porque conquistó nuevos reclutas para el movimiento republicano, que todavía estaba en la infancia, sino porque en adelante el antiguo Tercer Estado de 1789 quedaba irrevocablemente dividido. Tres semanas antes, para destacar su desaprobación ante la agitación de los demócratas enderezada a separar del cargo al rey, la mayoría de los monárquicos constitucionales, encabezada por Barnave y los hermanos Lameth, había roto con el Club de los Jacobinos, donde los diputados de la izquierda y el centro hasta ese momento se habían mantenido unidos, y formaron su propia sociedad, el *Club des Feuillants.* Así, los jacobinos, en cuyo sector Robespierre, diputado por Arras, estaba representando un papel cada vez más activo, vinieron a convertirse en los líderes reconocidos de la izquierda en el seno de la Asamblea y del movimiento popular fuera de ésta; y los demócratas y los *sans-culottes* —el nombre por entonces comenzaba a prevalecer— de los jacobinos y el Club de los Cordeleros se unieron en la oposición común a la mayoría de los Constituyentes, a quienes ahora se achacaba la culpa no sólo de negar el derecho de voto a los ciudadanos más humildes, sino también de derramar su sangre.

A pesar de que los efectos inmediatos se vieron disimulados por los intentos de la Asamblea de perdonar y olvidar y de unir a la nación alrededor de la nueva Constitución, la fuga del rey tuvo otras consecuencias de gran alcance. Representó su papel en la serie de procesos que llevaron al estallido de la guerra con Prusia y Austria, el 20 de abril de 1792. Aunque exhortado por Artois y los *émigrés* a que interviniese firmemente contra la Revolución, el emperador austríaco Leopoldo II, "liberal" y otrora "ilustrado", que había sucedido en el trono en 1790 a su hermano José, se negó decididamente a actuar. Sin duda, lamentaba las indignidades padecidas por su hermana María Antonieta, pero tenía que afrontar problemas urgentes en sus propios dominios y, a semejanza del gobierno de Pitt en Inglaterra, se inclinaba a ver con buenos ojos cierto grado de reforma constitucional en Francia. La situación cambió cuando Luis huyó de París y después cuando fue suspendido en el cargo; y creyendo que la familia real francesa estaba amenazada físicamente, Leopoldo emitió la Circular de Padua el 5 de julio, para invitar a los gobernantes europeos a restaurar "la libertad y el honor del Rey Muy Cristiano". Pero el tono de esta amenaza fue considerablemente más moderado que la Declaración de Pilnitz, emitida conjuntamente por Austria y Prusia el 27 de agosto: a esta altura de los acontecimientos, Luis había reocupado el trono, estaba en camino la Constitución y además la respuesta de las restantes potencias a la Circular había sido visiblemente fría o tibia. Por consiguiente, la Declaración fue más un modo de salvar la cara que una amenaza de guerra y se limitó a invitar a las potencias, si todas llegaban a coincidir, a que preparasen su propia unificación para restablecer el orden en Francia. No se sugería una intervención armada inmediata. Pero al margen de sus intenciones, la Declaración fue una provocación que sirvió para unir a la contrarrevolución en Francia y en el exterior porque le aportó un programa, y suministró al partido de la guerra en Francia un pretexto más para redoblar los tambores marciales.

En realidad, completamente al margen de los presuntos crímenes de la Revolución, la posibilidad de un conflicto armado entre Francia y Austria ya existía. El Elector de Treves, *protégé* del emperador, había permitido que el ejército de nobles emigrados de Condé se entrenase y armase en sus territorios de Coblenza, y los príncipes alemanes que tenían propiedades en Alsacia se habían negado a aceptar la abolición o la redención de sus derechos feudales de acuerdo con el decreto de la Asamblea francesa de agosto de 1789. En definitiva, Treves se sometió a la coerción francesa y aceptó disolver la fuerza contrarrevolucionaria de Coblenza, y las negociaciones en vista de los reclamos de los príncipes hubieran podido, a pesar del apoyo que les suministró el emperador y su Dieta de Francfort, concluir en un acuerdo si hubiese existido una medida razonable de buena voluntad por ambas partes. Pero fue imposible alcanzar ese resultado, tanto a causa de la beligerancia cada vez más acentuada de la corte imperial —a Leopoldo sucedió en marzo de 1792 el más agresivo Francisco II— como por el ascenso en Francia de un partido de la guerra, muy heterogéneo pero sumamente expresivo. Por una parte estaba la propia corte que, alentada por la reina de origen austríaco y sus asesores, comenzó a contar con la derrota militar de Francia como el medio más idóneo para restablecer su propia autoridad. Con la corte estaba estrechamente asociado el ministro de Guerra Narbonne, en ese momento amante de Madame de Staël, hija de Necker, y el plan de Narbonne, aun que él nunca lo afirmó explícitamente, al parecer era provocar una guerra limitada con vistas a fortalecer el poder de la Corona a través de una dictadura militar.

Pero la voz que con más eficacia llevó al país a un estado de fervor bélico provino de la nueva izquierda de la Asamblea Legislativa, que había sucedido a los Constituyentes el 1 de octubre de 1791. Fue la de Jacques Pierre Brissot, diputado por el Eure et Loir, que estaba estrechamente relacionado con un grupo de diputados, varios de ellos provenientes del departamento sur-occidental de la Gironde.[3] A partir de octubre de 1791 Brissot predicó una cruzada en armas contra las testas coronadas europeas, en el curso de la cual los pueblos, liberados por sus propios trabajos o por la victoria de las armas francesas, se unirían a la bandera de la Revolución, mientras el rey se vería obligado a pedir a los partidarios de Brissot que asumiesen la dirección. Brissot llevó la discusión del recinto de la Asamblea al Club de los Jacobinos, y allí, en diciembre, hubo un acalorado debate entre el propio Brissot y Robespierre. Robespierre fue el único de los jefes jacobinos que en esta ocasión se opuso al plan de cruzada militar de Brissot, con el argumento de que, lejos de promover la causa de la Revolución en el exterior, vendría a promover el objetivo de Narbonne, que era el establecimiento de una dictadura militar en Francia. Pero Brissot se impuso, y el cuerpo principal de los jacobinos, las secciones y los clubes parisienses, y la gran mayoría de los diputados de la Asamblea Legislativa se adhirieron a su opinión. En marzo se interrumpieron las negociaciones con el emperador y los príncipes alemanes, y Francia declaró la guerra a Austria el 20 de abril y pronto tuvo que enfrentar a los ejércitos combinados de Austria y Prusia, dirigidos por el duque de Brunswick, viejo general de Federico el Grande, un hombre que, como se reconocía, ya tenía muchos años.

Pero el triunfo de Brissot duró poco y a la larga Robespierre demostró tener razón; su partido y no el de Brissot habría de cosechar los beneficios. Pero al principio pareció que las cosas seguían un curso favorable a Brissot: incluso antes de que comenzara la guerra, la agitación en los distritos de París era tan intensa que el rey se vio obligado a despedir a Narbonne y sus ministros "Feuillant" y a ocupar los cargos con hombres del grupo de Brissot-Dumouriez, soldado profesional y portavoz del partido antiaustríaco, el financista suizo Clavière, y Roland, funcionario civil y marido de una esposa más famosa. Pero las fuerzas francesas, lejos de comportarse como "misioneros armados", estaban muy mal preparadas para la batalla —y menos aún para una ofensiva— y huyeron en desorden frente a los ejércitos de Brunswick, dejando a Francia a merced del enemigo. La contrarrevolución armada estalló en el sur. El *assignat,* el billete de banco adoptado poco antes, había descendido al sesenta y tres por ciento de su valor nominal en enero, y poco después hubo disturbios por los granos en las provincias. En París, como resultado de la guerra civil en las colonias de Indias Occidentales, el precio del azúcar se había triplicado y las tiendas de aprovisionamiento de los *faubourgs* fueron asaltadas por ciudadanos coléricos, que obligaron a los tenderos a vender sus artículos al precio anterior. La traición en los lugares encumbrados agregó más combustible a las llamas: comenzaba a sospecharse mucho de las intrigas de la reina con la corte austríaca, y se acentuó la convicción, y fue hábilmente aprovechada, de que un "Comité austríaco" planeaba restablecer la monarquía absoluta con la ayuda de las armas extranjeras. Brissot se había vanagloriado de que esas prácticas traidoras redundarían en provecho de su propio partido *("il nous faut de grandes trahisons",* había afirmado), y él y sus colaboradores no vacilaron en inflamar las pasiones populares contra la corte. Las cosas llegaron a tal extremo que Luis se vio obligado a despedir a los ministros "*brissotin*", un acto que provocó una manifestación popular en París el 20 de junio, en el curso de la cual los pequeños tenderos y artesanos de los dos *faubourgs* revolucionarios, Saint-Antoine y Saint-Marcel, desfilaron armados frente a la Asamblea, e irrumpieron en el Palacio de las Tullerías, donde obligaron al renuente Luis a ponerse el Gorro de la Libertad y beber con ellos a la salud de la nación.

Este episodio fue el ensayo general de la insurrección más amplia y más violenta del 10 de agosto, que tomó las Tullerías y derrocó a la Monarquía. Pero el partido de Brissotin, si bien había avivado las llamas y sus ministros habían recuperado los cargos, no obtuvo ningún provecho de la manifestación. De hecho, a estas horas habían traspasado a Robespierre y sus rivales jacobinos el liderazgo del movimiento popular. La verdad es que, corno el aprendiz de brujo de la leyenda y muchos otros partidos antes y después, no estaban dispuestos a afrontar las consecuencias de la tormenta que ellos mismos habían desencadenado. Después de excitar demagógicamente a las secciones y los *faubourgs* con el fin de que se manifestasen contra la Monarquía, y de haber amenazado con derrocarla, ahora retrocedieron para apoyar al rey: no habían contemplado la posibilidad de una república que estaría a merced de los votos y las armas de los ciudadanos hasta ese momento "pasivos", o *sans-culottes*. De modo que los jacobinos, que habían tenido poco que ver con la manifestación del 20 de junio, llenaron el vacío. Pétion, que había sucedido a Bailly como alcalde de París y estaba asociado con Brissot y la Gironda, era todavía el héroe del momento cuando el 14 de julio se celebró el Festival —anual— de la Federación. Pero hacia fines del mes el humor había cambiado y cuarenta y siete de las cuarenta y ocho secciones de la capital se habían declarado en favor de la abdicación del rey: ya entonces, las antiguas clasificaciones de Sieyès se habían derrumbado, y se invitaba a los ciudadanos pasivos a asistir a las asambleas seccionales. Pero incluso ahora, Robespierre argüía que el futuro de la Monarquía y de la propia Constitución debía decidirse mediante una Convención elegida popularmente, más que apelando a las armas. Sin embargo, el temor sincero provocado por un *coup* contrarrevolucionario —la atmósfera estaba cargada de rumores de conspiración y el general La Fayette poco antes había abandonado el frente con el fin de exhortar a la Asamblea a aplicar medidas drásticas contra los demócratas—, y la presión de las secciones y los clubes persuadieron a los líderes jacobinos de la conveniencia de promover una insurrección armada. Los preparativos ya estaban desarrollándose cuando los temores y los odios populares adquirieron un filo más agudo a causa del Manifiesto del 1 de agosto, redactado por el duque de Brunswick, que amenazaba a las secciones parisienses y la Guardia Nacional unidas bajo la dirección de una comuna "revolucionaria" recientemente formada, con la toma de las Tullerías mediante la fuerza de las armas para obligar al rey a refugiarse en la Asamblea Legislativa. El monarca fue depuesto seis semanas más tarde por la Convención Nacional, que sucedió al Legislativo en setiembre, y la República fue proclamada poco después.

En la estela de la "revolución" del 10 de agosto de 1792 sobrevino el macabro episodio denominado las "masacres de setiembre", en que entraron en las cárceles de París bandas armadas que organizaron tribunales populares improvisados, y ejecutaron de mil a mil cuatrocientos detenidos, entre ellos sacerdotes y presos políticos, pero sobre todo delincuentes comunes: ladrones, prostitutas, falsificadores y vagabundos.[4] Fue un hecho misterioso, que desafió el análisis preciso, y sin embargo parece haber sido sobre todo el producto del pánico engendrado por la amenaza de la contrarrevolución y la invasión. Verdun, a unas 200 millas de la capital, acababa de caer en manos de los prusianos, y los parisienses aptos, respondiendo a la convocatoria de Danton, nuevo ministro de Justicia, acudían a enrolarse para servir en el frente, de modo que la ciudad estaba más expuesta que nunca. Mientras se desarrollaban las masacres, y después por varios días, hubo personas que desempeñaban cargos de autoridad que se mostraron dispuestas a aplaudirlas como un acto necesario de justicia popular, e incluso a recomendarlas como ejemplo que debía ser imitado por otras ciudades. Pero una vez pasada la crisis, ningún partido y ninguna facción las justificó ni se responsabilizó por ellas, y la acusación de haberlas provocado o justificado —o incluso de haberse abstenido de evitarlas— se convirtió en un arma aceptada en la lucha entre partidos, en que las dos facciones principales, los jacobinos y los "girondinos", trataron de denostarse mutuamente, mientras los realistas y los moderados lanzaban la acusación a ambos partidos sin discriminación. Y sin embargo, al margen de sus orígenes y sus perfiles crueles, las masacres fueron un hecho de cierta importancia; parecieron completar la destrucción del enemigo unas semanas antes que los voluntarios en Valmy, el 20 de setiembre, derrotaran al ejército de Brunswick y lo obligaran a repasar la frontera. Así, la República, proclamada durante ese otoño, se afirmó sobre lo que parecía un fundamento bastante sólido: la victoria de la Revolución sobre sus enemigos interiores y externos.

II

Girondinos y Jacobinos

La nueva Asamblea, o Convención Nacional, elegida por el sufragio adulto masculino[1] —aunque todavía en dos etapas— se reunió el 20 de setiembre de 1792. De sus 750 miembros sólo 96 eran ex Constituyentes, y 190 habían ocupado asientos en la Asamblea Legislativa. De manera que había ahora muchas caras nuevas, incluso la del joven Saint-Just, que habría de convertirse en el más abnegado partidario y lugarteniente de Robespierre. Desde el punto de vista social diferían poco de los miembros de los dos Parlamentos precedentes. Se observaba una preponderancia análoga de ex funcionarios, abogados, comerciantes y empresarios, aunque había un número apreciablemente más elevado de *avocats*, médicos y docentes provinciales. Como antes, no había pequeños campesinos, y sólo dos trabajadores: Noël Point, obrero de una fábrica de municiones de Saint-Etienne, y Jean-Baptiste Armonville, peinador de lana de

Reims. Desde el punto de vista político, la convención estaba formada por tres grupos principales, cuyos compromisos políticos, comparados con los partidos políticos modernos, estructurados con mayor rigidez, eran relativamente fluidos.[2]

La mayoría —aunque de ningún modo estable— en general estaba formada por la gran masa de diputados independientes, que no tenían un compromiso permanente con una facción o un programa específicos, y a quienes se denominaba el "pantano" o la "llanura". El apoyo de este sector por supuesto sería un elemento fundamental en la lucha de los restantes partidos por el control de la Asamblea. Con respecto a estos partidos, el grupo más numeroso, por lo menos durante los primeros tiempos, fue el de los girondinos (como ahora llamaban sus antagonistas a los ex *brissotins*), encabezados por Vergniaud, Brissot, Gensonnet y Gaudet, y que, aunque en sí mismos no eran la mayoría, a menudo controlaban el resultado de las votaciones y aportaban la mayoría de los ministros. Contra ellos se alineaban los jacobinos o la Montaña (así llamados porque ocupaban en la Asamblea las hileras altas de asientos). Incluían a los veinticuatro diputados de París menos uno, y los encabezaba Robespierre, el siempre popular Marat y, a veces, Danton. También pertenecía a este grupo el primo del rey, el ex duque de Orléans, ahora llamado Felipe-Igualdad.

Si profundizamos el análisis, ¿puede afirmarse seriamente, como hizo Mathiez, que los conflictos que ahora se suscitaron entre las principales facciones —sobre todo entre los girondinos y los jacobinos— se basaban en diferencias de clase? De acuerdo con este argumento, los girondinos tendían a ser individuos más adinerados y a recibir su principal apoyo de ciudadanos prósperos, como los dueños de astilleros del suroeste (de ahí el término "girondinos"). Se percibía a los jacobinos como un grupo de abogados más pobres, provenientes de las ciudades pequeñas, y sectores semejantes, y por lo tanto naturalmente atraídos por los *sans-culottes*, su principal base de apoyo, a causa de su situación económica relativamente humilde.[3] Siguiendo a Mathiez, esta opinión ha sido formulada con frecuencia o sencillamente aceptada sin discusión, pero por lo que sé, los intentos realizados hasta ahora de aportarle una base más sólida mediante el estudio de los ingresos, los testamentos y los legados —entre otros por Soboul—, han aportado escasos resultados. Por eso pareció preferible en la reseña que sigue considerar que el caso no está demostrado, y exponer los conflictos entre los grupos y los individuos, no en términos tan simplistas, sino más bien por referencia a la geografía, la política y las presiones de carácter social: lo que Saint-Just denominó "la force des choses", al margen de hechos como la guerra y la crisis económica, las oportunidades posibles e incluso —aunque no de manera predominante— los choques de las personalidades. Sin duda, las diferencias ideológicas representaron un papel, pero tuvieron que ver menos con las facciones como un todo que con los grupos o los individuos que actuaban en ellas.

La primera fase de la historia de la Convención se caracterizó por un prolongado y áspero duelo entre la Gironda y la Montaña, que concluyó sólo cuando, ocho meses más tarde, los jefes de la primera fueron eliminados de la Asamblea por una insurrección popular, de fines de mayo a principios de julio de 1793. En este duelo, la Gironda en principio contó con la ventaja del número, pues tenía a su servicio la mayor parte de la prensa parisiense y gozaba de considerable apoyo en las provincias. En cambio, su conducta equívoca durante el alzamiento de agosto la había llevado a perder la simpatía que antes le dispensaban los militantes parisienses. La Montaña era débil en las provincias, pero en su carácter de vencedora reconocida de agosto tenía el sólido apoyo de las secciones y los clubes parisienses, cuyos miembros colmaban las galerías de la

Asamblea para manifestar su apoyo permanente y ruidoso. Así, los jacobinos se perfilaron ahora como los defensores consecuentes de París y como el principal bastión revolucionario, mientras que los girondinos —cuyas propuestas políticas no eran básicamente distintas— se vieron llevados, en parte por propia decisión y en parte por las circunstancias de su elección y la táctica de sus antagonistas, a formular medidas "federalistas" o nacional-provinciales, en consciente oposición a las pretensiones de la capital, pero en otros aspectos no muy diferentes de las que habían promovido los Constituyentes de 1789-1791. Asimismo, mientras todos los partidos estaban comprometidos, con distintos grados de entusiasmo, en la continuación de la guerra hasta la victoria, los girondinos, firmes creyentes en el liberalismo económico y portavoces de los intereses comerciales, se mostraron mucho más consecuentes —y doctrinarios— que sus antagonistas en la actitud de obstinada adhesión a las soluciones de *laissez-faire*, en todas las cuestiones relacionadas con la economía nacional, los suministros de alimentos y la dirección general de la guerra. También los jacobinos eran principalmente *bons bourgeois* y mostraban escasa inclinación a organizar una economía dirigida, y menos aun a dividir las propiedades. Pero estaban más cerca del pueblo, adoptaban actitudes más flexibles y se mostraban más dispuestos y más hábiles cuando se trataba de ceder a la presión popular, según ésta se expresaba en las calles y las secciones, y en las galerías de la Asamblea, y también sabían adaptar mejor sus opiniones para satisfacer las necesidades del momento. Así, los girondinos, en quienes recayó la tarea principal del gobierno, chocaron con las secciones y el movimiento popular de París al resistirse a la aplicación de medidas y controles excepcionales, y cuando una nueva serie de traiciones y derrotas recayó sobre la República, en la primavera de 1793, se los consideró responsables, y su prestigio descendió todavía más. Esta cuestión, y su tendencia cada vez más acentuada a promover las reclamaciones federalistas de las provincias contra París y contra la concepción jacobina de "la República una e indivisible", fue el factor que en definitiva suministró a sus antagonistas tanto el pretexto como la ocasión para expulsarlos de la Convención.

Entretanto, la lucha por el poder fue librada alrededor de cuestiones más inmediatas. En la primera vuelta, la Gironda logró convencer a la Asamblea de que disolviese la Commune "revolucionaria" que había usurpado la autoridad en París en vísperas de los hechos de agosto, y se había arrogado poderes excepcionales. Una vez concluida la crisis, el ejercicio de dichas atribuciones parecía ofensivo para los representantes electos de la nación, de manera que los jacobinos no se esforzaron mucho en justificar las actividades extralegales de la Comuna, y después de unos pocos diálogos acalorados, consintieron amablemente en que se la liquidara. La batalla acerca del proceso y la ejecución del rey fue más obstinada y larga. Después de su entrega a la Asamblea Legislativa, Luis había sido alojado en la prisión del Temple, que se levantaba al norte de la ciudad, para esperar su suerte. Robespierre propuso ahora, en nombre de los jacobinos, que se le obligase a comparecer ante la Convención, y se le sentenciara a muerte como traidor a la nación. No debía celebrarse un juicio formal, exigió en un discurso famoso, pues el rey ya había sido juzgado por el pueblo en armas: "El derecho de castigar al tirano y el derecho de destronarlo son la misma cosa; no asumen diferentes formas". Puesto que el pueblo ya había emitido su juicio, la Convención debía limitarse a registrar la sentencia de muerte. Aunque aceptando parte de este argumento, la Asamblea se decidió en favor de un juicio, pero en el cual ella sería al mismo tiempo fiscal y juez. Muchos diputados girondinos deseaban salvar la vida del rey, pero era tal el peso de la prueba contra Luis —poco antes se había descubierto en las Tullerías un cofre de hierro que contenía su correspondencia secreta— que decidieron unir sus votos al veredicto unánime de culpabilidad. Después, apelaron a la maniobra: como no consiguieron que se postergase la ejecución, reclamaron un referendo, pero de nuevo fueron vencidos en la votación. Finalmente, la sentencia de muerte fue aprobada en votación abierta *(appel nominal),* y Luis fue llevado a la ejecución el 21 de enero de 1793.[4]

Pero mientras las armas francesas pudiesen anotarse victorias —y en efecto, después de la derrota de los prusianos en Valmy y Jemappes, las tropas de la República habían anexionado poco antes a Bélgica y se preparaban para ocupar Holanda— los girondinos, que contaban con más apoyo ministerial, tenían el control del poder en la Asamblea. Pero en marzo Dumouriez fue obligado a retirarse de los Países Bajos, y como no logró persuadir a su ejército de que marchase contra la Convención, dispersara a los jacobinos y restableciera la Constitución de 1791 con Luis XVII en el trono, desertó para pasarse al enemigo. En la Convención hubo recriminaciones mutuas. En su carácter de colaboradores estrechos del general, los girondinos fueron los más afectados, pero con el fin de defenderse desviaron el ataque a Danton, que había sido enviado a parlamentar con Dumouriez en vísperas de su deserción. El intento fracasó: Danton, que hasta ese momento había sido mediador entre las facciones antagónicas, se vio empujado a una relación más estrecha con la Montaña, y la Gironda salió de la crisis aún más mal trecha. Otro resultado de este episodio fue que la Asamblea, bajo la presión apremiante de los hechos, fue persuadida para que sancionara una serie de medidas excepcionales que demostrarían tener la mayor importancia para el gobierno revolucionario del futuro: incluirían la creación de un Tribunal Revolucionario, un Comité de Seguridad Pública y "comités revolucionarios" dotados de poderes disciplinarios excepcionales en las secciones y las comunas, así como la designación de agentes despachados a las provincias e investidos con la autoridad de la Convención, a quienes pronto se denominaría "los representantes en misión".

Entretanto, la situación económica también favorecía a la Montaña y perjudicaba a sus adversarios. El *assignat* había descendido a la mitad de su valor nominal en febrero y el precio de los alimentos, después de mantenerse relativamente estable durante el verano y el otoño precedentes, había pegado otra brusca trepada en la primavera. Nuevamente los precios de los productos coloniales —el café, el azúcar, las velas, el jabón— habían aumentado desproporcionadamente; pero esta vez el aumento abarcaba una gama mucho más amplia de artículos de consumo que en febrero de 1792. Por eso mismo, los disturbios que siguieron fueron más intensos y más generales que el año precedente. El 25 y el 26 de febrero las tiendas de comestibles de casi todas las secciones de París fueron invadidas por *sans-culottes* —hombres y mujeres— que rehusaron pagar más que lo que habían pagado por esos productos en 1790, e incluso —aunque rara vez— se sirvieron sin pagar un centavo. El Consejo Municipal, el Club de los Jacobinos y los tres partidos de la Convención se unieron para denunciar este avasallamiento de los sagrados derechos de la propiedad: Barère, que pronto abandonaría la llanura para unirse a la Montaña, habló en términos sombríos, aunque sin un átomo de prueba, acerca de "la pérfida incitación de los aristócratas disfrazados", y por su parte, Robespierre deploró el hecho de que los "patriotas" estuviesen tan desorientados que provocasen disturbios por lo que él denominó *"de chétives marchandises"* ("mezquinas mercancías"). Pero aunque ninguno de los portavoces de la Asamblea estaba dispuesto a admitir dichas actividades, nuevamente fueron los girondinos, en su carácter de partido gobernante y de sector más cabalmente comprometido con la defensa de la libertad del mercado, los que cosecharon todas las desventajas, mientras sus antagonistas se beneficiaban en la misma proporción. En marzo, la Comuna de París, dirigida por partidarios de los jacobinos, decidieron fijar el precio del pan con la ayuda de un subsidio a los panaderos de tres sous la libra nada más que el cincuenta por ciento sobre el nivel prerrevolucionario normal, en momentos en que otros precios se habían duplicado holgadamente. Dos meses después, la Asamblea imitó el ejemplo y aprobó la primera ley de "Maximun", en virtud de la cual las autoridades locales del país entero estaban autorizadas a controlar el precio y la oferta de pan y la harina.

Entretanto, en las secciones, los clubes y las calles de París había comenzado un movimiento que convocaba a una "insurrección" popular para eliminar de la Asamblea a los jefes girondinos: y sin duda también a otros diputados. De hecho, ese alzamiento fue intentado el 10 de marzo por un pequeño grupo de revolucionarios extremos llamados los *enragés*, cuyos jefes eran Jacques Roux, el sacerdote "rojo" de la sección Gravilliers, Théophile Leclerc y Jean Varlet. En este momento, los *enragés* estaban mucho más cerca que otro grupo cualquiera de los *sans-culottes* de las calles y los mercados, y era el único de los partidos que apoyaba activamente el reclamo de que se pusiera un techo a los precios de todos los artículos de consumo. Jacques Roux había sido acusado —no sabemos de cierto con qué grado de justicia— de participación en los disturbios de febrero. Varlet había estado atrayendo a nutridos públicos junto a su estrado al aire libre en la Terrasse des Feuillants, a las puertas de la Asamblea, donde reclamaba la pena de muerte para los acaparadores y los especuladores, el juicio político de Roland, ministro del Interior, y la separación de Brissot de la Convención. Su llamamiento y el de sus colaboradores a un alzamiento es muy posible que hubiera suscitado considerable eco si la Comuna de París, los jacobinos y el *faubourg* Saint-Antoine se hubiesen mostrado dispuestos a aprobarlo.

Pero la Montaña y los líderes jacobinos por el momento no tenían prisa. Habían aprendido sensatez de la experiencia, y si bien a diferencia de sus enemigos los girondinos estaban muy dispuestos a utilizar al movimiento popular para promover sus fines políticos, no tenían la intención de permitir que la dirección del mismo pasara a otras manos —y aun menos a grupos radicales como los *enragés* o Hébert, director del popular órgano *Père Duchesne,* cuya influencia estaba creciendo constantemente en el Club de los Cordeleros y en la Comuna de París—. Además, temían que un alzamiento prematuro determinaría una depuración excesivamente drástica de la Convención, cuya "Rabadilla" (¡recuerdos de Cromwell!) sería impotente para oponerse a las exigencias económicas de los *sans-culottes,* que serían acompañadas por un nuevo estallido de masacres en las prisiones, y que dejarían a París aislada frente a la hostilidad combinada de las provincias. De modo que procedieron con cautela, pero hacia principios de abril estaban preparados para formular su propio programa, destinado a conquistar el apoyo de las secciones, y a arrebatar el liderazgo del movimiento popular a ambos grupos de extremistas. De modo que el 5 de abril, en el Club de los Jacobinos, Augustin Robespierre invitó públicamente a las secciones a presentarse en la barra de la Convención y "obligarnos a arrestar a los diputados infieles". La respuesta fue inmediata, y en el lapso de una semana las secciones habían "designado" a veintidós diputados de la Gironda, cuya separación de la Asamblea satisfaría el reclamo popular de una depuración y al mismo tiempo aseguraría a la Montaña una mayoría práctica. Hacia mediados de abril tres cuartas partes de las secciones habían declarado su apoyo, y muchas de ellas se vieron empujadas a la acción por la absurda actitud de los girondinos cuando llevaron a Marat —el más popular de los líderes del pueblo— ante el Tribunal Revolucionario, de donde sin embargo pronto salió en libertad para ser llevado en triunfo por las calles de París.

La Comuna apoyó los reclamos populares, y un mes después, respondiendo a su invitación, la gran mayoría de las secciones formó un Comité Revolucionario en el Antiguo Palacio del Arzobispado, y este cuerpo organizó y dirigió la "revolución" del 31 de mayo-2 de junio con precisión casi militar. Se amplió la Guardia Nacional y se asignó el mando a Hanriot, hijo de una servidora doméstica y un ex empleado de aduanas, y así sucedió a Santerre, el acaudalado fabricante de cerveza del *faubourg* Saint-Antoine. Además, se decidió formar en las secciones una milicia revolucionaria de veinte mil *sans-culottes,* a quienes se compensaría la pérdida del trabajo con el pago de cuarenta sous por cada día que pasaran bajo las armas. Se tocó a rebato la campana, se clausuraron los talleres y los puntos de acceso a la ciudad, y después de varias salidas en falso, las Tullerías fueron rodeadas el 2 de junio por una fuerza combinada de Guardias Nacionales y *sans-culottes* armados. Los diputados "designados", después de intentar una salida digna del recinto de la Asamblea y comprobar que todas las puertas estaban clausuradas, se rindieron ignominiosamente a los reclamos de los insurgentes. Veintinueve diputados y dos ministros del partido derrotado fueron puestos bajo arresto domiciliario.

Por el momento no se dijo palabra de la cuestión más urgente del programa popular —el control de los precios de los alimentos— pero la Montaña había alcanzado sus objetivos inmediatos.

En adelante, los jefes jacobinos tenían la certeza de que contaban con una mayoría concreta, y así procedieron, con notable rapidez, a celebrar y —así lo esperaban— consolidar su victoria presentando a la Convención y las asambleas primarias la constitución preparada y discutida durante mucho tiempo, en reemplazo de la Constitución de 1791, que ahora carecía de sentido. Las discusiones acerca del proyecto se remontaban, mucho antes de la expulsión de los girondinos, a diciembre de 1792. En ese momento un comité de nueve individuos, formado por el casi inevitable abate Sieyès, seis girondinos y dos jacobinos, fue designado con la misión de preparar un plan preliminar. El 15 de febrero se discutió extensamente un primer borrador, pero se suscitaron cuestiones más urgentes y el debate fue postergado hasta el 15 de abril y reanudado, todavía con la presencia de la facción girondina, el 24 de abril y el 10 de mayo. Pero poco más tarde se interpusieron otras cuestiones importantes, y por supuesto, después de los episodios del 31 de mayo-2 de junio, el texto inspirado por los girondinos —a esta altura de las cosas adoptado— había perdido también su sentido. De modo que quedó a la Montaña, con el predominio recientemente conquistado tanto en la Asamblea como fuera de ésta, reelaborar su propia constitución.

La Declaración de Derechos jacobina fue importante porque agregó a la de 1789 el principio de la libertad de cultos, ahora sin la inhibición de la cláusula en el sentido de que no debía "turbar la paz social"; y las libertades de comercio y de la economía ahora aparecían formuladas explícitamente. Además —y esto representaba un cambio más original— se afirmaba que el propósito de la sociedad era la felicidad general ("*le bonheur commun*"); el trabajo o, si no lo había, la ayuda económica suministrada a los ciudadanos más pobres eran una "obligación sagrada"; debía otorgarse pensiones a los soldados heridos en combate o, si estaban incapacitados o habían fallecido, debía ofrecerse ayuda a sus parientes más próximos; y el gobierno se comprometía a suministrar adecuada indemnización por los daños que sus ciudadanos habían sufrido durante la guerra o la guerra civil. Y en la última de sus treinta y cinco cláusulas, la Declaración proclamaba severamente:

"Cuando el gobierno viola los derechos del pueblo, la insurrección es para el pueblo, o para una parte cualquiera del mismo, el más sagrado de los derechos y el más indispensable de los deberes."

La Constitución misma establecía que una Asamblea Legislativa sería elegida por primera vez mediante el sufragio adulto masculino directo; un Consejo Ejecutivo sería designado por la Asamblea a partir de los candidatos elegidos previamente por todos los ciudadanos con derecho de voto reunidos en sus asambleas locales; y —en esto adoptaba una propuesta presentada por Condorcet antes de la depuración de los girondinos— se establecía que un referendo popular ratificaría la Constitución antes de su adopción final. Pero la Constitución sin duda tenía fallos, el más importante de ellos era que no consideró una serie de propuestas formuladas por Robespierre en un extenso discurso pronunciado el 24 de abril: entre ellas, que los derechos de propiedad debían "verse limitados... por la obligación respecto de la propiedad de otros", y que el derecho al trabajo o a la ayuda debía beneficiar a todos y no sólo a "*les citoyens malheureux*" (los pobres y los necesitados). Y finalmente, la mayoría montañesa no estaba más inclinada a incluir cuatro cláusulas propuestas por Robespierre sobre la fraternidad internacional y los Derechos universales del Hombre que lo que había sido el caso anteriormente con los girondinos.

Incluso así, a pesar de tales defectos —y Jacques Roux, el sacerdote "rojo" pudo destacar muchos más ante la Asamblea—, la Declaración y la Constitución de junio de 1793 fueron el momento culminante de la fase liberal de la Revolución. Aquí, por primera vez en la historia, se presentaba, por lo menos en el papel, a una nación, un sistema de gobierno, tanto republicano como democrático, en que todos los adultos varones, con pocas excepciones, gozaban del derecho de voto y de una medida considerable de control sobre sus representantes y gobernantes. Sobre todo una clase de ciudadanos se convirtió en beneficiaria temprana de la Constitución y de la asunción del poder por los jacobinos. Fueron los campesinos que, por una ley del 3 de junio —a poca distancia de la expulsión de los girondinos—, adquirieron el derecho de comprar en pequeñas parcelas las propiedades de sus dueños emigrados. Una segunda ley del 10 de junio, especialmente ventajosa para los pobres de la aldea, establecía la división de la propiedad comunal ("*les biens communaux*") entre los habitantes de la parroquia, y una tercera —la importantísima ley de 17 de junio de 1793— liquidó definitivamente el feudalismo en Francia al revocar sin indemnización todo lo que restaba de los derechos y las obligaciones señoriales.[5]

Pero, como es bien sabido, y es un hecho lamentable para muchos, la Constitución tuvo corta vida. Al cabo de pocos meses había sido puesta fuera de circulación "mientras durase la guerra". Se suspendieron las elecciones, y se formó un gobierno muy centralizado y autoritario.

III

Los Jacobinos y Sans-Culottes

Pero ante todo debemos considerar nuevamente el papel representado en estos episodios por ese sector que también luchaba por obtener cierta participación en el gobierno: los *sans-culottes* parisienses. Ya hemos visto algo del papel que representaron en los hechos de julio y agosto de 1792, y los desórdenes a causa de los alimentos de 1793 y en la expulsión de los diputados y los ministros girondinos en mayo-junio del mismo año. Pero esta exposición ha sido un tanto fragmentaria, y para conferirle más nitidez ahora debemos tratar de ordenar todas sus intervenciones de un modo más estructurado y formal. Más aún, el hecho de que las actividades de los artesanos y los tenderos parisienses a menudo adoptase una complexión económico-social no debe impedirnos que percibamos su importancia política; y por supuesto, los jacobinos, sus mentores y a veces sus compañeros, tenían cabal conciencia de esta cuestión.

Ante todo, volvamos a los disturbios por los alimentos de enero-febrero de 1792, mencionados brevemente más arriba. Durante ese año hubo considerables disturbios a causa del precio y el abastecimiento de alimentos en París y las provincias, estos acaecidos en abril- noviembre en la llanura *beauceron,* que se extiende al sur y al oeste de Chartres. En ambos casos, el trasfondo de la crisis estuvo en la inflación provocada por la depreciación del *assignat,* que a esa altura de las cosas era la única emisión fiduciaria y que hacia enero había descendido al sesenta y cinco por ciento de su valor anterior. Los disturbios por los alimentos que siguieron de ningún modo fueron una réplica fiel de los de 1775 y 1789; después de casi tres años de revolución, tanto la causa como el contenido de tales desórdenes habían sufrido un cambio importante. Por una parte, la Revolución había conferido a todas las formas de protesta popular una dimensión política de la cual habían carecido antes casi por completo. Ya hemos observado, gracias a las entradas del Diario de Hardy, cómo comenzó este proceso en París entre noviembre de 1788 y febrero de 1789. Pero lo que entonces había sido sólo un principio, y por lo tanto aún tenía un carácter esporádico y ocasional, ahora se había convertido en un rasgo permanente y constante, de modo que los desórdenes por los alimentos, como otra forma cualquiera de protesta popular —y esta observación era aplicable tanto a las provincias como a París— ya no podía evitar la intervención de las ideas políticas. Por ejemplo, en el Beauce se manifestaron sentimientos antirrealistas que faltaban por completo en los disturbios del pasado. Las bandas ambulantes desfilaban por las calles a los gritos de *"¡Vive la Nation!" y* anunciaban su presencia a los aldeanos y los habitantes urbanos afirmando que eran "hermanos y libertadores"; y en Amboise, Turena, entonaron el lema: "¡Abajo los moderados, los realistas y los administradores que son enemigos del Pueblo, y arriba el *sans-culotte!"* Así, los ecos de 1789, y aún más de la guerra patriótica y el movimiento *sans-culotte* de 1792, confirieron un filo particular a disturbios cuyos objetivos básicos eran todavía los mismos que habían caracterizado a los pobres urbanos y rurales de los últimos años del *ancien régime*.[1]

En Francia había una situación nueva. Bajo la influencia de la guerra, y sobre todo de la guerra civil entre los plantadores y los nativos en las Indias Occidentales Francesas, el tema principal ya no era el suministro de pan barato y abundante. Se había ampliado, como sucedió en los disturbios parisienses de 1792 y 1793, e incluía las "*chétives marchandises*" menospreciadas por Robespierre, el café, las velas, el azúcar y otros artículos coloniales importados. En 1792 la escasez de azúcar provocó la principal inquietud. En enero, su precio casi se triplicó, y en pocos días pasó de veitidós y veiticinco sous (una libra y un cuarto) a tres o tres libras y media (moneda) la libra (de peso). Hubo desórdenes en los *faubourgs*, Saint-Antoine, Saint-Marcel y Saint-Denis, y en los distritos comerciales centrales contiguos al Municipio. Los participantes en los desórdenes, creyendo, con cierta razón, que la causa más profunda de la escasez era la retención de suministros por los comerciantes especuladores y que la perturbación colonial era tanto un pretexto como una causa, irrumpieron en las tiendas y los depósitos de algunos de los principales mayoristas e intermediarios ("aristócratas", en la jerga popular del momento) y exigieron que se vendiese el azúcar al precio anterior; en ciertos distritos ampliaron sus operaciones para incluir el pan, la carne, el vino y otros artículos de consumo. El desorden comenzó en la sección Beaubourg, del centro de la ciudad, el 20 de enero, con un disturbio de mujeres del mercado, y se extendió, pocos días después, hacia el este, en dirección al *faubourg* Saint-Antoine, donde se obligó a media docena de tenderos de alimentos a vender su azúcar a precio más bajo. Hubo otra oleada de desórdenes en febrero. El 14, más de veinte vendedores de alimentos de la Rue du

Faubourg fueron amenazados con la invasión, y se obligó a varios a vender azúcar a veinte sous la libra antes de que fuese posible restablecer el orden. El mismo día, en el *faubourg* Saint-Marcel, al sur del río, corrió el rumor de que se preparaba la distribución en toda la ciudad de grandes existencias de azúcar, que durante mucho tiempo se habían acumulado en un depósito. La multitud se apoderó de los primeros sacos cuando se los retiraba bajo escolta militar, y vendió el contenido en la calle a veinticinco o treinta sous la libra. Al día siguiente, las mujeres —en tales ocasiones siempre en la primera línea— repicaron la campana de la iglesia de Saint-Marcel, y se intentó forzar las puertas de los depósitos. Pero Pétion, alcalde de París, llegó al lugar con tropas que dispersaron a los participantes en los disturbios y llevaron catorce detenidos a la cárcel de la Conciergerie. Los detenidos suscitaron bastante simpatía. Una petición de que se los liberase, dirigido a la Asamblea, contó con la firma de ciento cincuenta residentes locales, todos votantes, y dos clérigos.

Fue el primer movimiento importante de *taxation populaire* (control de los precios mediante el disturbio) que había convulsionado a la capital desde los desórdenes por los granos de 1775. Pero se vio sobrepasado de lejos por las perturbaciones que estallaron, con razones análogas, en febrero de 1793. Los precios, que habían descendido durante el verano y el otoño, se elevaron nuevamente a partir de Año Nuevo. Hacia mediados de febrero el precio del azúcar de nuevo se duplicó con exceso, y por su parte el café pasó de treinta y cuatro a cuarenta sous, el precio del jabón aumentó proporcionalmente y las velas de sebo aumentaron de quince a entre dieciocho y medio o veinte sous. La consecuencia fue una explosión popular, mucho más amplia y persistente que la del año precedente, en la que participó la totalidad o la casi totalidad de las cuarenta y ocho secciones parisienses, y que, quizá más claramente que otro incidente cualquiera de la Revolución, destacó el conflicto fundamental de intereses entre el *menu peuple* urbano y las clases poseedoras, las que incluían a los demócratas que aplaudían en el Club de los Jacobinos o se sentaban con la Montaña en los escaños más altos de la Asamblea Nacional. No es sorprendente que, enfrentado con esta violencia espontánea en la calle, incluso Robespierre denunciara despectivamente la preocupación del pueblo por el precio de "mezquinas mercancías", y un poco menos sorprendente que Barère —demócrata de conversión reciente— se refiriese sombríamente a "la pérfida incitación de los aristócratas" e insistiera en que "lujos" como el azúcar y el café no eran temas probables de una sincera preocupación popular. Pero pese a la aparente fatuidad de tales observaciones, es necesario agregar otra explicación: tales críticas, aunque sin duda erraban de lejos el blanco, parecían bastante razonables a los hombres formados en la creencia de que existían "conspiraciones aristocráticas", y para quienes todo lo que fuese interferir en la libre circulación de los suministros parecía la negación de una de las "libertades" más apreciadas que la Revolución había proclamado. Este conflicto fundamental se destacó todavía más gracias a los hechos que siguieron.

El 23 de febrero dos delegaciones de mujeres se presentaron ante la Convención. La primera, que incluía a las lavanderas, se quejó del elevado precio del jabón. Dos días más tarde estallaron los disturbios. Adoptaron la forma de una invasión masiva a las tiendas de comestibles —y de velas— y aquí nuevamente las mujeres repre sentaron un papel destacado, y de la rebaja forzosa de los precios a un nivel impuesto por los insurgentes (la tradicional *taxation populaire)*: se vendió el azúcar refinado a entre dieciocho y veinticinco sous, el azúcar sin refinar a entre diez y doce sous, las velas de sebo a doce sous, el jabón a entre diez y doce sous y el café a veinte. El movimiento comenzó en el mercado central a las diez de la mañana, y se extendió con notable rapidez a todos los sectores de la ciudad. En su desplazamiento hacia el este alcanzó el distrito del Municipio poco después de las diez, la ex Place Royale al mediodía, el Arsenal (cerca de la antigua Bastilla) a las dos, la sección de los Derechos del Hombre a las tres, los Quinze Vingts (en el *faubourg* Saint-Antoine) entre las tres y las cuatro y Montreuil y Marais a las cuatro. Entretanto, hacia el norte, alcanzó la sección de los Amis de la Patrie a las dos y media, el Louvre a las cuatro, el Palais Royal a las siete, las Tullerías a las ocho y République a las diez. Parece que de las Tullerías cruzó al otro lado del río, porque hubo desórdenes entre las ocho y las nueve de esa noche en la sección de la Margen Izquierda de la Fontaine de Grenelle. Al día siguiente hubo desórdenes menos importantes en una serie de secciones, en que intervinieron mujeres del mercado del centro de la ciudad y lavanderas de la Rue du Bièvre en el *faubourg* Saint-Marcel. Pero Santerre, comandante de la Guardia Nacional, que estaba en Versalles el 25, movilizó sus fuerzas a hora temprana y detuvo el movimiento.

Quizá debamos agregar algo acerca del papel que representaron en estos disturbios Jacques Roux y sus amigos los *enragés*. No debe sorprender que los contemporáneos en general lo hayan considerado responsable, aunque ciertamente se exageró el grado de su responsabilidad o de la que tuvieron sus amigos. Los *enragés* fueron el único grupo político de la capital que apoyó francamente la regulación de los precios y los suministros de artículos de consumo. Roux era miembro del Consejo Municipal de París, y la mañana del 25 de febrero había pronunciado un discurso para defender la conducta de los protagonistas de los disturbios: más aún, los desórdenes habían comenzado de hecho en la sección de Roux, es decir, Gravilliers. De esto se dedujo fácilmente que no sólo él había instigado los disturbios sino que había representado un papel activo en su dirección. El historiador francés Mathiez se ha inclinado a compartir este punto de vista.[2] Pero en la práctica es difícil establecer un nexo directo entre el cura "rojo" y los desórdenes. Quizá a lo sumo pueda afirmarse que parece muy probable que las opiniones que él y sus colaboradores habían manifestado tenazmente —en la prensa, el Consejo Municipal y ante la Convención— hayan determinado cierto grado de reacción en los trabajadores del mercado, los artesanos, los pequeños tenderos y las amas de casa de las secciones en las que él vivía o trabajaba.

Quizás es aún más importante el hecho de que, a diferencia de movimientos análogos durante el *ancien régime,* éstos tuvieron considerable éxito, y pese a todas sus relaciones con el pasado, contribuyeron a crear algo nuevo. Nos referimos a la ley del Máximo General del 29 de setiembre de 1793. Al imponer un techo a los precios de la mayoría de los artículos de primera necesidad —incluso los salarios—, llegó más lejos que cualquiera de las reglamentaciones fragmentarias del *ancien régime* y de las que se sancionaron durante los cuatro años siguientes. El "Máximo", que en sus aspectos esenciales duró quince meses, tenía una prolongada historia preparatoria. Fue el resultado de las ideas de un puñado de panfletistas, la presión popular y la situación urgente de tiempo de guerra; y de estos tres factores, los dos últimos tuvieron mucha más importancia que el primero. En 1789 varios *cahiers de doléances* habían sugerido la necesidad de construir graneros municipales, y de ajustar los salarios de acuerdo con el precio del pan; como en el posterior sistema Speenhamland, adoptado como medida de tiempo de guerra en Inglaterra el año 1795. En 1790 dos panfletistas parisienses publicaron proyectos de regulación oficial de los granos y la harina. L'Ange, funcionario municipal de Lyon, llegó mucho más lejos, pues exhortó al Estado a comprar la cosecha entera a precios fijos y construir treinta mil graneros para guardarla, y en Orléans, Taboureau reclamó un Máximo, y Vergniaud, pese a su condición de girondino, apoyó un sistema de panaderías públicas, un control riguroso de los precios sobre la base de una escala móvil, y la supervisión impuesta a todos los panaderos y los molineros. Algo semejante hubo en Lyon, cuando su breve Commune radical, en la primavera de 1793, confirió carácter municipal al abastecimiento de pan a la ciudad. Bajo la influencia de los desórdenes provinciales de 1792 algunas autoridades provinciales, incluso las de Orléans y Tours, propusieron que se fijase un límite al precio de los granos. Pero la mayoría creía, a semejanza de la Asamblea Nacional, que podía recuperarse la prosperidad sólo mediante la acción de las fuerzas del mercado libre.[3] Entretanto, con sus derechos de agosto-setiembre de 1789, la Asamblea Constituyente había abolido las antiguas regulaciones provisionales y restablecido la libertad del comercio de los granos y la harina, incluso más plenamente que lo que Turgot había hecho en 1774-1775. En setiembre de 1792, después de la primera oleada de desórdenes de ese año, la Convención había aceptado restablecer las antiguas regulaciones, aunque rechazó la aplicación de un control más general de precios.

Pero entretanto, las necesidades de la guerra, así como el clamor del pequeño consumidor, estaban obligando gradualmente a los jacobinos, incluso antes de asumir el control de la situación, a modificar sus opiniones. Como hemos visto, a principios de mayo la Asamblea, siguiendo el ejemplo fijado por la Comuna de París, impuso un límite a los precios del pan y la harina. Pero fue sólo un primer paso; no satisfizo a los pequeños consumidores ni a sus portavoces, y tampoco ayudó a resolver el problema cada vez más urgente de los suministros militares. Los perturbadores de 1792 y 1793 ya habían extendido —a diferencia de los que actuaron en 1775 o 1789— sus operaciones de control de los precios mucho más allá de los artículos de primera necesidad representados por el trigo, el pan y la harina: en París habían impuesto controles al azúcar, el jabón, la manteca, el café, las velas, la carne y el vino, y en las provincias a la avena, el jabón, la manteca, los huevos e incluso a los zuecos, la madera, el carbón y el hierro, de modo que en la materia había amplios precedentes. Entretanto el *assignat*, que había descendido al treinta y seis por ciento de su valor en junio, cayó todavía más hasta un desastroso veintidós por ciento en agosto, de modo que los precios de los alimentos aumentaron nuevamente en el verano y, aunque se había fijado el precio del pan, hubo escasez y necesidad de formar filas frente a las panaderías en junio, agosto y setiembre, mientras Jacques Roux y sus colaboradores, sensibles como siempre a las reclamaciones populares, durante los últimos ocho meses habían desarrollado una campaña en favor de la aplicación de un Máximo General a los precios.

La situación culminó gracias a otra intervención de los *sans-culottes* parisienses. Alentados por sus partidarios en el Club de los Jacobinos y la Convención, durante los meses de julio y agosto habían afluido a las asambleas seccionales y eliminado a los elementos burgueses y conservadores de los últimos baluartes de la "Moderación", incluso, hecho interesante, al famoso marqués de Sade, perteneciente a la propia sección de Robespierre, la Sección des Piques. A fines de agosto y durante los primeros días de setiembre llovieron sobre la Convención resoluciones que reclamaban medidas enderezadas a imponer un límite a los precios, frenar la inflación y combatir la especulación y el acaparamiento. Esta agitación no se limitaba a meros intercambios verbales; estas reclamaciones de los *sectionnaires* —los pequeños comerciantes y pequeños propietarios— fueron seguidas por las grandes manifestaciones callejeras —que les confirieron un filo más agudo— del sector más bajo de los *sans-culottes,* y que se desarrollaron en la ciudad los días 4 y 5 de setiembre. La "insurrección" comenzó por la mañana temprano con asambleas de obreros de la construcción y jornaleros de los talleres de los distritos del Temple y Saint-Denis, al norte del Municipio. Los líderes de la

Commune, Hébert y Chaumette, al principio trataron de distraerlos con un despliegue de oratoria, pero se convino, por sugerencia de Hébert, que volverían a reunirse a la mañana siguiente para marchar hacia la Convención y presentar la reclamación de que se adoptasen diferentes medidas contra los acaparadores y los sospechosos políticos. El Club de los Jacobinos también prometió unirse a la manifestación. La misma tarde la Comuna, mientras impartía la orden de dispersar a los obreros de la construcción que reclamaban salarios más altos —¡de modo que en la masa de *sans-culottes* había algunos que tenían un conjunto muy distinto de prioridades!—, ordenó a los talleres que cerrasen por la mañana —como se había hecho con otro propósito el 31 de mayo-2 de junio— de modo que los maestros y los oficiales pudiesen asistir a la manifestación con la bendición de los líderes hébertistas.

En el aluvión de retórica que hubo en la Asamblea el 5 de setiembre, el problema de los precios y los suministros, aunque había sido el factor dinámico de la agitación del día 4, de nuevo fue oportunamente olvidado. De todos modos, se adoptaron decisiones importantes: las secciones se reunirían sólo dos veces por semana, pero los *sans-culottes* necesitados recibirían un pago de cuarenta sous por asistencia; se detendría a los sospechosos; y después de un retraso de varios meses se procedió a formar una *armée révolutionnaire,* reclutada en las filas de los *sans-culottes* urbanos. Este cuerpo sería un instrumento del Terror, cuyo propósito era garantizar la provisión adecuada de suministros a París desde la campiña circundante.[4] Finalmente, después de haber ensayado o discutido todos los restantes recursos, la Convención cedió ante la presión popular y el 29 de setiembre aprobó la ley del Máximo General, que remitía el precio no sólo del pan y la harina sino de una amplia gama de artículos y servicios esenciales a los niveles que prevalecían en los departamentos en junio de 1790 más un tercio, mientras se elevaban los salarios en un medio. La medida fue bien recibida por los pequeños tenderos, los maestros y los oficiales de la capital, que habían sido sus más entusiastas e insistentes promotores. "El pueblo", escribió un agente del Ministerio del Interior al día siguiente, "ha recibido complacido los decretos de la Convención Nacional que fija los precios de los artículos esenciales". La medida a su vez originó nuevos problemas, pero éstos no fueron evidentes en lo inmediato.

Así, había comenzado una fase nueva y particular de la Revolución, a la que el pueblo común o *sans-culottes* había realizado un aporte esencial gracias a su intervención constante. Pero antes de que pasemos a considerar los resultados políticos, detengámonos un momento para preguntar, con más precisión que antes, quiénes eran los *sans-culottes* y quiénes, sobre todo, eran los parisienses que estaban con ellos. Ha llegado a ser un problema importante, y ha recibido diferentes respuestas desde que Taine, hace más de un siglo, los calificó de "elementos criminales" o de chusma irreflexiva.[5] Estas opiniones, manifestadas con tanto veneno, ya no están de moda, pero algunos historiadores, incluso hoy, les han concedido aunque en términos más moderados, cierto grado de credibilidad. Por ejemplo, Furet y Richet niegan que los *sans-culottes* representaran más que un papel muy secundario en los hechos de junio de 1793: en el mejor de los casos, fueron convocados por los jacobinos como auxiliares más o menos casuales después que la revolución real —la burguesa— "estuvo en marcha".[6] Más recientemente, en una actitud por completo distinta, el doctor Geoffrey Ellis ha cuestionado la opinión "ortodoxa" o "marxista" tradicional en el sentido de que los *sans-culottes* fueran, en realidad, "plebeyos".

Ha sostenido más bien que pertenecían a grupos sociales más elevados, por ejemplo los artesanos y los comerciantes prósperos, los profesionales, los servidores públicos y otros semejantes.[7] Tales conclusiones sin duda merecen atención, pues los portavoces de los *sans-culottes* —hombres como Roux, Varlet, Leclerc y Hébert— con mucha frecuencia pertenecían a esta clase. Sin embargo, son conceptos excesivamente estrechos, han tendido a confundir a los jefes con los partidarios, y no han atinado a advertir los cambios que sobrevinieron a medida que la Revolución avanzó.

¿Quiénes eran, entonces, los *sans-culottes,* no sólo en 1789, sino en 1793 y 1795? Básicamente, como lo atestiguan sobradamente los registros policiales y judiciales, provenían del *menu peuple* urbano: de los pequeños tenderos y artesanos, tanto maestros como oficiales, los servidores y los peones de la ciudad, pero no se reclutaban en la chusma social o los pobres de solemnidad mencionados por Taine, ni esencialmente en los vagabundos y las *gens sans aveu* que afluyeron a París cuando comenzó la Revolución. Pero ésa no es toda la historia; pues a medida que se desarrolló la Revolución, el *menu peuple,* gracias a su propia experiencia y a la de otros, adquirió educación política y comenzó a formar un movimiento político y a tener su propia visión política, a menudo distinta de la que afirmaban sus mentores. Así, la palabra *sans-culottes* utilizada en principio como término despectivo para designar a los hombres y las mujeres de un estilo de vida "inferior", comenzó a adquirir una connotación política, de la que se vieron excluidos poco a poco los elementos más pobres —los peones desocupados y los "marginales"— al mismo tiempo que *pari passu* se ampliaba —y en esto el argumento del doctor Ellis tiene cierta razón— para incluir a los militantes políticos, al margen del *milieu* social. De modo que la expresión *sans-culotte,* aunque de origen social, adquirió matices políticos que la enriquecieron y al mismo tiempo la oscurecieron.

Valga lo dicho con respecto a las generalidades acerca de los *sans-culottes* como grupo sociopolítico. Pero, ¿cómo varió su composición —por referencia al sexo, la edad y la profesión— en el curso de su intervención en las *journées* más o menos importantes (las jornadas de perturbaciones y disturbios) a medida que avanzó la Revolución? Varió mucho, de acuerdo tanto con las circunstancias como con las cuestiones en juego, y esto se manifiesta también en nuestros registros. Los jóvenes —los aprendices, los jornaleros y los empleados de los abogados— se destacaron mucho durante los primeros disturbios, casi espontáneos, de la "prerrevolución" de 1787 y 1788, y en cambio las ocasiones "políticas" y militares más estructuradas y organizadas, como los ataques a la Bastilla y las Tullerías en 1789 y 1792, atrajeron a los maestros artesanos, los tenderos y los hombres de más edad (la edad media de los *Vainqueurs de la Bastille* era de treinta y cuatro años), que tendían a ser individuos de domicilio y profesión más estables. Los asalariados formaron la mayoría una sola vez: en los disturbios de Réveillon de abril de 1789, que propusieron el problema de los salarios tanto como el tema del precio del pan. Las mujeres también se destacaron más en ciertas ocasiones que en otras: durante los disturbios por los alimentos de 1792 y 1793, en la marcha a Versalles de 1789, y en circunstancias más o menos análogas, cuando marcharon sobre la Asamblea en marzo y mayo de 1795. Y lo que estos registros ilustran también es que la repetida afirmación de Taine acerca de un "elemento criminal" —medido por referencia a condenas anteriores de carácter más o menos grave— tenía escasa base, o tal vez ninguna.[8]

Y ahora, después de esta digresión, regresemos a los hechos que siguieron a la toma de la Convención Nacional por los nuevos jefes jacobinos. Como sus predecesores, los jacobinos debían su predominio sobre todo a la intervención activa del pueblo, pero a diferencia de aquéllos, habían cortejado intencionadamente a los *sans-culottes* y los habían aceptado como aliados. A cambio de su apoyo, hacia el otoño de 1793 el *menu peuple* había obtenido beneficios importantes: había conquistado el derecho de voto y se había satisfecho el reclamo de alimentos baratos y de control de los abastecimientos. Además, ahora también se había delineado cierta división de la autoridad entre el partido gobernante y sus aliados populares. Mientras los jacobinos controlaban la Asamblea, así como los principales medios de comunicación y los órganos del gobierno, de los cuales sus asociados menores estaban casi completamente excluidos, por su parte los militantes populares habían llegado a dominar las cuarenta y ocho secciones, los comités "revolucionarios" y las sociedades "populares", y ocupaban los cargos más altos en el Consejo Municipal y los batallones de la Guardia Nacional. Esta asociación, aunque ventajosa para las dos partes, estaba impregnada de contradicciones y tuvo escasa duración; las diferencias ya se habían manifestado al día siguiente de la victoria común, y llegarían a perfilarse aún más durante los meses críticos que siguieron. Sus lazos ya se aflojaron en octubre de 1793, y hacia el verano de 1794 la alianza se derrumbaría y arrastraría en su caída a ambos participantes.

IV

El gobierno "Revolucionario"

El gobierno "revolucionario" no comenzó a perfilarse hasta octubre de 1793, pero esta nueva etapa de la Revolución en realidad, se inició cuando Robespierre y sus principales lugartenientes se incorporaron al Comité de Salud Pública, el principal órgano de gobierno, a principios de julio de ese año. Hasta ese momento, el Comité había hecho poco más que cumplir su propósito principal, que era vigilar al consejo ejecutivo de ministros. Ahora se convirtió en el núcleo de un gobierno fuerte, el primero creado por la Revolución.

Los doce hombres que a partir de este momento formaron el Comité constituían un equipo notable: "la Tierra nunca vio", dijo de ellos Carlyle, "un grupo más extraño de pilotos de tormenta". Ciertamente, no eran un grupo partidario estrechamente unido, y sólo los problemas apremiantes del momento les impusieron cohesión y unidad de propósitos. El más débil y el que menos duró fue

Hérault de Séchelles, ex parlamentario y aristócrata, que se había distinguido temporalmente por el papel que representó en la expulsión de los girondinos en julio. Fue separado del Comité a fines de diciembre, y tres meses más tarde guillotinado con Danton. Después de junio dos miembros habían ascendido desde la llanura: Bertrand Barère, un abogado oportunista, y Robert Lindet, que se hizo cargo de los suministros de alimentos. Cuatro hombres debían ocuparse principalmente de las cuestiones militares y los abastecimientos a las fuerzas armadas: Prieur de la Marne, abogado y emisario ante los ejércitos; Prieur de la Côte d'Or, oficial de ingeniería que se encargó del suministro de municiones; Jeanbon Saint-André, ex pastor protestante y especialista en asuntos navales; y el gran Lazare Carnot, un genio militar de quien Napoleón dijo que era "el organizador de las victorias". Había dos hombres fuertes de la izquierda reclutados en el Club de los Cordeleros después de los disturbios de setiembre: Collot d'Herbois, ex actor, y Billaud-Varenne, abogado y panfletista. Tan vigorosos y elocuentes como éstos había dos íntimos colaboradores de Robespierre: Georges Couthon, también abogado, confinado a una silla de ruedas; y Louis-Antoine Saint-Just, diplomado en derecho que tenía apenas veintiséis años, visionario y hombre de acción, orgulloso y valiente, de quien un antagonista dijo que "lleva su cabeza como el Santo Sacramento". Y finalmente, Maximilien Robespierre, que si bien no ocupaba un cargo determinado, pronto fue aceptado como el jefe principal del Comité.

Robespierre nació en Arras en 1758 y fue hijo y nieto de abogados. Sus maestros de oratoria del Collége Louis-le-Grand de París le inculcaron el gusto por los clásicos y el amor a Rousseau. De Rousseau derivó su creencia en la soberanía del pueblo y en la utilidad social de una religión depurada de superstición, y su ideal social de una república de pequeños y medianos propietarios, a salvo de la corrupción tanto de la riqueza como de la pobreza: esta concepción estaba en el fondo de gran parte de sus referencias a la "corrupción" y la "virtud". Ya era conocido como abogado de pobres, y fue elegido para representar al Tercer Estado de su ciudad natal en los Estados Generales de 1789. En Versalles y en la Asamblea Constituyente pronto se distinguió como figura liberal y demócrata y como defensor consecuente de los Derechos del Hombre. Después de setiembre de 1791, lo mismo que otros Constituyentes, se vio impedido de participar en la Asamblea Legislativa a causa de una "ordenanza de renunciamiento" que él mismo propuso, y consagró sus energías al Club de los Jacobinos y la administración de la capital. Durante el invierno y la primavera de 1791-1792 su oposición a Brissot en los grandes problemas de la guerra "revolucionaria" le llevó a perder su popularidad un tiempo en las secciones y los clubes de París, pero hacia el verano había restablecido su reputación y representó un papel principal (aunque entre bambalinas) en el derrocamiento de la Monarquía; después del episodio se incorporó a la Comuna "revolucionaria", y llegó a ser el principal portavoz de la Montaña en el duelo con la Gironda en la Convención Nacional. No intervino directamente en la insurrección de mayo-junio que expulsó a los miembros de la Gironda, pero en muchos sentidos fue el cerebro que inspiró el hecho. A estas alturas de las cosas, después de haber sido durante mucho tiempo un ardiente defensor de la inviolabilidad de la Asamblea y la libertad irrestricta de palabra y prensa, la experiencia acumulada en la guerra y la revolución le llevó a renunciar a sus antiguas creencias liberales. Sostuvo ahora que la Revolución podía ser salvada y sus enemigos interiores y externos derrotados si, con la ayuda de los *sans-culottes* armados, se instalaba un gobierno central fuerte para reprimir tanto a los restos de la aristocracia como el "egoísmo de los ricos". "Lo que necesitamos", escribió entonces, "es una sola voluntad. Este alzamiento debe continuar hasta que se hayan adoptado las medidas necesarias para salvar la República. El pueblo debe aliarse con la Convención, y ésta debe utilizar al pueblo". Era un programa que miraba más allá de los "días" de junio, a las tareas que afrontaba el Comité de Seguridad Pública en el otoño y el invierno de 1793.

Entretanto, los jacobinos tenían que resolver problemas aun más apremiantes. Inducidas por la agitación "federalista", la ciudad de Lyon y partes del sur y el suroeste habían derrocado a sus autoridades jacobinas locales y se habían alzado en armas contra la nueva y depurada Convención. Toulón, la gran base naval, preparaba su propia rendición a los ingleses —en guerra con Francia desde el 1 de febrero de 1793— y la revuelta de los campesinos de la Vendée, que pronto sería seguida por los chuanes bretones y normandos, había venido debilitando el poder militar del país desde marzo. Danton y sus aliados, a quienes se acusó de intrigar para hacer la paz con Inglaterra, fueron separados del Comité de Seguridad Pública en julio y reemplazados por hombres —Robespierre y Saint-Just entre ellos— cuya principal prioridad era impulsar una guerra "revolucionaria". La rebelión de la región occidental fue afrontada seriamente, y una fuerza bien equipada que marchó a la Vendée alcanzó un éxito temprano. Caen, Burdeos, Nantes, Marsella y Lyon fueron arrancadas a los rebeldes y devueltas a la autoridad revolucionaria, y se levantó el sitio de Toulón, sobre todo por obra de la habilidad y la iniciativa de un joven oficial de artillería llamado Napoleón Bonaparte. El 23 de agosto la Convención aceptó en principio movilizar a la nación para la guerra ordenando una *levée en masse* de toda la población francesa: los jóvenes marcharían al combate y los hombres casados forjarían armas, las mujeres coserían tiendas y uniformes y los niños confeccionarían vendas, e incluso los ancianos debían "cuidar las plazas públicas, estimular el coraje de los guerreros y predicar la unidad de la República y el odio a los reyes". Se organizaron talleres estatales para fabricar armas; el genio organizador de Carnot reclutó, adiestró y equipó ejércitos; fueron enviados representantes en misiones permanentes al frente para elevar la moral de las tropas y garantizar la eficacia de los suministros. Así, la República, con casi un millón de hombres bajo las armas, comenzó a limpiar de invasores el territorio: Jourdan derrotó a Coburg en Wattignies, durante el mes de octubre; Hoche persiguió al enemigo allende los Vosgos; Kellerman liberó a Saboya; los españoles fueron expulsados al otro lado de los Pirineos; y finalmente, en junio de 1794, la victoria de Jourdan sobre Coburg en Fleurus obligó al último soldado enemigo a rebasar la frontera.

Entretanto el Terror "económico" al fin había permitido controlar la especulación y la inflación: el assignat, que había descendido al veintidós por ciento de su valor en agosto, se elevó al treinta y tres por ciento en noviembre y al cuarenta y ocho por ciento en diciembre. Además, durante estos meses, a pesar de la guerra, el suministro de alimentos a la población de las ciudades fue más regular que en otro período cualquiera desde el otoño de 1791. La deuda de los campesinos con sus terratenientes finalmente fue anulada en el verano de 1793, y se realizaron algunos esfuerzos, reconocidamente débiles, para inducir a los pequeños campesinos a unir fuerzas y comprar las tierras de los *émigrés*, ahora llevadas a subasta en parcelas más pequeñas. Probablemente más radicales por la intención, aunque quedaron en nada, fueron los posteriores decretos de la Convención, propuestos por Robespierre y Saint-Just, que establecían la división y la distribución de las propiedades confiscadas de los "sospechosos" entre los "patriotas" pobres y necesitados (las leyes de Ventoso de febrero-marzo de 1794). El Comité también contempló el futuro y propuso a la Asamblea una sucesión de proyectos relacionados con la educación, la industria, el código civil y la asistencia pública. Algunos no sobrevivieron a la caída de sus promotores; otros se convirtieron en parte del cuerpo de leyes que con el tiempo surgió de la Revolución. Poco puede extrañar que el gran Comité haya merecido, por una razón o por otra, el elogio incluso de algunos de sus críticos más severos.

Pero para realizar sus propósitos, los nuevos gobernantes de Francia se vieron obligados, mucho más por la lógica y la presión de los hechos que por las enseñanzas de los *philosophes*, a abandonar los métodos azarosos de gobierno aceptados por sus predecesores, y la concepción de Robespierre acerca del gobierno de "una sola voluntad", esbozada de prisa en junio, comenzó a plasmarse en el otoño. Su base ya había sido formada por las medidas excepcionales adoptadas a causa de la crisis de marzo de 1793, y otras se habían aplicado en agosto y setiembre. Pero una cosa era llamar a las armas a la nación y amenazar a los acaparadores y los especuladores con una justicia sumaria; otra distinta era dirigir la operación entera mediante lo que se ha denominado generalmente "Reino del Terror". La cuestión era urgente porque durante los meses de otoño la anarquía administrativa prevaleció en una serie de departamentos en vista de que los comités locales, las *armées revolutionnaires* (varias formadas sin la autorización de París) y algunos poderosos "procónsules" como Fouché, Tallien y Carrier, dotados de atribuciones extraordinarias para reprimir la rebelión, tendieron a interpretar y aplicar la ley a su propio gusto.[1]

De manera que las necesidades de la guerra, la paz civil y el orden público —completamente al margen de las consideraciones de carácter personal— confluyeron para convencer a Robespierre y a sus colaboradores de la necesidad de dar nuevos pasos con el fin de fortalecer su control en París. Para ser eficaces, tales medidas difícilmente podían dejar de oponerse a las cláusulas liberal-democráticas de la Constitución de junio de 1793. El 10 de octubre se persuadió a la Convención de la necesidad de que diese el primer paso declarando que "el gobierno provisional de Francia es revolucionario hasta la paz". Así, las medidas excepcionales adoptadas antes adquirieron un más alto grado de permanencia, y se suspendió la Constitución de 1793, al menos por el momento. Pero extraer de esto la conclusión, como han hecho muchos críticos, de que ésa era la intención permanente y de que el gobierno "revolucionario" correspondía a las ambiciones acariciadas desde antiguo por los líderes jacobinos implica representar erróneamente tanto sus principios como la evolución de las medidas que ellos adoptaron. No tenemos modo de saber si abrigaban sinceramente la esperanza de restaurar la Constitución una vez concluida la guerra; solamente sabemos que no fueron ellos sino sus sucesores los que finalmente la sepultaron y proscribieron a sus defensores. Es cierto que Marat había propuesto durante mucho tiempo una dictadura unipersonal de acuerdo con el modelo romano; pero a Marat le importaban poco los refinamientos "filosóficos", y de todos modos nada tuvo que ver con las nuevas formas de gobierno, pues en julio de 1793 Charlott Corday le había matado a puñaladas. Pero Robespierre y los restantes líderes eran muy susceptibles a las enseñanzas de los *philosophes*, y éstas prescribían, no la dictadura de un gobierno "revolucionario" de estilo jacobino, sino una legislatura fuerte, un ejecutivo débil y la "separación de los poderes".

Sin duda, los escritos de Rousseau acerca del Estado y la "voluntad general" podían aportar un argumento: ¿acaso él no había sugerido que quizá fuera necesario "obligar a los hombres a ser libres"? Pero el sistema de gobierno que adquirió forma legislativa con la ley del 4 de diciembre de 1793 —un sistema, corresponde señalarlo, que fue aceptado tan prontamente por la Llanura como por la Montaña— no fue el producto de Rousseau ni de Montesquieu. Aunque derivaban su autoridad exclusivamente de la Convención, los dos Comités de Seguridad General y de Salud

Pública estaban dotados de atribuciones ejecutivas plenas. El primero era responsable de la policía y la seguridad interna: por lo tanto, el Tribunal Revolucionario y la tarea de la vigilancia local y los comités "revolucionarios" serían su dominio especial. Se asignaban poderes más amplios al Comité de Salud Pública: controlar los ministerios, designar a los generales, dirigir la política exterior y depurar y conducir el gobierno local. De hecho, la transferencia de autoridad y la centralización del gobierno se obtenían a expensas no tanto de la Convención como de los departamentos y las comunas. Sólo en un aspecto se debilitaba ostensiblemente la autoridad del Parlamento: en cuanto se recortaba la independencia de los "representantes en misión", enviados por la Convención a partir de abril, y se los sometía al control riguroso del Comité de Salud Pública. Pero las actividades de las autoridades locales se veían afectadas mucho más gravemente: se dejaba a cargo de los departamentos las funciones meramente rutinarias, los distritos eran responsables de la ejecución de los decretos "revolucionarios", y los antiguos *procureurs* (procuradores) de los departamentos y las comunas dejaban el lugar a los "agentes nacionales", responsables ante el gobierno central. La independencia de París, durante mucho tiempo el pilar de bóveda de los jacobinos en su lucha por el poder, quedaba aún más recortada porque se arrebataba a la Comuna el derecho de enviar comisionados a las provincias, se limitaba su control sobre la Guardia Nacional, y se sometía a los comités "revolucionarios" de las secciones a la dirección del Comité de Seguridad General. El Terror persistía, pero ahora estaba institucionalizado y dirigido desde el centro. Era el fin de la anarquía, pero era también el comienzo del fin de la iniciativa popular.

De manera que se había formado un gobierno fuerte, y es dudoso que las realizaciones de la República hubieran podido llegar a ser sin él. Pero por su naturaleza misma no podía dejar de provocar un coro de protestas de los antiguos partidarios y los partidos perjudicados. La oposición surgió ante todo en el seno de los propios jacobinos y de sus aliados del Club de los Cordeleros, pero no mostró la más mínima unidad, y se dividió tempranamente en dos facciones principales. La oposición de la derecha se agrupó alrededor de Danton y el partido llamado de los Indulgentes, y la de la izquierda alrededor de Hébert y los jefes de la Comuna de París y del Club de los Cordeleros. Danton, separado del Comité de Salud Pública durante la reorganización del 10 de julio, al principio se retiró con su nueva esposa a una propiedad rural de Arcis-sur-Aube, y pareció que restañaba en silencio sus heridas. Pero alentado por antiguos amigos —entre ellos Camille Desmoulins— regresó a la capital en noviembre y comenzó a dirigir lo que era alternativamente un grupo de presión y una oposición organizada en la Asamblea. En la medida en que los dantonistas tenían un programa político preciso, éste era acabar con el gobierno "revolucionario", restablecer la independencia de las autoridades locales, desmantelar el Terror, liberar la economía nacional de los controles y negociar una paz (en primer lugar separando a Inglaterra de la Coalición Europea). Se distribuyeron las actividades: Danton era el portavoz en cuestiones de alta política; Desmoulins fundó un nuevo periódico, Le Vieux Cordelier, donde desarrolló una campaña en favor de una más amplia "clemencia" y la liberación de los "sospechosos". Otros, quizá con una disposición más práctica, demostraron su desprecio por los controles económicos mezclándose en negociados y participando en dudosas iniciativas financieras. A diferencia de los dantonistas, la oposición de izquierda tenía pocos partidarios en la Convención: el principal terreno de caza era el Club de los Cordeleros, la Comuna, las *armées révolutionnaires* y los clubes y las secciones, cuyos militantes les prestaban considerable apoyo. Los líderes jacobinos ya habían destruido a sus principales rivales en la pugna por el favor popular, es decir, el grupo izquierdista de los *enragés*, y había arrestado a sus jefes: Jacques Roux se había suicidado en su celda en el mes de octubre. A partir de ese momento, Hébert había incorporado el programa de Roux y lo insertó en el suyo propio. En su popular y difamatorio órgano, *Le Père Duchesne*, reclamaba día tras día una prosecución más vigorosa de la guerra y el uso más frecuente de la guillotina contra los acaparadores y los especuladores, los comerciantes y los tenderos, cuyas actividades estaban debilitando los controles de precios sancionados por la Convención. Hébert y su lugarteniente Chaumette también representaron, con la ayuda de Fouché, un papel importante en la activación de la campaña contra la religión cristiana tanto en París como en provincias. Si bien la Asamblea General había limitado sus medidas coercitivas al clero "no juramentado" o "refractario", la Iglesia Constitucional ahora también debió soportar los ataques; y en la oleada de "descristianización" que se extendió desde París y el departamento del Nièvre —donde Chaumette tenía adeptos—, fueron clausuradas muchas iglesias, se obligó a sacerdotes y obispos a renunciar a sus cargos, y la Diosa de la Razón fue entronizada en la Catedral de Notre-Dame.

Los *sans-culottes* también tenían motivos para sentirse agraviados: en realidad, las medidas del nuevo gobierno estaban dirigidas en parte contra ellos. Como hemos visto, se habían convertido en una fuerza que debía ser tenida en cuenta por las autoridades, fuese como aliada o como antagonista. Gradualmente, a través de una serie de purgas, las secciones de París y la Comuna habían sido reconstituidas a imagen social de los *sans-culottes*: durante este período de la Revolución, casi tres de cada cuatro miembros de los comités "revolucionarios" eran pequeños fabricantes, comerciantes y artesanos; y grupos análogos aportaban 93 de los 132 consejeros generales de la Comuna.[2] En muchos centros provinciales es posible que la proporción de sans-culottes en los comités del gobierno local haya sido incluso más elevada.[3] Esta situación suscitó el problema de la división interna, y mal puede sorprender que las ideas políticas y las aspiraciones sociales de estos hombres discrepasen en aspectos importantes de las que correspondían a los propietarios, los abogados, los médicos, los docentes y los hombres de negocios que ocupaban lugares en la Convención, o incluso de las que manifestaban los pequeños abogados, comerciantes y funcionarios civiles que predominaban en los clubes y las sociedades jacobinas.[4] Mientras la Llanura y la Montaña ahora apoyaban un gobierno fuerte que destruyera a los enemigos de la Revolución y ganara la guerra, los *sans-culottes* se aferraban a la desechada Constitución de 1793. Creían apasionadamente que la soberanía popular en esencia estaba en las asambleas primarias, y por lo tanto en las secciones parisienses, y exigían la convocatoria frecuente y la constante rendición de cuentas de los diputados frente a sus electores. Con tales posiciones, mal podían dejar de desafiar la pretensión de los jacobinos en el sentido de que "mientras durase la guerra" la Convención y los comités dirigentes debían ser los únicos custodios y ejecutores de la "voluntad general". Por otra parte, si los jacobinos y la Convención —incluso los partidarios de Robespierre en ese cuerpo— aceptaban los controles y la dirección oficial de la economía nacional sólo en el carácter de medidas excepcionales y temporales, los *sans-culottes* querían que fuesen aplicados permanentemente, pues al parecer garantizaban la seguridad y la justicia social: en setiembre, una sección de París incluso había reclamado se pusiera un techo a los ingresos y se limitase la magnitud de las fincas agrarias y las empresas.[5] Y mientras los jacobinos, en su condición de empleadores y miembros de los comités parlamentarios y gubernamentales, estaban interesados en frenar el brusco aumento de los salarios, los asalariados que pertenecían al grupo social de los *sans-culottes* —especialmente numerosos en París— tenían motivos sobrados y, a causa de la escasez de fuerza de trabajo en tiempo de guerra, oportunidades abundantes para elevar las retribuciones hasta donde los empleadores estuviesen dispuestos a pagar. Así, de un modo o de otro, hacia fines de 1793 la alianza entre los jacobinos y el pueblo común comenzaba a debilitarse.

Al principio, el desafío hébertista enfrentó a los jacobinos con el peligro más grave. Los violentos ataques contra los sacerdotes y las iglesias descargados por los "descristianizadores" preocuparon especialmente a los jacobinos: ya afrontaban dificultades suficientes con la rebelión campesina en el oeste, sin necesidad de arrojar en brazos de la contrarrevolución a elevado número de franceses que mantenían sus creencias religiosas. De modo que cuando en noviembre la Comuna clausuró todos los lugares de culto en París, Robespierre respondió denunciando a Fouché, Chaumette y sus asociados como ateos y divisionistas, y reclamó se volviese a la política acordada por la Convención en relación con la libertad de cultos. Danton, que había retornado de Arcis y vio en este episodio una oportunidad de meter una cuña entre Robespierre y sus dos antiguos colaboradores del Club de los Cordeleros, es decir, Collot y Billaud, se incorporó a la disputa. De modo que sobrevino una lucha de tres antagonistas, librada según el caso en el Club de los Jacobinos, la Convención y los dos comités, y en el curso de la misma los portavoces oficiales, encabezados por Robespierre, alternativamente buscaron aliados en una facción o en otra, pero con más frecuencia se inclinaron hacia Danton y los Indulgentes con el fin de debilitar y destruir a la izquierda. Alentados de este modo, los Indulgentes acentuaron su propia campaña, y la creciente violencia de sus denuncias, sobre todo la de Desmoulins en *Le Vieux Cordelier*, obligaron a Robespierre a romper con los dantonistas y a enfrentar simultáneamente a las dos facciones.

El resultado fue la destrucción casi simultánea de ambos grupos. A principios de marzo, Hébert y sus aliados del Club de los Cordeleros —Vincent y Ronsin— trataron de forzar el ritmo amenazando con otra insurrección del mismo tipo que la de junio o setiembre de 1793. Pero fue un gesto de desesperación más que de fuerza, pues a estas alturas de las cosas su dominio sobre la Comuna y las secciones se había debilitado. Los conspiradores fueron arrestados y guillotinados el 25 de marzo; Chaumette fue ejecutado tres semanas más tarde. Este episodio selló también la suerte de Danton y de Desmoulins, cuya supervivencia, después de la destrucción de Hébert, hubiese determinado un desplazamiento hacia la derecha y el derrocamiento de los comités. El afecto personal de Robespierre por Desmoulins, que se remontaba a los tiempos de Louis-le-Grand, le llevó a vacilar ante la idea de firmar la sentencia de muerte, pero Saint-Just, Collot y Billaud vencieron sus escrúpulos, y después de un juicio rápido y embarazoso, los dantonistas fueron ejecutados el 5 de abril.

El destino de Danton, aunque desagradable para los colaboradores de la Convención, no provocó ni un atisbo de protesta en las secciones o en el sector de los *sans-culottes*. También se recibió con calma la ejecución de Hébert, y la actitud predominante fue de apatía más que de cólera. Pero ese mismo silencio era ominoso. Hébert había sido un portavoz conocido de las pasiones y los prejuicios populares, y su eliminación debilitó los vínculos que habían unido a los sansculottes con la Comuna, ahora depurada y convertida en un baluarte de Robespierre. Además, la caída de Hébert estuvo inevitablemente acompañada por un ataque a las instituciones populares en que su influencia había sido más sólida. La *armée révolutionnaire* parisiense fue dispersada, y se disolvieron los comités destinados a perseguir a los acaparadores, y pronto sucedió lo mismo con las sociedades "populares" que escapaban al escrutinio y el control atentos del Club de los Jacobinos. Como los comités "revolucionarios" ya estaban firmemente subordinados al Comité de Seguridad General, las propias secciones pronto dejaron de reflejar las opiniones y las actividades independientes de los *sans-culottes* y tendieron a convertirse en meros sellos de goma de la dirección y las decisiones oficiales de los jacobinos. Saint-Just observó el cambio y lo resumió en una frase: "La Revolución se ha congelado" ("*La Révolution est glacée*").

Los *sans-culottes*, que así se veían silenciados políticamente, debieron soportar además las medidas económicas oficiales. Después de despertar un entusiasmo temprano, las leyes del Máximo fueron una decepción. Durante un tiempo los precios se mantuvieron estables, pero no era posible aplicar las leyes con posteriores medidas de coerción y represión, porque el gobierno, ansioso de mantener el apoyo de los campesinos, los comerciantes y los fabricantes, no estaba dispuesto a aplicarlas. De manera que los productores, grandes y pequeños, comenzaron a apelar al incumplimiento en gran escala de la ley, y a su vez los tenderos traspasaron a sus clientes los precios más elevados. Los *sans-culottes*, en su condición de pequeños consumidores, reaccionaron violentamente, se manifestaron contra los carniceros y los vendedores de alimentos, y exigieron medidas más rigurosas de control. Hacia enero, las autoridades afrontaban la alternativa de intensificar el Terror contra los comerciantes y los productores infractores de la ley o suavizar oficialmente las normas a costa de los consumidores que protestaban. Exhortadas por Barère, se inclinaron por el segundo curso. A fines de marzo se publicó un Máximo corregido, que contemplaba precios y márgenes de utilidades más elevados, se permitió que los especuladores con el circulante enseñasen nuevamente la cara, y hacia el mes de julio el *assignat* había descendido al treinta y seis por ciento de su valor nominal. De modo que la agitación en los mercados se reavivó, y los líderes jacobinos recibieron su parte de los epítetos lanzados a la cara de los comerciantes, los especuladores y los tenderos. Y hubo más. La ley del Máximo de setiembre de 1793 contemplaba el control de los salarios tanto como de los precios. Según estaban las cosas, eso significaba que se exigía a las autoridades locales que redujesen los salarios a un nivel que no fuese más elevado que un incremento del cincuenta por ciento sobre los que prevalecían en 1790. Estas medidas ya se habían aplicado en los lugares donde no se esperaba una resistencia muy intensa de los trabajadores; pero no en París, donde los salarios habían aumentado al doble o al triple de su nivel prerrevolucionario, y donde la Comuna, mientras Hébert y sus lugartenientes controlaban la situación, no demostró muchos deseos de aplicar esta parte de la ley, por temor a perder el apoyo popular. Pero el propio gobierno era responsable de los salarios en sus talleres, y había aplicado nuevas escalas —suavizadas un tanto por necesidades prácticas— a sus trabajadores de los arsenales y de otros sectores. Entretanto, para impedir que los salarios de la industria privada se descontrolasen, en más de una ocasión el gobierno había invocado la ley Le Chapelier contra las "coaliciones" obreras, e incluso había enviado a huelguistas ante el Tribunal Revolucionario. Pero persistían los principales problemas, e incluso después de la caída de Hébert la Commune vaciló antes de dar un paso tan peligroso como la reducción de los ingresos corrientes en un medio o incluso más de gran parte de la población parisiense. Cuando decidieron dar el salto y publicaron las nuevas escalas, el 23 de julio, el momento estuvo mal elegido, y la hostilidad de los asalariados sin duda representó un papel en la pérdida del poder por Robespierre, pocos días más tarde.

V

Termidor

El gobierno revolucionario cayó, al mismo tiempo que los líderes partidarios de Robespierre, a fines de julio de 1794 (los días 9 y 10 termidor, de acuerdo con el Calendario Revolucionario). Puede atribuirse su caída, por lo menos en el corto plazo, a una combinación de factores que incluye, aunque parezca paradójico, la eficaz dirección de la guerra y la eliminación de la rebelión en el norte, el sur y el suroeste. Fue el resultado de las divisiones del gobierno y la Asamblea y entre los dos Comités y en el seno de éstos, así como de la defección de los *sans-culottes*; estos aspectos estaban unidos a factores personales, por ejemplo el choque de las personalidades en el seno del gran Comité y los errores de cálculo del grupo de Robespierre, y sobre todo del propio Maximilien.

Desde principios del verano Robespierre y su grupo habían venido perdiendo influencia en la Convención y los Comités gobernantes.

La Convención había aceptado las sucesivas purgas de girondinos y dantonistas, pero la eliminación de estos hombres dejó una estela de temores y resentimientos que se manifestaría cuando estallase otra crisis. Esas reacciones se reavivaron a causa de la ley del 22 pradial (10 de junio de 1794) y de la rapidez con que se le dio trámite en la Asamblea. La ley, redactada por Robespierre y Couthon, después de un intento contra la vida de Robespierre y Collot, aceleró el proceso de la justicia en el Tribunal Revolucionario, y privó al detenido del auxilio del abogado defensor; pero muchos diputados temieron también que amenazase su inmunidad parlamentaria. En esta ley se originó también el "Gran Terror", que en París determinó casi 1.300 de las 2.600 víctimas de la guillotina. Pero quizá más importante, en cuanto debilitó los lazos que hasta ese momento habían unido a Robespierre con los diputados de la Llanura, fue la victoria conquistada en Fleurus el 26 de junio, como resultado de la cual la República quedó libre de tropas extranjeras y se abrió nuevamente el camino que llevaba a Bélgica. Entonces, ¿por qué, decían los murmuradores, era necesario continuar apoyando una política de Terror y cinturones ajustados, una política aceptada de mala gana en momentos de crisis, si esa situación al parecer ahora ya no existía? Además, el peligro originado en la izquierda había cesado: los "desorbitados" de la Comuna estaban silenciados y los *sans-culottes* tenían las alas recortadas, y se había arrestado a sus jefes. De manera que la alianza entre la Montaña y la Llanura ahora había perdido su propósito, y comenzó a desintegrarse, y la cordialidad de los aliados dejó el sitio al resentimiento y la suspicacia, sobre todo porque los enemigos de Robespierre decían que él y su grupo, lejos de prepararse para aflojar los rigores del gobierno "revolucionario" estaban redactando nuevas nóminas de proscripción y apuntaban a la creación de una dictadura o "triunvirato".

Entretanto, se habían originado divisiones más profundas en los dos Comités gobernantes, tanto en el seno del Comité de Salud Pública como en las relaciones entre los dos. Después de la ley de diciembre de 1793, que había prescrito sus obligaciones respectivas, se había manifestado cierta superposición en el funcionamiento de los dos organismos: el Comité de Seguridad General nominalmente era responsable de todas las cuestiones relacionadas con la policía y la seguridad interna, pero el otro Comité tenía su propio derecho de acceso al Tribunal Revolucionario. En los últimos tiempos esa superposición parcial había llegado a ser más grave, cuando el Comité de Salud Pública creó en abril su propio departamento de policía para perseguir a los funcionarios públicos que se desviaban del camino recto y eran deshonestos; era inevitable que esa actitud atrajese la cólera de los miembros del Comité rival sobre las cabezas de Robespierre y Saint-Just, quienes consagraban especial atención al nuevo departamento. Cuando Robespierre y Couthon redactaron de prisa la ley del 22 pradial, omitieron consultar a los que, según su propia opinión, estaban más estrechamente interesados en la aplicación de esa norma legal. El Comité de Seguridad se vengó: al acumular víctimas en las carretas de condenados durante los meses de junio y julio (o así lo pareció) contribuyeron a provocar esa *nausée de l'échafaud* o repugnancia contra la guillotina, que revirtió sobre las cabezas de los jefes más conocidos del gobierno. Asimismo, el entusiasmo de Robespierre por una religión cívica sobre el modelo esbozado por Rousseau lo había llevado a convencer a la Asamblea de que adoptase su propia creación, el Culto del Ser Supremo (7 de mayo de 1794), una medida destinada a incomodar tanto a los "ateos" como a los "fanáticos", aunque quizá contentaba las creencias del cuerpo principal de los revolucionarios de inclinación religiosa, que podían ser ex católicos romanos o miembros de otras confesiones. Cualquiera hubiese podido ser su destino final (el Culto pereció con su autor, dos meses más tarde); su resultado inmediato fue provocar los ataques de los descristianizadores y los teístas voltairianos, que temían un renacimiento del "fanatismo" católico, y sospechaban que Robespierre aspiraba a ser el "pontífice" de una nueva religión. Entre los que afirmaban tales opiniones y no vacilaban en manifestarlas estaban Amar y Vadier, miembros principales del Comité de Seguridad Nacional.

En el seno del Comité de Salud Pública desde mayo se desarrollaba un conflicto de principios y personalidades. Habían estallado agrias disputas entre Carnot y Saint-Just en relación con la dirección de las operaciones militares. Carnot acusaba a Saint-Just, que había sido un eficaz emisario ante los ejércitos de Alsacia y el norte y había representado un papel distinguido en Fleurus, de intervenir en asuntos que excedían su competencia. Los hombres "prácticos", Carnot y Lindet, que tendían también a ser moderados más que radicales, chocaban con creciente acritud con los "ideólogos", es decir, Robespierre, Couthon y Saint-Just, a quienes acusaban de mostrarse demasiado indulgentes frente a los *sans-culottes*. Por una parte, Lindet se oponía en este sentido a las leyes de Ventoso, porque creía que debilitarían el incentivo para trabajar. A su vez, Robespierre se sentía cada vez más alejado de las opiniones de los "terroristas", Billaud y Collot, que continuaban exhibiendo simpatías de carácter hébertista. Collot había sido asociado de Fouché en la feroz pacificación de Lyon, y estaba estrechamente relacionado con un grupo de "terroristas" que había desempeñado actividades análogas —Barras y Fréron en Tuolón, Tallien en Burdeos, y Carrier en Nantes—. A medida que se desarrolló la crisis, estos hombres, temerosos de la hostilidad de Robespierre, que había logrado que varios de ellos fuesen llamados por la Asamblea para justificar sus excesos, tendieron a unirse alrededor de Billaud y Collot, y a defenderse en común como un solo bloque frente a su acusador.

Hacia fines de junio la atmósfera en el Comité de Salud Pública era tan densa a causa de las sospechas y las recriminaciones mutuas

Construcción de la Bastilla. Museo de la historia viviente, Montreuil.

De Launay, gobernador de La Bastilla desde 1776. Museo de la historia viviente, Montreuil.

Toma de la Bastilla. El gobernador ordena fusilar a un grupo de ciudadanos que ha logrado entrar a la fortaleza. Museo de la historia viviente, Montreuil.

Cahiers des doléances o listas de quejas presentadas por el Tercer Estado a los Estados Generales en 1789. El derecho de caza estaba reservado a los nobles, y prohibido a los plebeyos, quienes debían pagar fuertes multas si no lo respetaban.

El cobro de impuestos aduaneros era arbitrario y estaba a cargo de los temibles comisarios reales. Museo Carnavalet (Documentation Française).

Apertura de los Estados Generales. Biblioteca Nacional, París. (Documentation Française).

Los representantes elegidos de la Nación. (Izquierda) Diputado en misión, vestido de representante de pueblo. (Derecha) Conde de Mirabeau, un noble elegido diputado por el Tercer Estado. Acuarela de Le Sueur, col. privada (Documentation Française).

El invento del señor Guillotin. En 1789 propuso a la Asamblea, dando razones de igualdad y humanidad, una máquina para decapitar a los condenados a muerte. La guillotina se utilizó por primera vez en 1792 en la Plaza de Grève en París, y el primer guillotinado fue el asesino y ladrón de caminos Nicolás Jacques Pelletier. Biblioteca del Arsenal, París.

Marcha sobre Versalles. Caricatura inglesa burlándose de las mujeres que persiguen al "panadero" Luis XVI. Museos Nacionales, Francia.

Francesa convertida en una mujer libre. Museos de la Villa de París.

La prensa revolucionaria. Grabado anónimo de 1797. Biblioteca Nacional, París. (Documentation Française.)

El arresto del Rey en Varennes, la noche de su huida. Grabado anónimo del siglo XVIII. Biblioteca Nacional, París.

Ejecución popular en Estrasburgo. El pueblo quema las esfinges de los tres generales que habían organizado la huida del Rey. Biblioteca del Arsenal, París.

Interior de una sociedad popular. Biblioteca Nacional, París. (Documentation Française.)

Sala del Club de los Jacobinos, 1791. Museo Carnavalet, París. (Documentation Française).

Danton (1759-1794). Pintura de la Escuela Francesa siglo XVIII. Museo Carnavalet, París.

Fusilamiento general en el Campo de Marte, 17 de julio de 1791. Grabado anónimo. Biblioteca Nacional, París.

10 de agosto de 1792: la caída de la monarquía. Dibujo de Gérard, 1794 o 1795. Museo del Louvre. (Documentation Française.)

Las masacres de setiembre. En la noche del 2 al 3 de setiembre de 1792 fueron masacrados 1.100 prisioneros aristócratas en París. Museo Carnavalet, París.

El fin de un aristócrata. El cuerpo de la princesa de Lamballe es mutilado y su cabeza clavada en una pica. Museo Carnavalet, París.

Los *sans-culottes*. Acuarela de Le Sueur, Museo Carnavalet, París. (Documentation Française).

El proceso del Rey. Luis Capeto delante de la Convención negará hasta el final los hechos de los que se lo acusa. Biblioteca Nacional, París.

La habitación de la familia real en la prisión del Temple. Una cena en prisión en presencia de la guardia. Grabado del siglo XVIII.

Saint-Just
(1767-1794).
Retrato de David.

Robespierre
(1758-1794).
Retrato de la
escuela francesa del
siglo XVIII. Museo
Carnavalet, París.

El arresto de Robespierre en el ayuntamiento de París. Grabado de Tassaert a partir de un dibujo de Harriet. Museo Carnavalet, París. (Documentation Française).

Le père Duchesne. Personaje inventado por Hébert, periodista y político simpatizante de los *sans-culottes*. El personaje hablaba por el pueblo, y durante el Terror se convirtió en un factor de protección: nadie podía hacerle daño a quien leía *Le père Duchesne*. Biblioteca del Arsenal, París.

Napoleón Bonaparte en el paso de San Bernardo (David, Versalles).

que Robespierre se retiró disgustado de sus reuniones y limitó sus actividades a su oficina privada en la Rue Saint-Honoré y al foro del Club de los Jacobinos. A la larga, ese gesto tuvo fatales consecuencias. Se acentuó la sospecha que su actitud despertaba cuando, al rechazar el ofrecimiento de mediación de Barère, y al parecer sin advertir que se debilitaba su base de apoyo en la Llanura, Robespierre decidió apelar a la Convención contra sus colegas disconformes. Así, en un extenso discurso pronunciado el 8 termidor (26 de julio de 1794), defendió apasionadamente su conducta contra los críticos y afirmó que aún era posible salvar la Revolución, e imponer el triunfo definitivo del reino de la "Virtud", si al menos se aceptaba una última operación quirúrgica: la eliminación de un pequeño grupo de hombres "impuros", hombres —acusó Robespierre— "que estaban mancillando el prestigio del gobierno revolucionario con el fin de destruirlo", y cuya identidad sugirió, aunque se negó obstinadamente a nombrarlos. Fue un fatal error de cálculo —¿o se trató sencillamente de fatiga o de una intencionada búsqueda del martirio?— y parece que Saint-Just, que apuntaba a un compromiso, desaprobó enérgicamente esa actitud. Robespierre fue escuchado en silencio y —una clara señal de desaprobación— la Convención se negó a concederle la cortesía acostumbrada de enviar su discurso a la imprenta; y por su parte Barère, siempre sensible al cambio de los vientos, se unió a la nueva mayoría.

La misma noche, exactamente el mismo discurso fue aplaudido entusiastamente en el Club de los Jacobinos, pero la alianza de los jacobinos moderados, la Llanura y los "terroristas" asustados fue más fuerte. Durante la noche los confederados arreglaron su plan de acción para la sesión de la Convención al día siguiente. Saint-Just, que había preparado un discurso para esa ocasión y se puso de pie con el propósito de defender a su colega, fue acallado a gritos. Recibieron a Robespierre con exclamaciones de "¡Abajo el tirano!" y se negaron a escucharlo. Saint-Just, los dos Robespierre y Lebas, cuñado de éstos, fueron arrestados, y enviados bajo vigilancia al Comité de Seguridad General.

Pero incluso ahora no todo estaba perdido si las secciones parisienses y sus batallones armados acudían en auxilio de los líderes jacobinos, como en agosto de 1792 y junio de 1793. La Comuna y el Club de los Jacobinos continuaron manifestando su apoyo a los arrestados; Hanriot, el comandante —partidario de Robespierre— de la Guardia Nacional parisiense escapó de la patrulla enviada a arrestarlo; y el alcalde de la prisión adonde fueron enviados Robespierre y sus compañeros rehusó reconocer el mandato de la escolta, de modo que los detenidos quedaron en libertad de refugiarse con sus amigos de la Comuna. Pero a pesar de la indecisión de sus enemigos, los líderes no atinaron a recobrar lo que habían perdido, en parte porque ellos mismos carecían de la voluntad o el deseo de encabezar una insurrección: aunque a juzgar por sus antecedentes parece improbable que Robespierre se atuviese a los formalismos legales tanto como a veces se ha afirmado. Pero mucho más importante fue que los *sans-culottes*, distanciados por las medidas recientes de estos hombres, mostraron escasa inclinación a empuñar las armas por una causa en la cual ya no creían. Ciertamente, ello no se debió a falta de tiempo o de oportunidad para decidirse. A lo largo de la tarde y la noche, los dos partidos antagónicos, basados respectivamente en la Comuna y la Convención, enviaron órdenes que se contradecían unas con otras, amenazas, alegatos y declaraciones a las secciones y los batallones de la Guardia Nacional, invocando los sentimientos de lealtad de este cuerpo. En cierto momento, respondiendo a las exhortaciones de la Commune, más de tres mil hombres armados, con el apoyo de treinta y dos piezas de artillería, formaron frente al Municipio. Pero carecían de dirección y de propósito, y cuando el sesgo del debate en las asambleas seccionales y los comités "revolucionarios" se volvió contra Robespierre y sus partidarios, la totalidad de esta fuerza se disolvió gradualmente. Entretanto, la Convención había declarado proscritos a los "conspiradores"; y Barras, armado con el mandato de la Convención, no encontró resistencia cuando durante las primeras horas del 10 termidor (28 de jullio) se presentó en el Municipio con seis mil hombres y se llevó a sus detenidos con el fin de que fuesen identificados formalmente por el Tribunal Revolucionario. Pocas horas más tarde fueron llevados a la Place de la Révolution (la actual Place de la Concorde) para ser ejecutados.

En un grupo de veintidós víctimas, Maximilien Robespierre, que había sido gravemente herido por un pistoletazo, fue el penúltimo guillotinado. Quizá fue típico de su austera probidad que dejara bienes por sólo cien libras esterlinas, o incluso menos. Babeuf, por entonces crítico de Robespierre, escribió un año más tarde que sus "bienes y objetos" fueron vendidos por sólo "300 francos en moneda".[1] Al día siguiente, setenta y un consejeros de la Comuna, también implicados en la "conspiración de Robespierre", le siguieron a la guillotina. Fue el último y el más numeroso holocausto legal en París. Con estas víctimas pereció no sólo un hombre o un grupo sino un sistema. Los hechos que siguieron a Termidor no fueron, ni mucho menos, lo que habían esperado o deseado los más activos antagonístas de Robespierre, y menos aún los espectadores pasivos, los *sans-culottes* parisienses.

VI

Una República de "Propietarios"

La caída de Robespierre provocó algo parecido a un anticlímax. La Revolución continuó, aunque con ritmo más lento, y la República —ahora convertida en "república de propietarios"— atravesó lentamente una serie de crisis, hasta que los granaderos de Bonaparte la eliminaron en el golpe de Estado del 18 brumario (9-10 de noviembre de 1799).

No sucedió en absoluto lo que Barère y sus colegas de conspiración en Termidor habían planeado. En su informe a la Convención el 28 de julio de 1795, Barère describió los hechos recientes como "una conmoción parcial que dejó intacto el gobierno". Pero se le escapó por completo el carácter de la crisis que él había ayudado a provocar. La Revolución, lejos de mantenerse en su curso, cobró un brusco sesgo hacia la derecha, incluso se ha argüido que se detuvo por completo. Al cabo de un mes el gobierno "revolucionario" había sido abandonado o reestructurado; al cabo de un año, Barère y sus compañeros, marcados con el estigma de Robespierre, habían sido enviados a la Isla del Diablo. Los *sans-culottes* nuevamente fueron desarmados y privados de derechos, y los gobernantes de 1795 —los hombres de Termidor— después de un período de vacilación trataron de revivir los "principios del 89" sobre nuevas bases.

Ahora tocaba a la Llanura asumir la dirección de las cosas. Aparecieron hombres nuevos: Boissy d'Anglas, consecuente defensor de un retorno al gobierno de los propietarios; "terroristas" conversos como Barras, Tallien y Fréron; y dos abogados, Merlin de Douai y Merlin de Thionville. Sieyès reapareció después de meramente "existir", como él mismo dijo, durante los meses del Terror jacobino, y durante un breve lapso, Cambon, mago financiero de la Convención jacobina, y Robert Lindet ejercieron influencia en su carácter de enemigos del "Incorruptible". Pero pronto, como muchos otros, estos hombres se vieron mancillados por sus antiguas asociaciones. Más tarde, estos grupos fueron reforzados por el retorno a la Asamblea —por vía de elección o de cooptación— de setenta y cinco ex girondinos, a quienes, aunque parezca irónico, Robespierre había salvado de la ejecución, y por un puñado de realistas: estos hombres tendieron a formar un ala derecha en el seno de la Convención. Entretanto, la Montaña, debilitada por los episodios de Termidor y las deserciones de los que se unían a la Llanura, formó un grupo silencioso y cada vez más reducido a la izquierda.

De manera que la Llanura fue la vencedora de Termidor. Sin duda, en ella había hombres de principios elevados, pero en conjunto se trataba de hombres prácticos, para quienes la Revolución había sido un negocio lucrativo: les había dado autoridad y jerarquía, y muchos se habían enriquecido con la compra de los *biens nationaux*, y otros mediante ventajosos contratos oficiales; un proceso que se profundizaría mediante la anexión de las provincias vecinas y los despojos de la guerra. En su condición de regicidas, tendían al republicanismo, y temían una restauración, aunque fuese de una monarquía constitucional. Su crítica a Robespierre y sus partidarios no había consistido tanto en que hubiesen movilizado a la nación para la guerra e instituido el Terror, sino en que habían predicado la democracia social, dando rienda suelta a los *sans-culottes*, y habían interferido en la propiedad privada y la libertad del mercado. Por consiguiente, una vez derrocado Robespierre sus objetivos eran desmantelar el mecanismo de la dictadura jacobina, poner fin a un Terror —ahora anticuado—, devolver al trabajo a los *sans-culottes*, regresar a una economía más liberal y llevar la guerra a una conclusión de éxito. Al mismo tiempo, abrigaban la esperanza de que fuera posible estabilizar el nuevo régimen con el apoyo firme y voluntario de los "patriotas del 89".

La última de estas esperanzas demostró excesivo optimismo. Esto respondió tanto a las divisiones entre los "patriotas" como a la aparición de un nuevo y embarazoso "aliado" externo a la Asamblea. Después de Termidor, se desarrolló una lucha política triangular en las secciones parisienses, ahora divididas entre los moderados, los neohébertistas y los jacobinos. Los moderados —la mayoría— generalmente reflejaban los propósitos de la Llanura. Los neohébertistas, cuya hostilidad a Robespierre los había arrojado a los brazos de sus enemigos, habían formado un Club Electoral desde donde atacaban al gobierno "revolucionario" y reclamaban la aplicación de la Constitución de 1793. En este momento, entre sus principales portavoces estaba Jean Varlet, que era un ex *enragé*, y Graco Babeuf, director del *Tribun du peuple*. Los jacobinos habían renunciado a su anterior devoción a Robespierre pero continuaron defendiendo los principios y los métodos "revolucionarios" de 1793-1794. Controlaban de ocho a diez secciones, y lograron, dos meses después de Termidor, que se trasladasen los restos de Marat al Panteón para ser sepultados nuevamente. Pero su éxito duró poco. Alentados por las divisiones entre los "patriotas", apareció un nuevo factor representado por la *jeunesse dorée*, la "juventud dorada" (o *muscadins*), dirigida por el "terrorista" renegado Fréron. Se reclutaba en la juventud burguesa, los empleados de los banqueros y los abogados, los ayudantes de las tiendas, los desertores del ejército y los hijos de los "sospechosos" y las víctimas de la guillotina. Organizados en bandas, realizaban incursiones en los distritos populares, donde golpeaban a los trabajadores jacobinos, proclamaban lemas "antiterroristas" y cubrían los sones de la Marsellesa con los de su propia canción, el "Réveil du peuple". Gracias a este impulso, se inició en las secciones una verdadera cacería de brujas contra los jacobinos y los "terroristas" reales y presuntos. Siguieron las purgas, y así los moderados recuperaron el control de las secciones; la Convención, cediendo a la presión, clausuró en noviembre el Club de los Jacobinos. A esta altura de las cosas los neohébertistas —y sobre todo Babeuf— habían comenzado a lamentar las esperanzas depositadas en los jefes termidorianos. Pero era demasiado tarde, y el Club Electoral a su vez fue clausurado y poco después se arrestó a Babeuf.

Entretanto, la Convención había realizado sus propias reformas. Al día siguiente de la ejecución de Robespierre se convino, por sugerencia de Tallien, renovar por cuartas partes, mensualmente, a los miembros de los Comités oficiales. De ese modo, el poder ya no quedaría concentrado en manos de una minoría. Fue sólo un primer paso. El 24 de agosto fueron creados dieciséis comités, doce de ellos con poderes ejecutivos, para realizar las tareas que antes correspondían a los dos Comités de Salud Pública y Seguridad General. Se procedió a limitar las atribuciones y la independencia de estos Comités. Es cierto que el segundo recuperó su control sobre la vigilancia y la Seguridad, aunque se pasó a reducir progresivamente estas funciones; en cambio el primero, antiguo eje del predominio de la facción de Robespierre, perdió completamente el control sobre el gobierno local y las fuerzas armadas, puestas ahora bajo un Comité Militar constituido especialmente y responsable ante la Convención. Así, mientras el gobierno ejecutivo conservó su fuerza, la Asamblea recobró parte de su antigua autoridad. Se realizaron modificaciones semejantes en el gobierno local, aunque aquí la purga de elementos considerados indeseables fue más evidente. Los antiguos comités de vigilancia y "revolucionarios" fueron eliminados o puestos bajo una dirección central. En París la Commune fue abolida (renacería brevemente en 1848) y los cuarenta y ocho Comités "revolucionarios" fueron agrupados en doce comités *d'arrondissement*, de los cuales se excluyó a todos los militantes jacobinos y donde el elemento social predominante ya no fue el pequeño tendero y el artesano, remplazados por el comerciante, el profesional o el servidor público. Asimismo, se procedió a depurar a los comités civiles de las secciones, puestas bajo el control directo de la Convención, y se los constituyó con personas elegidas por su Comité de Legislación. También aquí los *sans-culottes* y los jacobinos del "Año II" dejaron el sitio a los sectores "medios", o propietarios importantes, y a los moderados que habían prevalecido antes de junio de 1793. Finalmente, en las asambleas seccionales, que ahora debían reunirse sólo una vez cada diez días, la influencia de los sans-culottes se vio limitada todavía más en vista de que se suspendió el pago de cuarenta sous por asistencia, que estaba en vigencia desde setiembre de 1793.

Después del último derramamiento de sangre, el 28 y 29 de julio, también se declaró el fin del Terror. Se derogó la ley del 22 pradial, se abrieron las cárceles y los "sospechosos" quedaron en libertad: quinientos en París en el curso de una sola semana. Se celebraron unos pocos juicios públicos, incluso los de Carrier, responsable de las muertes en masa de Nantes —las víctimas fueron arrojadas al agua— y de Fouquier-Tinville, notorio como fiscal público del "Gran Terror" de fines de la primavera y el verano de 1794; y después, el Tribunal Revolucionario fue desechado discretamente. Pero continuó un Terror oficioso a la inversa. A medida que los "sospechosos" eran liberados y que regresaban algunos emigrados, el número de los que deseaban arreglar viejas cuentas con los jacobinos, los "terroristas" y los ex miembros de los comités aumentó proporcionalmente. En París, el Terror Blanco oficioso se limitaba a las actividades de los muscadins: se golpeaba, denunciaba e intimidaba, pero había poco derramamiento de sangre. Sin embargo, en las provincias el Terror adoptó una forma mucho más violenta y perversa. En el Lionesado, la Compañía de Jesús arrojaba al Ródano los cadáveres de sus víctimas, hombres y mujeres, y se masacraba en grandes grupos a los prisioneros que estaban en la cárcel o que iban a la prisión, y en otras ciudades, las bandas de las llamadas Compañías de Jehu y el Sol asesinaban indiscriminadamente a los "terroristas", los "patriotas del 89" y —con más entusiasmo aún— a los compradores de las propiedades de la Iglesia. En París se deploraban esos excesos, pero la Convención y sus Comités eran impotentes para contener a las fuerzas cuyo desencadenamiento ellos mismos habían promovido.

La situación económica también se descontroló, pero aquí los nuevos gobernantes, decididos a liberar a la economía de los controles de sus predecesores, tuvieron la responsabilidad directa. Como primer paso, en octubre de 1794, se modificó la ley del Gran Máximo, para permitir que los precios se elevasen a un nivel que era dos tercios superior a los de 1790. Poco después se redujeron las penas aplicadas a los que infringían la ley, y se suspendieron los controles sobre las importaciones para fomentar el comercio exterior. El 23 de diciembre las leyes del Máximo de hecho fueron abolidas y se restableció el comercio libre de granos. Solamente en París el precio del pan racionado se mantuvo todavía en tres sous la libra, aunque ahora además podía venderse el pan en el mercado abierto; la ración básica de carne fue mantenida en un nuevo precio de veintiún (antes catorce) sous la libra. Por lo demás, se permitió que los precios alcanzasen su nivel natural. Las consecuencias fueron desastrosas. Aunque se apaciguó provisionalmente a los productores, la inflación aumentó bruscamente, y los precios superaron los medios de todos, excepto el consumidor próspero. El *assignat*, que ya había descendido al veintiocho por ciento de su anterior valor en octubre y al veinticuatro por ciento en noviembre, descendió todavía más al veinte por ciento en diciembre, al diecisiete por ciento en enero y al siete y medio por ciento en mayo de 1795. En las provincias, donde los controles prácticamente habían sido abandonados, el invierno y la primavera trajeron condiciones de casi hambre: por ejemplo, en Verdun la ración cotidiana de pan de los trabajadores disminuyó a media libra y su precio se elevó a veinte sous la libra. En París, a menudo era imposible conseguir carne racionada; y la ración de pan, aunque fijada en uno o uno y medio libra per capita en marzo de 1795, disminuyó durante los meses siguientes a ocho, a seis, a cuatro o incluso a dos onzas. De manera que los pequeños consumidores se vieron obligados a complementar su ración comprando en el mercado abierto en un precio que pasó de veinticinco sous la libra el 25 de marzo a 16 libras (más de doce veces el precio de partida) siete semanas más tarde. Entretanto, los salarios, aunque liberados de las restricciones del malhadado Máximo de julio de 1794, no tenían posibilidad de mantenerse a la par. Por lo tanto, parece probable que los salarios reales de los trabajadores parisienses en mayo de 1795 fueran no sólo muy inferiores a los de 1793-1794, sino que hayan descendido al nivel catastrófico de los primeros meses de 1789.[1]

Tal fue el trasfondo de las grandes insurrecciones populares de Germinal y Pradial (marzo y mayo de 1795), que fueron las últimas en la historia de la Revolución. Las motivaciones políticas también representaron un papel: muchos de los *sans-culottes* habían sido atraídos por la renovada agitación hebertista en favor de la restauración de la Constitución de 1793. Pero las medidas económicas oficiales y sus consecuencias fueron el factor principal que sacudió la apatía popular. En enero, cuando los precios de muchos artículos ya se habían duplicado —después de la derogación de las leyes del Máximo—, volvieron a oírse las antiguas y conocidas amenazas contra los comerciantes y los tenderos, pero las amenazas se convirtieron en acción sólo cuando la ración de pan comenzó a fallar, durante las últimas dos semanas de marzo. El 12 germinal (1 de abril) el pan faltó por completo en algunas secciones. Como en octubre de 1789, las mujeres reaccionaron asaltando las panaderías; los obreros de la construcción se reunieron para protestar contra un decreto que les prohibía, en su carácter de inquilinos, la compra de pan racionado; y las secciones de ambas márgenes del río, encabezadas por las mujeres, unieron fuerzas para marchar sobre la Asamblea. Mientras Boissy d'Anglas hablaba a la Convención, los insurgentes irrumpieron al grito de "¡Pan! ¡Pan!"; algunos exhibían en sus gorros el lema "Pan y la Constitución de 1793". Pero carecían de líderes, y como no tenían planes definidos, formularon reclamaciones contradictorias a la Asamblea. Tuvieron escaso apoyo, y así, cuando Merlin de Thionville apareció a la cabeza de un cuerpo mixto de jeunesse y Guardias Nacionales leales, se dispersaron sin ofrecer resistencia.

Mientras la insurrección decaía, la Convención adoptó medidas policiales para restablecer el orden, ajustar viejas cuentas e impedir una repetición. París fue declarada en estado de sitio y se puso a las fuerzas armadas bajo el mando supremo de un oficial del ejército regular, el general Pichegru. Se procedió a arrestar o desarmar a más ex "terroristas", una docena de diputados de la Montaña —entre ellos Amar y Cambon, los antiguos enemigos de Robespierre— fue arrestada, y el infortunado trío Barère, Billaud y Collot, así como Vadier —del ex Comité de Seguridad General— fueron sentenciados a la deportación. Pero como la Convención prácticamente no hizo nada para eliminar la causa fundamental de los desórdenes, tanto las privaciones como la agitación continuaron. En Normandía el pueblo saqueó los convoyes de alimentos a lo largo del Sena, y el nombre de Robespierre comenzó a ser invocado otra vez con veneración. El 16 de mayo, cuando la ración de pan en París descendió nuevamente a dos onzas, los agentes de policía advirtieron que se cernía otro alzamiento, una perspectiva que llegó a ser tanto más cierta cuando, tres días después, se distribuyeron ampliamente en la ciudad y los suburbios llamados a la insurrección armada, entre ellos un manifiesto impreso con el título *Insurrection du Peuple pour obtenir du Pain et reconquérir ses Droits*, que delineó exactamente el plan que debió seguirse y aportó el lema central del alzamiento: "Pan y la Constitución de 1793".

La revuelta popular que siguió, una de las que provocaron luchas más tenaces en la Revolución entera, fue esencialmente una protesta social, inspirada por el hambre y el odio a los nuevos ricos, pero estuvo acompañada por reclamaciones políticas aprendidas y asimiladas desde Termidor: la libertad de los "patriotas" detenidos, una Commune elegida libremente y la Constitución de 1793. Duró cuatro días y comenzó el 1 Pradial (20 de mayo) con una invasión masiva de la Asamblea por las amas de casa y las mujeres de los mercados, seguidas por los batallones armados de los distritos centrales y los *faubourgs*. El programa de los insurgentes fue leído a la Asamblea que, impulsada por los diputados de la Montaña, no tuvo más alternativa que aceptarlo. Pero nuevamente, como en Germinal, a causa de la falta de líderes y de un propósito definido, los intrusos, después de alcanzar su primer objetivo, consagraron horas a la charla ociosa antes de ser expulsados por los batallones leales de las secciones del oeste, convocados durante la noche. Pero esta vez la insurrección continuó en el *faubourg* Saint-Antoine. El Municipio fue tomado, los artilleros de las secciones leales desertaron, y la Convención fue rodeada, sitiada y amenazada como en junio de 1793. Pero los rebeldes fueron calmados con promesas y, después de haberse retirado a sus hogares para pasar la noche, dejaron el campo a sus antagonistas. El *faubourg* fue ocupado por una fuerza de veinte mil soldados bajo el mando del general Menou y, abandonado por sus aliados, se rindió sin disparar un tiro.

Esta vez la represión fue completa e implacable. Catorce diputados de la Montaña fueron arrestados, y se ejecutó a seis después que intentaron suicidarse. Una Comisión Militar juzgó a 149 personas, sentenció a muerte a 36 y envió a 37 a la cárcel y la deportación. En las secciones hubo un número muy elevado de proscripciones, en que el conocido arreglo de viejas cuentas y la preocupación por la seguridad futura representaron un papel más importante que la persecución y el castigo de los verdaderos culpables de mayo de 1795. En una sola semana fueron arrestadas mil doscientas personas y desarmadas mil setecientas, y después hubo más arrestos. Fue un importante momento de cambio. A causa de la proscripción y la eliminación de sus líderes —tanto reales como potenciales—, los *sans-culottes* parisienses dejaron de existir como fuerza política y militar. Aunque, como veremos un poco más adelante, tuvieron otro breve —aunque más pasivo— momento de triunfo, la fase "popular" de la Revolución había terminado. En adelante la burguesía, los Notables y las honnêtes gens podían realizar su trabajo sin la intervención embarazosa de sus antiguos aliados.[2]

Ahora los termidorianos realizaron la tarea de dar a Francia una constitución que armonizara con las creencias políticas y sociales que ellos afirmaban y con sus necesidades económicas. La Constitución democrática de 1793, con sus engañosas promesas y sus llamadas a la "anarquía" y la insurrección, debía salir de circulación, y la de 1791, aunque algunos la apreciaban, no podía ser restaurada, porque se abrigaba la esperanza de que la República era ya un dato permanente de la realidad. El sistema unicameral había demostrado sus defectos, y era necesario hallar otras salvaguardias contra la presión realista y popular. La nueva constitución —denominada Constitución del Año III— naturalmente fue presentada por Boissy d'Anglas, el campeón de los nuevos ricos, que en un lenguaje característico dijo a la Asamblea:

"Debemos ser gobernados por los mejores hombres; los más apropiados para gobernar son los hombres educados y dotados de una gran preocupación por el mantenimiento del orden. Rara vez se hallará a estos hombres fuera de las filas de los propietarios... Un país gobernado por propietarios pertenece al "orden social" [la frase pertenece a Rousseau] y en cambio un país gobernado por hombres carentes de propiedad revierte a un "estado de naturaleza".

Por lo tanto, no puede sorprender que la Declaración de los Derechos y los Deberes —el agregado es significativo por sí mismo— que acompañó a la Constitución fuese concebida de manera general en el espíritu de los "principios del 89", pero con modificaciones importantes: la igualdad de los derechos civiles. Se eliminó el derecho de insurrección, se procedió a definir y salvaguardar más explícitamente los derechos de propiedad, y se indicaron detalladamente tanto los deberes como los derechos del ciudadano. El sufragio adulto masculino de 1793 de nuevo fue abandonado y se volvió a algo parecido a la concesión limitada y el sistema de elección indirecta de 1791. Pero las condiciones electorales fueron más generosas: ahora los ciudadanos "activos" incluían a todos los franceses mayores de veintiún años, con domicilio establecido y que pagaban impuestos (fuera cual fuese el monto), es decir, a todos excepto los sacerdotes, los emigrados que habían regresado y los "patriotas" detenidos.[3] Pero, con el fin de imponer un freno a la experimentación legislativa, se dividió a la Asamblea en dos Cámaras: un Consejo de los Quinientos, con una edad mínima de treinta años, y el derecho de promover la legislación mediante resoluciones; y un Consejo de Ancianos formado por 250 miembros de cuarenta o más años de edad, el único que poseía la atribución de convertir en leyes esas resoluciones. Se confió la autoridad ejecutiva a cinco Directores, cada uno de los cuales desempeñaba el cargo por igual número de años; pero se restableció la "separación de poderes" y los Directores, aunque designados por los Consejeros, no podían participar en estos ni intervenir en la iniciación de las leyes. (Como veremos, esta disposición no favorecía la estabilidad del gobierno.) Entretanto, el gobierno local conservaba una parte de su antigua autonomía, aunque ésta era mucho más reducida que en 1791.[4] Finalmente, para impedir el peligro del previsto alzamiento realista, la Convención decretó que en las elecciones inminentes dos tercios de los nuevos diputados debían ser elegidos en las propias filas de aquélla.

Las asambleas primarias, convocadas con el doble fin de aprobar el decreto de los "dos tercios" y ratificar la Constitución, se reunieron en setiembre de 1795. Las nuevas cláusulas constitucionales fueron aceptadas con bastante prontitud, pero en París el decreto de los "dos tercios" suscitó enérgica oposición, y antes de que la Convención se dispersara, a fines de octubre, tuvo que afrontar un alzamiento realista que estuvo a un paso de derrocarla. En una forma o en otra, la agitación realista y contrarrevolucionaria había sido un tema más o menos inquietante desde 1789, pero hasta que estalló la guerra había alcanzado escaso éxito. Después de la ejecución del rey, la actividad realista interna y externa había representado un papel en el fomento de la rebelión en la Vendée y en los departamentos "federalistas" del sur, el oeste y el norte. Sin embargo, mientras los jacobinos ejercieron el poder, se había conseguido controlar esos peligros, que afectaron apenas a la capital. Pero los realistas se reanimaron gracias a la política más liberal de los que sucedieron a los jacobinos. Ahora, estaban divididos en dos grupos principales: los "ultras", que reclamaban un retorno a 1787 y la restauración total del ancien régime, y los monárquicos constitucionales que, en general, apoyaban una restauración de la Constitución de 1791. Por desgracia para los "constitucionalistas", el conde de Provenza, que "sucedió" a Luis XVI, primero como regente del pequeño Luis XVII y más tarde —después de la muerte prematura de éste— como Luis XVIII, era un "ultra" decidido. Por supuesto, esta situación provocaba grave confusión y división en los concilios del realismo.

Ese estado de cosas se reflejó del modo más desastroso en la expedición que, equipada y financiada por Gran Bretaña, desembarcó en la Bahía de Quiberon en julio de 1795: mal dirigida desde el comienzo, fue derrotada fácilmente por el general Hoche. Representó un grave tropiezo para ambos grupos realistas. Pero en París, poco después, pareció que los "constitucionalistas" recuperaban por lo menos una parte del terreno perdido, cuando aprovecharon con mucha habilidad la general insatisfacción provocada por el decreto de la Convención acerca de los "dos tercios". De hecho, una sola sección —la de Lepeletier, en el barrio financiero de la ciudad— estaba bajo el control realista directo, pero los dignos burgueses y los funcionarios públicos, que ahora dominaban la gran mayoría de las secciones, se convencieron fácilmente de que el decreto de la Asamblea representaba un avasallamiento peligroso —lo que en efecto era el caso— del derecho de elección de los electores. Cuando la Convención, previendo dificultades, llevó tropas a la capital y permitió que los ex "terroristas" —o por lo menos los que se creía lo fuesen— se armasen y asistiesen a las asambleas, se temió que también la propiedad estuviese en peligro. Todas las secciones, excepto la de Quinze-Vingts en el *faubourg* Saint-Antoine, rechazaron los decretos, y después de terminar su actividad legal, rehusaron dispersarse. La rebelión franca estalló el 13 vendimiario (5 de octubre), en que 25.000 parisienses se alzaron en armas y una docena de secciones, dirigidas por Lepeletier, marcharon sobre la Convención. Pero Barras, que había recibido el mando de las fuerzas de París, pidió la ayuda del general Bonaparte y de una serie de generales jóvenes. Las secciones que avanzaban fueron recibidas por un devastador fuego de artillería —Carlyle la denominó una "granizada de metralla"—, y asi la rebelión fue aplastada. Las represalias fueron notablemente benignas: hubo sólo dos ejecuciones y la mayoría de los jefes huyó. Un aspecto notable de todo el asunto fue la conducta de los *sans-culottes* que, aunque hambrientos y oprimidos por la Convención Termidoriana, rehusaron apoyar a los rebeldes realistas.

La Constitución cobró vigencia y pareció que los hombres de 1795, después de haber rechazado la rebelión tanto de la derecha como de la izquierda, ejercían firmemente el poder. Pero era una ilusión, y el período del Directorio, que comenzó ahora, fue una etapa de confusión e intensa inestabilidad política. En parte ello respondió al carácter de la propia Constitución. Al contemplar elecciones anuales (de un tercio de los Consejos y uno de cada cinco Directores), ofrecía una constante invitación a la turbulencia y al desorden. Más aún, la subdivisión de la autoridad —Lefebvre la denomina "*L'émiettement des pouvoirs*"— y la incapacidad para suministrar un mecanismo adecuado que permitiese resolver las disputas entre los Directores y los Consejos, provocó constantes apelaciones a la fuerza.[5] Lo que es todavía más grave, pronto llegó a ser evidente que los nuevos gobernantes carecían del apoyo nacional que podía asegurarle mayorías permanentes y un gobierno estable. Mediante su política de apaciguamiento y represión alternativas, alienaron tanto a la derecha como a la izquierda —a los realistas y los jacobinos—, y su constante manipulación de las elecciones irritó a los burgueses moderados y también a los propietarios. De esta salida en falso nunca se recobraron, y obligados a maniobrar y manipular con el fin de mantenerse en el poder, siguieron un curso irregular que consistió en enfrentar a una facción política con otra, o alentar alternadamente a la derecha realista contra la izquierda jacobina e inclinarse sobre la izquierda para descolocar a la derecha. Cuando este sistema fracasó, como inevitablemente debía suceder, la única solución fue convocar al ejército, ya instalado en París antes de Vendimiario, para que restableciese el equilibrio. Así, tras la fachada de una constitución liberal, los generales tendieron cada vez más a convertirse en los árbitros definitivos de las disputas políticas, y quedó preparado el terreno, mucho antes del golpe de Estado de noviembre de 1799, para la dictadura militar de Bonaparte.

El alzamiento de Vendimiario había inclinado nuevamente el péndulo hacia la izquierda, y la nueva Asamblea se reunió en medio de conmovedoras invocaciones a la unidad y la concordia republicana. Se reanudó la actividad jacobina, se reabrieron los clubes, y el diario de Babeuf, el Tribun du peuple, reapareció en las calles. Pero el espíritu de armonía duró poco: el ataque de los críticos "patriotas" alarmó a las autoridades, sobre todo porque la situación económica empeoraba cada vez más. Hacia fines de 1795 el *assignat* de cien libras valía sólo quince sous, y en febrero se derrumbó por completo. En el lapso de seis meses su sucesor, el mandat territorial, corrió la misma suerte. Los precios se elevaron todavía más, y durante la primavera de 1796 el pan se vendía en el mercado abierto a ochenta libras (moneda) la libra (de peso) y la carne a cien. Mientras los nuevos ricos exhibían su riqueza con arrogante despreocupación, la pobreza alcanzaba —de acuerdo con las palabras de un observador de la policía— "su momento más bajo", y los hospitales y los asilos estaban atestados de enfermos y desposeídos. Sufrían no sólo los *sans-culottes*: los pequeños rentiers y los servidores públicos, cuyas pensiones disminuían bajo el influjo de la inflación, compartían el infortunio. Sobre este telón de fondo Babeuf lanzó su "Conspiración de los Iguales", el primer intento de la historia de crear una sociedad comunista apelando a medios políticos, y de todos modos, un episodio secundario de la Revolución misma, pues en el momento dado concitó escaso apoyo, y fue prontamente aplastado. Desde 1789 Babeuf se había sentido atraído por la "ley Agraria", o participación igualitaria en los bienes, como medio de alcanzar la igualdad económica. Por la época de la caída de Robespierre había abandonado esta idea por entender que era un plan impracticable, y avanzaba hacia un esquema más complejo de propiedad y producción colectivas. En esencia, éste continuaba siendo su propósito definitivo cuando durante el invierno de 1795-1796 conspiró con un grupo de ex jacobinos, miembros de los clubes y "terroristas" para derrocar mediante la fuerza al Directorio. El movimiento estaba organizado en una serie de círculos concéntricos: había un comité insurreccional interno, compuesto por un pequeño núcleo de íntimos cabalmente informados de los propósitos de la conspiración; después, un grupo de simpatizantes, ex jacobinos y otros, entre ellos los antiguos antagonistas de Robespierre, Amar y Lindet; y finalmente, en la periferia, los militantes parisienses que debían ser conquistados, y que de acuerdo con los cálculos de Babeuf eran unos diecisiete mil hombres. El plan era original y los agravios eran profundos, pero los *sans-culottes*, acobardados y silenciados después de Pradial, no atinaron a responder. Los conspiradores fueron traicionados por un espía policial que informó a Carnot, ahora Director y un hombre que se desplazaba rápidamente hacia la derecha. Ciento treinta y uno fueron arrestados y treinta fusilados inmediatamente. Babeuf y algunos de sus principales colaboradores fueron llevados a juicio y guillotinados un año más tarde.

De nuevo el péndulo viró hacia la derecha, esta vez apoyado por un aflujo masivo de realistas hacia la Asamblea. En las elecciones parciales de abril de 1797, sólo once ex diputados de la Convención fueron reelegidos de un total de 216; el resto estaba formado principalmente por monárquicos constitucionales, que ahora dieron a la Asamblea su primera mayoría realista. Fueron elegidos realistas —entre ellos Pichegru— para presidir ambos Consejos Legislativos. Para empeorar todavía más las cosas, al casi realista Carnot se unió como Director Barthélemy, un monárquico convencido, y pareció que la Monarquía podía ser restablecida con medios constitucionales. Mientras Barras vacilaba, los dos Directores republicanos restantes —Reubell y La Revellière-Lepeaux— apoyaban una acción enérgica para defender la República. Pero, ¿cómo? Una apelación al pueblo evocaba todos los horrores de 1793, y los jacobinos eran demasiado débiles para inclinar la balanza. Los generales continuaban siendo la única posibilidad, por su carácter de republicanos y de partes interesadas en una guerra que los realistas ansiaban liquidar. Bonaparte, que venía de cosechar victorias en Italia, y Hoche, designado poco antes comandante del Ejército del Sambre-et-Meuse, prometieron su apoyo, y poco después Augereau, lugarteniente de Bonaparte, y una parte de las fuerzas de Hoche marcharon sobre la capital. Barras decidió entonces apoyar a sus colegas más decididos, y el 18 fructidor (4 de setiembre de 1791, atacaron a la mayoría realista, Barthélemy y Pichegru fueron arrestados y encarcelados, y Carnot escapó; los Consejos fueron depurados de 214 diputados, y 65 personas fueron deportadas a la "guillotina seca" de Guayana. Los emigrados que habían regresado de nuevo tuvieron que abandonar el país, y centenares de sacerdotes fueron deportados y otros obligados a repetir el juramento de lealtad. Después de esta victoria, los Directores se armaron con nuevos poderes, pero ya era demasiado tarde, y la Constitución presuntamente liberal había demostrado su ineficacia.

Sea como fuere, a esta altura de las cosas el destino de la República estaba menos en las manos de los políticos que en las de los generales; sobre todo las del joven y ambicioso general Bonaparte, cuyo papel en el golpe de Estado de Fructidor había determinado que se reconociese oficialmente su actuación audaz, aunque por cierto no autorizada, en Italia. Ya estaba determinando la política exterior de la República. En Campoformio, después de arreglar y firmar las condiciones de paz con Austria (octubre de 1797), se vanaglorió de la misión imperial de Francia en el Mediterráneo; y en la primavera siguiente destruyó todas las posibilidades de un arreglo temprano con Inglaterra cuando convenció a los Directores de la conveniencia de enviarlo a Egipto para comenzar la creación de un imperio en Oriente. Regresaría dieciocho meses más tarde para convertirse amo de Francia.

Pero tan pronto Bonaparte se encontró seguramente instalado en Egipto, no hubo motivos inmediatos que indujesen al gobierno a alimentar temores de este género. Había salido de su victoria en Fructidor con una mayoría republicana más holgada en ambos Consejos; la actividad realista había disminuido provisionalmente, y las severas medidas adoptadas contra los sacerdotes y los émigrés que regresaban suscitaron escasa oposición franca. De nuevo podía dirigir su atención al peligro proveniente de la izquierda. Cuando el desafío jacobino revivió en las elecciones de 1798, la Asamblea aprobó una ley que privó a 106 diputados del derecho de sentarse en los Consejos. De modo que, nuevamente seguro, el Directorio pudo dedicarse a promover ciertas reformas útiles, aunque limitadas. Se adoptaron medidas para estabilizar el circulante retirando de la circulación el papel moneda desvalorizado y declarando la moratoria de todas las deudas pendientes —lo cual abrió paso a las reformas financieras del Consulado—. Se reorganizó el sistema impositivo, que fue actualizado y al que se dieron bases más o menos modernas.

Después de las buenas cosechas de 1796-1798 disminuyó el precio de los granos, un alivio muy necesario para el consumidor que padecía desde hacía mucho tiempo. Además se adoptaron medidas para promover la investigación y la educación superior: se ordenó la creación de la École de Médecine y la École Polytechnique (la prestigiosa Politécnica) y, se dieron los primeros pasos con vistas a la fundación del Institut de France. Pero —tales eran las prioridades del momento— las escuelas destinadas a los niños que no pertenecían a la clase alta y media padecieron escasez de fondos, pues el gobierno continuó a merced de los especuladores y los financieros, y pese a los aportes de los territorios anexionados, el presupuesto continuó desequilibrado. También la industria siguió estancada, y la guerra marítima con Inglaterra —sin hablar de la aventura egipcia de Bonaparte— descalabró él comercio exterior.[6]

Naturalmente, podía hallarse una solución para estos problemas tan antiguos sólo mediante un gobierno estable, que estuviese dispuesto a aplicar las medidas draconianas del Año II, o que dispusiera de recursos amplios extraídos de los territorios satélites o conquistados. Por supuesto, los Directores tendieron al último más que al primero de estos criterios, pero sus ambiciones agresivas, sobre las cuales nos extenderemos en un capítulo ulterior, provocaron la formación de una segunda coalición, que esta vez incluyó a Gran Bretaña, Austria, Rusia, Turquía y Suecia. La guerra comenzó mal: Francia y sus ejércitos, aunque apoyados por reclutamientos recientes —gracias al método de la *levée en masse*— fueron derrotados por el archiduque austríaco Carlos en Alemania y Suiza, y expulsados de Italia por el general ruso Suvorov. Entretanto, las provincias belgas se rebelaron contra los franceses y los chuanes campesinos nuevamente se alzaron en armas en el oeste. Los Directores repitieron su antigua denuncia de la hidra de dos cabezas, el realismo y la "anarquía", pero en las elecciones de 1799 dos tercios de los candidatos oficiales fueron derrotados y la minoría jacobina se fortaleció. Sieyès, conocido como ferviente enemigo del realismo, ocupó el cargo en lugar de Reubell, y con el apoyo de la Asamblea realizó un golpe de Estado parlamentario dirigido contra sus colegas más vacilantes. La reorganización ministerial que siguió de hecho llevó a un jacobino —Robert Lindet, otrora colaborador de Robespierre, y más tarde crítico del Comité de Salud Pública— al Ministerio de Finanzas. Nuevamente las necesidades de una guerra defensiva forzaron a la República a adoptar medidas de "salud pública" y admitir un renacimiento jacobino, Reapareció la prensa jacobina, los clubes volvieron, entre ellos el importante Club du Manège, dirigido por Drouet, ex maestro de postas, héroe de Varennes y asociado de Babeuf. Se aplicó la conscripción universal, se recaudaron préstamos forzosos, y se retuvo como rehenes a los parientes de los *émigrés* y a los agitadores realistas. Cuando las derrotas de la primavera fueron seguidas en el verano por el desembarco de una fuerza anglorrusa en Holanda, el general Jourdan incluso invitó a los Quinientos a repetir la antigua declaración, que se remontaba a los llamamientos de Danton en 1792, acerca de la *patrie en danger*. Se le opuso enérgico Lucien Bonaparte, el hermano menor de Bonaparte, que alegó la necesidad de ampliar los poderes ejecutivos, en lugar de permitir que "los arrastrase una marea revolucionaria". De modo que la propuesta de Jourdan fue enterrada discretamente. Se trataba del antiguo dilema: ¿era necesario apelar a las masas o fortalecer la autoridad de unos pocos?

El problema se resolvió, como había sucedido después de Fleurus, no por la derrota sino por la victoria de las armas republicanas. Masséria derrotó a Suvorov en Italia y le obligó a traspasar los Alpes, y la fuerza anglorrusa se vio en aprietos en Holanda. El peligro de la invasión se había alejado y "la gran nación" revivía. Entretanto, el general Bonaparte, aunque victorioso contra los ingleses en la bahía de Aboukir, se vio frustrado en Siria, y decidió regresar a casa para buscar nuevos laureles en Europa. Dejó a su ejército en Egipto, esquivó a las patrullas de Nelson y desembarcó en secreto en el puerto meridional de Fréjus, el 9 de octubre de 1799. Sus fracasos recientes fueron ignorados, y fue saludado por una prensa y un público extáticos, como el gran vencedor de Italia, el concertador de la paz de Campoformio, y el único hombre que podía imponer en Europa una paz honorable para las armas francesas. Pero el peligro realista continuaba. Los propietarios, alarmados por la medidas de "salud pública" y el renacimiento jacobino, hablaban sombríamente de "anarquía" y un retorno a 1793, y se mencionaba también la necesidad de revisar la Constitución y crear un gobierno estable gracias al fortalecimiento del ejecutivo.

En esta atmósfera caracterizada por la alarma, Sieyès —ese "topo de la Revolución", como lo había denominado Robespierre— planeó otro golpe de Estado, más decisivo. De nuevo, como en Fructidor, debía convocarse al ejército para que forzara la actitud de la Asamblea, pero esta vez una asamblea con una mayoría republicana. De modo que, después de examinar a los generales Joubert y Moreau, —el primero murió en combate poco más tarde, y el segundo declinó— Sieyès y sus colegas conspiradores, Fouché y Talleyrand, se volvieron hacia Napoleón, el hombre del momento y un individuo apropiado por su popularidad, su prontuario militar, su ambición y su pasado jacobino, para representar el papel que se le asignaba. Utilizando el miedo a una conspiración "terrorista", convencieron a los Consejos de la necesidad de reunirse el 10 de noviembre (19 brumario) fuera de París, en Saint-Cloud, bajo la protección de los granaderos de Napoleón. Los Ancianos pronto fueron persuadidos, pero los Quinientos se mostraron más difíciles y, cuando Bonaparte entró sin ser invitado para dirigirles la palabra, se oyeron gritos de "¡Hay que proscribirlo! ¡Abajo el dictador!". El general perdió la calma, pero su hermano Lucien, quien muy oportunamente presidía la sesión, salvó la situación llamando a los guardias. Los Quinientos fueron expulsados de su cámara, se disolvió el Directorio, y se confirió autoridad total a un Consulado provisional de tres personas: Sieyès, Roger-Ducos y Bonaparte. Aunque en general no se percibió en el momento dado, era el fin de la República "burguesa", y el poder pasó a las manos de un dictador militar.

Tres semanas más tarde una nueva constitución, redactada con criterio cesarista, fue propuesta a las asambleas electorales. La acompañaban una proclama de los Cónsules que, en términos más o menos equívocos, bajaba el telón sobre diez años de historia: "La Revolución está afirmada sobre los principios que la iniciaron; ha concluido".

V

Napoleón

I

Ascenso al poder

Es un lugar común en los historiadores trazar una nítida línea divisoria entre la Revolución —a la que generalmente se reconoce como finalizada en 1799— y la era napoleónica, presentada a menudo como un fenómeno por completo distinto. Esto pareció bastante razonable cuando los estudiosos tendían, como fue el caso durante la mayor parte del siglo XIX, a ver la Revolución casi exclusivamente en términos ideológicos y políticos, mientras en general descuidaban sus aspectos económicos y sociales de más alcance. Pero desde que, a principios del siglo, apareció una nueva escuela de historiadores interesada en los precios, los salarios, los conflictos sociales y los movimientos populares, esa rigurosa distinción ha dejado de tener mucho sentido. Si, como el señor Furet ha insistido con razón, los factores sociales y económicos de la revolución deben ser tratados como parte de una proyección de más largo alcance, en contraste con el lapso relativamente breve del "hecho" político, la era de la Revolución en Francia debe prolongarse por lo menos hasta la caída de Napoleón en 1815, e incluso hasta la terminación de la propia Revolución "burguesa" de Francia en 1848, y aun más allá de estos límites, sí también nos interesan las repercusiones de la Revolución en Italia, Alemania y otras regiones europeas. Esta afirmación es aplicable sobre todo a la escena europea más amplia, donde la Revolución Francesa gravitó más profundamente, no en el período revolucionario "culminante" propiamente dicho, sino bajo la influencia de las conquistas de Napoleón y los ejércitos de ocupación. Incluso en Francia los cambios realizados bajo la Revolución no fueron asimilados firmemente y no se consolidaron hasta que el período de gobierno autoritario y estable impuesto por Napoleón completó su curso.[1]

Cuando en Brumario reclamaron la ayuda de Napoleón Bonaparte, Sieyès y sus asociados habían abrigado la esperanza, como Barère en Termidor, de mantener firmemente en propias manos los controles políticos. Su propósito había sido instalar un dictador militar durante un período breve, que de acuerdo con las condiciones que ellos mismos imponían debía defender las "fronteras naturales" amenazadas de Francia y estabilizar el gobierno, manteniendo a raya a las facciones realistas, jacobina y de los *sans-culottes*. La apelación al gobierno autoritario no era del todo nueva: durante la situación urgente de 1793-1794 la Llanura había concedido su bendición a la casi dictadura del Comité de Salud Pública; la Convención "liberal" de 1795 había privado a los electores de sus derechos constitucionales con su decreto de los "dos tercios"; y sus sucesores bajo el Directorio en más de una ocasión se habían desentendido de su propia Constitución para afrontar los retos alternativos del realismo y el jacobinismo. Pero esta vez, el hombre elegido para la tarea en cuestión tenía un perfil y un temperamento distintos comparado con todos los individuos que habían tenido que representar antes un papel análogo. Lejos de conservar el control de la situación, los hombres de Brumario pronto descubrieron que su supuesto auxiliar estaba absolutamente decidido a imponer su propio esquema a los hechos. En realidad, gracias a una peculiar combinación de voluntad, intelecto y vigor físico dejaría su sello en Francia durante los años siguientes.

Pero en la medida en que es posible separar la realidad del mito en el caso de un fenómeno tan particular, era un hombre de extrañas paradojas y contradicciones: un romántico moderno vaciado en el molde de un César o un Alejandro, un hombre de acción y decisiones rápidas, pero también un poeta y soñador de la conquista del mundo; un supremo realista político pero un vulgar aventurero que jugaba fuerte; el enemigo del privilegio que se vanagloriaba de sus relaciones imperiales y de su deseo de fundar una nueva dinastía de reyes; un organizador y estadista genial, pero tan interesado en mejorar la situación del clan Bonaparte como en promover la gloria; un producto del Iluminismo que desconfiaba de las ideas y despreciaba a los intelectuales y los "sistemas"; un intelecto lúcido con un ansia y una capacidad enormes de conocimiento, pero extrañamente impermeable a las fuerzas que él mismo contribuyó a desencadenar. Y la principal paradoja: el "soldado de la Revolución", el advenedizo que llevó los "principios del 89" a la mitad de los países europeos, y sin embargo vivió impulsado por la ambición personal y el desprecio que tenía a sus semejantes, lo que le llevó a crear un nuevo despotismo y una nueva aristocracia sobre las cenizas de los anteriores. El cuadro se ve oscurecido por la "leyenda" creada durante su exilio insular en Santa Elena, donde se mostró ansioso por presentarse como un hombre de paz que sólo deseaba unir a Europa en una confederación de estados autónomos.[2] Esta pretensión no se corresponde mucho con los hechos, pero en cierto sentido el mito y la realidad se han combinado en la historia. Sin duda, sus intenciones nunca fueron tan puras como él afirmó, pero si juzgamos por los resultados, la "leyenda" se ha demostrado no del todo falsa, pues la imagen del "soldado de la Revolución" tiene el mismo derecho a que se la considere real —y un derecho mucho mayor de supervivencia— que la del déspota y el conquistador.

Y en todo caso, no puede caber ninguna duda acerca de la deuda de Napoleón con la Revolución, pues ninguna carrera ilustra mejor que la suya la justicia de la afirmación de los revolucionarios en el sentido de que abrieron las carreras al talento. Nació en Ajaccio, Córcega, en 1769, y fue hijo de un noble de menor jerarquía que, aunque genovés por nacimiento se convirtió en francés después de la conquista de la isla por Francia, un año antes. Entre 1779 y 1785 el joven Napoleón asistió a una sucesión de colegios militares en Francia, y aprendió bien sus lecciones. Como muchos oficiales jóvenes de su tiempo, dio la bienvenida a la Revolución. Leyó entusiastamente a Rousseau y se consagró a la política "patriótica" de Córcega como aliado de Paoli, el "Libertador". Incluso antes de su ruptura definitiva con Paoli y su expulsión de Córcega regresó a París, y en junio de 1792 presenció la humillación de Luis XVI en las Tullerías a manos de la "turba" parisiense; no olvidaría fácilmente la experiencia. Pero en la lucha de los partidos, se inclinó por la Montaña contra la Gironda, y se distinguió como capitán a cargo de la artillería durante el levantamiento del sitio de Toulón, en noviembre de 1793. Fue promovido a brigadier y conquistó la amistad de Augustin Robespierre, que entonces cumplía una misión ante el Ejército de Italia. Esa relación casi le costó la carrera, porque en Termidor estuvo detenido un mes en el Fort Carré, de Antibes, como sospechoso de ser miembro de la facción de Robespierre, y cuando salió en libertad estaba sin trabajo. Un año después rechazó el cargo de comandante del Ejército del Oeste. Pero cuando fue a París, en setiembre de 1795, atrajo la atención de Barras, y después de aplastar el alzamiento realista de Vendimiario, fue recompensado con el rango de general. Más aún, por intermedio de Barras conoció a Josefina de Beauharnais, viuda de un general revolucionario, y contrajo matrimonio con ella en octubre de 1796. Una semana antes se le había asignado el prestigioso mando del Ejército de Italia, y ahora comenzaba su larga y gloriosa carrera militar y política.

El éxito notable de Bonaparte en Italia, su popularidad con el público y la aureola de la fama que le acompañó —en la victoria y la derrota— durante su campaña en Egipto, le señalaron para el papel que representó en Brumario. Sin embargo, en una ojeada retrospectiva es sorprendente que Sieyès y sus aliados esperasen que un hombre de los antecedentes y el temperamento de Napoleón se sometiera sumisamente a la dirección que ellos le imponían. Sea como fuere, pronto debieron desilusionarse, y antes de que hubiese pasado un año, Bonaparte había creado su propio sistema político, y más tarde procedió a consolidar su autoridad personal, a medida que se le presentó la oportunidad. Su primer roce con Sieyès sobrevino en relación con la nueva Constitución que siguió al episodio de Brumario. Como antiguo maestro de la manipulación constitucional, Sieyès propuso un complicado sistema de controles y equilibrios basado, según él mismo dijo, en la "autoridad por arriba" y la "confianza por abajo". Debía restablecerse el sufragio adulto masculino, pero los votantes de las asambleas primarias sólo tendrían derecho de elegir una décima parte de su número para formar una "lista nacional". A partir de esta lista, un Senado cooptado centralmente elegiría un Tribunado que propondría las leyes y una Legislatura que las adoptaría. Los funcionarios del gobierno central y local serían elegidos por los Cónsules sobre la base de las listas nacionales y departamentales. El Ejecutivo estaría formado por un Gran Elector, designado y sujeto a revocación por el Senado, y dos

Cónsules, uno para los asuntos exteriores y otro para los internos, designados por aquél. Por lo tanto, la autoridad política real permanecería en manos de los Notables, que, gracias a su control del Senado, podían revocar a voluntad el gobierno del dictador designado.

El general aceptó sin demora los planes encaminados a limitar los derechos de los votantes (su experiencia anterior le había desilusionado de la democracia popular), pero tenía opiniones muy distintas acerca de su propio papel. Apuntando a imponer una autoridad ejecutiva única, contrapuso hábilmente a una facción contra otra y desembocó en un sistema que parecía un compromiso pero que, en la práctica, coincidía con sus propias ambiciones. La lista de Notables de Sieyès, su Senado y el Tribunado fueron mantenidos —el último con las atribuciones legislativas reducida-—, pero sobre todo aparecía un Primer Cónsul electo por un período de diez años, cuyos poderes eran superiores a los de sus colegas, que no rendía cuentas a nadie y era el único responsable de la designación de los ministros y los funcionarios, y tenía autoridad para promover la legislación después de consultar a un Consejo de Estado nombrado por él mismo. La Constitución, sometida a un plebiscito en febrero de 1800, fue adoptada por tres millones de votos contra mil quinientos.

Pero el Senado, y el Tribunado y la Legislatura que aquél designaba conservaban bastante autoridad, y Sieyès y sus colegas creyeron que, gracias al control de estos organismos, por lo menos podían obligar al Primer Cónsul a asociarlos en el gobierno. Pero Napoleón no tenía tales intenciones. La Constitución le permitía complementar el trabajo de la Legislatura emitiendo decretos denominados *senatus-consulta*: utilizó liberalmente este recurso, y con buenos resultados. Más aun, de un modo absolutamente ilegal permitió que el Consejo de Estado interpretase los decretos que le enviaba la

Asamblea antes de que se convirtiesen en ley. De hecho, el Consejo fue el organismo que cooperó con él en la elaboración de varias de las sanciones más esclarecidas del Consulado. Por supuesto, gran parte de esta legislación estaba destinada a centralizar la Administración y fortalecer la autoridad oficial. Una prioridad temprana fue la policía. El Ministerio de Policía, creado por el Directorio, fue ampliado y se le confirieron considerables atribuciones. Se confió su dirección a Fouché, a quien se creía bien calificado para el cargo, en vista de su pasado "terrorista" y del apoyo que había prestado en Brumario. A las órdenes de Fouché estaba Dubois, prefecto de policía de París, y había prefectos análogos en cada departamento. Éste no fue más que un ejemplo de la inversión por Bonaparte del principio de la elección local y la retransferencia del control de la región al centro: en esto siguió la práctica del ancien régime y el Comité de Salud Pública mucho más que de la Asamblea Constituyente y el Directorio. Así, si bien se conservaban las comunas y los departamentos creados en 1790, una ley de febrero de 1800 ponía los departamentos a cargo de los prefectos, responsables ante el Ministerio del Interior y delineados sobre el modelo de los intendants y los "representantes en misión" del pasado; y ahora, incluso los alcaldes serían designados por el gobierno. También en el área de las finanzas y la justicia, el Primer Cónsul abandonó las prácticas más liberales de 1790 y volvió a los métodos del *ancien régime*. La recaudación de los impuestos salió de las manos de las autoridades locales y fue confiada a un organismo central; esta medida completó un proceso ya iniciado por el Directorio. Se restablecieron los tribunales de carácter penal en los departamentos, con jueces designados por el propio Primer Cónsul, para juzgar las infracciones al derecho común. También se procedió a crear otros tribunales de excepción, destinados a resolver los casos de subversión realista. Para mayor seguridad del Estado, se suspendieron los jurados en varios departamentos, e incluso se apeló —aunque disimuladamente— a las notorias *lettres de cachet* de la monarquía borbónica.

Estas medidas excepcionales provocaron el firme rechazo de la oposición liberal en el Tribunado y la Legislatura, y llevaron a Napoleón a la ruptura definitiva con sus aliados de Brumario. Al llegar a este punto tenía otras cuentas que saldar, pues París, cuando Napoleón partió para iniciar la segunda campaña italiana, en mayo de 1800, se convirtió en un foco de las intrigas de los rivales descontentos y los frustrados aspirantes al cargo, y durante un momento pareció que el nuevo régimen se mantenía en equilibrio precario. Pero la victoria de Napoleón en Marengo, el mes de junio, seguida por la de Moreau en Hohenlinden seis meses más tarde, restableció la confianza en Francia y convenció a los austríacos de la necesidad de negociar. Después de preparar el terreno para la paz de Campoformio, Bonaparte regresó nuevamente en triunfo a la capital. No perdió tiempo en reafirmar su autoridad. Se depuró el Tribunado de sus miembros más rebeldes; una conspiración militar, en la cual estaban implicados Moreau y Bernadotte, fue sofocada en sus principios; Madame de Staël, cuyo salón se había convertido en centro de la oposición, fue desterrada de París; y el oportuno descubrimiento de una "máquina infernal", preparada por terroristas realistas para volar al Primer Cónsul en su camino hacia la Opéra, fue el pretexto para deportar, fusilar o guillotinar a varios de los críticos jacobinos. De modo que nuevamente se restableció el orden, pero fue necesario aplicar medidas constitucionales más drásticas para silenciar a la oposición en el Senado y la Legislatura. La Paz de Amiens, que terminó la guerra de nueve años con Inglaterra, suministró la oportunidad. En una atmósfera de júbilo general, el Senado propuso al principio que el Consulado se prolongase diez años más, pero Napoleón insistió en un plebiscito que, por tres millones y medio contra ocho mil votos le concedió el Consulado vitalicio. Además, un *senatus-consultum* de mayo de 1802 modificó de tal modo la Constitución que concedió a Napoleón prácticamente poderes dictatoriales completos: el Senado, presidido ahora por el propio Napoleón, y cuyo número él completó por cooptación, tuvo la autoridad necesaria para modificar a voluntad la Constitución mediante los *senatus-consulta*, para disolver la Legislatura y el Tribunado y designar a los candidatos a los cargos de Cónsules subordinados. Se abandonó definitivamente la lista nacional de notables de Sieyès, y se la remplazó con una red de colegios electorales, donde los individuos designados por Napoleón fueron nuevamente la influencia principal. Finalmente, se le otorgó el derecho de negociar tratados sin someterlos a aprobación, y fue invitado a designar a su propio sucesor.

De este modo, Napoleón había dado el primer paso hacia la restauración de la monarquía hereditaria. Lo único que se necesitaba era incorporar los arreos de una corona y una corte imperiales y de una nueva aristocracia imperial. Los hechos exteriores de nuevo ofrecieron la oportunidad. La guerra con Inglaterra estalló nuevamente en 1803 y el jefe realista Georges Cadoudal obtuvo el apoyo inglés a un plan encaminado a secuestrar a Napoleón y llevarlo a Londres. El plan fue revelado a la policía por un ex jacobino convertido en informante. Moreau y Pichegru, que durante mucho tiempo habían estado en las proximidades de la corriente realista, aparecieron implicados: el primero fue exiliado y el segundo estrangulado en su celda, y el duque de Enghien, nieto de Condé, fue detenido en territorio alemán, y llevado clandestinamente a través de la frontera francesa y fusilado como agente inglés. Todos estos episodios señalaban la necesidad de una sucesión hereditaria, y en mayo de 1804 el Senado proclamó que "se confía el gobierno de la República a un emperador hereditario". Por el momento, como Napoleón no tenía hijo, se designó heredero a su hermano José, y después de éste a su hermano Luis (naturalmente, Lucien, que era el menor, ocupaba el último lugar de la lista). Se reforzó todavía más la policía; Fouché, cuyas intrigas le habían llevado a perder el cargo después de Marengo, recuperó el puesto y en adelante y hasta su extrañamiento definitivo en 1810 suministró al emperador boletines diarios originados en su vasta red de agentes. Por lo demás, la Administración conservó más o menos las mismas características anteriores, pero la corte, que ya estaba afirmándose en las Tullerías durante los últimos tiempos del Consulado, adquirió más formalismo, contenido y respetabilidad. Se fundó una nueva nobleza imperial, asignando el rango de príncipe a los hermanos Bonaparte, así como ducados italianos hereditarios a Bernadotte, Talleyrand y Fouché —todos los cuales ahora habían recuperado el favor—, e incluso Sieyès pronto aparecería con el atuendo completo de un barón del imperio. Y para dar más solemnidad a los procedimientos, el propio papa Pío, desentendiéndose de las protestas de los emigrados y los opositores realistas, marchó de prisa a París en diciembre de 1804 para presenciar la coronación del emperador en la catedral de Notre-Dame, que ahora había recuperado su antiguo esplendor.

De manera que la Primera República, después de vacilar al borde del abismo durante los cinco años precedentes, al fin fue sepultada, y Napoleón, que había realizado sus ambiciones en Francia, pudo consagrar su atención a otros problemas de más alcance. Éstos lo comprometerían en otra guerra de diez años, una larga sucesión de victorias y finalmente la derrota. Pero antes de embarcarse en esta nueva aventura europea, dispondría de cuatro años de paz casi perfecta en París. Por eso mismo, no es sorprendente que éstos fuesen los años que presenciaron la mayoría de las grandes reformas que el emperador —entonces todavía Primer Cónsul— ejecutó en Francia, reformas que en muchos aspectos complementan y ratifican la labor de las asambleas revolucionarias.

II

Reformas en Francia

Las principales reformas del Consulado fueron ejecutadas entre febrero de 1800 y mayo de 1803. Durante la mayor parte de este período Napoleón estuvo en París, y trabajó con la ayuda de un pequeño grupo de ministros y Consejeros de Estado, casi todos republicanos moderados o ex realistas: entre ellos Cambacérès, Lebrun, Talleyrand y Portalis. El papel que estos hombres representaron fue importante, aunque rigurosamente subordinado a su jefe, que asistía a la mayoría de las reuniones, les confería unidad y orientación y las marcaba con el sello de su propia devoción a la autoridad, el realismo, el desprecio por el privilegio y los derechos abstractos, la atención escrupulosa al detalle y el respeto a una jerarquía ordenada.

En Francia el período revolucionario se había visto amenazado por las medidas financieras y bancarias débiles e irregulares. Bajo los *feuillants*, los girondinos y los termidorianos, la inflación se desbocó, desapareció la moneda metálica y una sucesión de gobiernos quedó a merced de los especuladores, los financieros y los contratistas. Durante un breve período el Comité de Salud Pública había logrado, mediante el Terror político y económico, eliminar la especulación, contener la caída del *assignat* y conferir estabilidad provisional a las finanzas nacionales. El Directorio, después de varios años de inflación caótica, había adoptado medidas tardías con el propósito de restablecer el circulante y centralizar los impuestos, pero sus medidas eran incompletas. El golpe de Estado de Brumario y la promesa de Bonaparte en el sentido de que crearía un gobierno fuerte habían restablecido la confianza de los banqueros, y con su cooperación se fundó el Banco de Francia en febrero de 1800. Su capital original por acciones, de treinta millones de francos, fue elevado a cuarenta y cinco millones hacia 1803, cuando se dio al Banco el monopolio de la emisión de billetes. Pero la emisión de papel moneda fue mantenida bajo riguroso control, y el metálico de nuevo se convirtió en el circulante general. Un reflejo de esta nueva política financiera —y de la desconfianza que Napoleón sentía por el papel moneda— es el hecho de que entre 1799 y 1814 volvieron a la circulación alrededor de setenta y cinco millones de francos en oro y plata.

La más renombrada de todas las medidas sancionadas por el Primer Cónsul y su Consejo de Estado fue el Código Civil, completado en 1804 y rebautizado Código de Napoleón en 1807. De ningún modo era una innovación, aunque Napoleón se enorgullecería de este resultado más que de sus cuarenta batallas. La tarea de codificar los muchos decretos y leyes de la Revolución había sido iniciada por la Convención en 1792: un año después fue publicado un proyecto de código con un total de 779 cláusulas, las que se elevaron a 1.104 bajo el Directorio en 1795. En realidad, se habían discutido cinco borradores antes de que Napoleón y sus colaboradores comenzaran a trabajar en 1800. Fue una vasta empresa, que ya llevaba mucho retraso. Antes de la Revolución, la Monarquía no había obtenido gran cosa por referencia a la unidad jurídica: se aplicaban unos 360 códigos locales y en general se había dividido el país entre el derecho romano que prevalecía en el sur y el derecho consuetudinario del norte. Si bien la Revolución había aliviado el problema al eliminar el privilegio feudal y las relaciones hereditarias y de conservación de la propiedad, que habían sido separadas del derecho canónico, los grandes interrogantes persistían: ¿el nuevo Código debía basarse firmemente en el derecho natural abstracto, desentendiéndose de las tradiciones del pasado, o debía apuntar, mientras tenía muy en cuenta todos los cambios sobrevenidos en las relaciones de las propiedades y las personas desde 1789, a la consecución de un equilibrio acordado entre las pretensiones rivales del derecho romano y el consuetudinario?

La Convención había sufrido la influencia profunda de los argumentos racionales del Iluminismo, y aceptaba derechos absolutos como la igualdad de las personas, el matrimonio civil, el divorcio, la adopción, la herencia de los hijos ilegítimos, y la división igualitaria de la propiedad entre los herederos. Se había mostrado hostil al espíritu autoritario del derecho romano y apoyaba el liberalismo más amplio del derecho consuetudinario. El Código de 1804 alcanza cierto equilibrio entre las dos formas: preserva los principios legales igualitarios de 1789, pero éstos se encuentran suavizados por una insistencia nueva y más perfilada en los derechos de propiedad y la autoridad del padre y el marido. Pues a diferencia de sus predecesores Napoleón encontraba muchas cosas admirables en el derecho romano. Atraía a su propia naturaleza autoritaria, y además su aplicación podría contribuir a la superación de gran parte de la flojedad moral de la sociedad postermidoriana. ¿Acaso él mismo no había realizado una experiencia personal en el caso de su esposa

Josefina? Por lo tanto, las cláusulas del nuevo Código Civil que se refieren al matrimonio, la paternidad, el divorcio y la adopción son simultáneamente las que están influidas con más intensidad por el derecho romano y aquellas en que Napoleón intervino más enérgicamente. Así, se limita severamente el divorcio; es posible legar la propiedad, hasta una cuarta parte del total, fuera de la familia; puede otorgarse el reconocimiento a los hijos ilegítimos sólo excepcionalmente; se restablece la autoridad paterna sobre los hijos, según se practicaba bajo el *ancien régime*. En la cláusula referida a "los Derechos y los Deberes Respectivos del Marido y la Esposa", hallamos joyas como ésta: "Un marido debe protección a su esposa, una esposa obediencia a su marido", "Las mujeres casadas no pueden firmar contratos", y "Una mujer puede pedir el divorcio sólo en el caso en que el marido introduzca una amante permanente en el hogar de la familia". Pero por supuesto, esto es sólo una parte del cuadro. Aunque rechazara los principios liberal-democráticos de 1793, el Código adoptó la totalidad de los nuevos derechos de propiedad y los derechos de ciudadanía sancionados por los revolucionarios de 1789: se ratifica la destrucción del feudalismo y el privilegio feudal, así como la libertad de conciencia y ocupación, y al mismo tiempo quizá pueda afirmarse que el más importante de todos los artículos del Código es el que insiste —contrariamente al uso tradicional— en la división igual de la propiedad entre los hijos. Este tipo de cláusulas ha influido profundamente sobre el desarrollo social no sólo de Francia sino de alrededor de treinta países de todos los continentes fuera de Australasia.

La Legión de Honor, creada en mayo de 1802, refleja una inclinación análoga a combinar la autoridad con la igualdad de oportunidades. A diferencia del Código Civil, fue una invención personal de Napoleón, y tropezó con enérgicas manifestaciones de desaprobación tanto en el Tribunado como en la Legislatura, e incluso en el

Consejo de Estado. La Convención había abolido las antiguas insignias reales, por ejemplo la de la Orden de San Luis, tanto por sus connotaciones religiosas como por su carácter de reliquia del privilegio; pero a veces se continuaba concediendo "coronas cívicas" para recompensar servicios meritorios a la nación. Teniendo en cuenta ambos tipos de cuestiones Napoleón ideó su Legión. Las quince "cohortes", cada una formada por 250 miembros de diferentes rangos, eran seleccionadas por un Gran Consejo presidido por el Primer Cónsul. Lo animaba una doble intención: crear una nueva orden abierta a todos los que se distinguían por su servicio personal al Estado, y obtener una entidad que estaría sometida rigurosamente al control personal del propio Napoleón. Sus críticos, que sospecharon de este nuevo intento de extender la autoridad de Bonaparte, se apresuraron a formular objeciones, pero fue inútil, y la Legión sobrevive todavía hoy como un monumento más al dominio autoritario.

Las reformas educacionales de Napoleón se extendieron durante un período que abarcó tanto al Consulado como al Imperio. Reflejan las mismas actitudes sociales y políticas, incluido el desdén de Napoleón por las mujeres. El propósito de la educación, según él la veía, era equipar a los jóvenes para el servicio del Estado: los varones como médicos, docentes, servidores públicos y oficiales, o sencillamente como artesanos, peones y soldados comunes; y las niñas como escrupulosas y obedientes amas de casa y madres. El Consulado había heredado de la Convención y el Directorio alrededor de un centenar de colegios secundarios públicos. Fueron reorganizados y puestos bajo el control de un Director de Instrucción Pública, pero con la Iglesia en el papel de proveedora de gran parte de los docentes. Sin embargo, en la esfera de la educación la innovación especial de Napoleón y el motivo del orgullo que él sintió, fue el *Lycée*, un colegio secundario selectivo destinado a formar jefes y administradores. Tenía un currículo rigurosamente secular, cuya dirección estaba reservada exclusivamente al Estado. Debían crearse cuarenta y cinco *lycées*, al principio con seis mil cuatrocientas plazas financiadas por becas oficiales, de las que alrededor de un tercio estaban reservadas a los hijos de los oficiales y los funcionarios civiles, y el resto a los alumnos más aptos de los colegios secundarios públicos. Pero los comienzos fueron lentos, pues algunos padres de la clase media no veían con agrado la disciplina militar impuesta; de todos modos, hacia 1813 la educación que estos colegios suministraban había conquistado la reputación de que era la mejor de Europa, y seis mil estudiantes formados en los *lycées* habían ingresado en las universidades. Pero la educación de las jóvenes no era considerada una cuestión muy importante, y podía dejarse sin riesgo en manos de las órdenes religiosas. Al escribir a su ministro de Interior desde su cuartel de campaña en 1807, el emperador destacó que las alumnas de los colegios secundarios debían recibir una sólida formación religiosa. "Lo que pedimos" escribió, "no es que las jóvenes piensen, sino que crean", y agregó —y no era una observación emitida sólo en beneficio de la apariencia— que "es necesario cuidar que no conozcan textos en latín, o en otras lenguas extranjeras".

Como Cónsul y como Emperador, Napoleón se interesó activa y constantemente en la dirección de la economía nacional. Naturalmente, sus opiniones autoritarias lo llevaron a apoyar la dirección oficial en detrimento de las teorías de comercio libre de Adam Smith o de los "economistas" franceses del siglo XVIII. Pero su concepción de la intervención oficial estaba mucho más cerca del mercantilismo de Colbert en el siglo XVII que de la economía controlada que el Comité de Salud Pública había practicado en 1794. Era natural que los jacobinos estuviesen ansiosos de subordinar la economía a las necesidades de la guerra, de equipar sus ejércitos y alimentar a la población civil, pero también les interesaban la jerarquía y la dignidad de los seres humanos. Los propósitos de Napoleón fueron más conservadores y pedestres: el Estado debe intervenir para proteger a la agricultura y asegurar una balanza comercial favorable y un adecuado suministro de armas y soldados para las guerras del propio Bonaparte. Las condiciones materiales del pueblo, siempre que no desembocasen en el desorden público o estorbasen el reclutamiento, eran un tema de interés relativamente secundario. Su pasión por la reglamentación de hecho lo llevó, en una actitud de desafío a toda la orientación de la legislación revolucionaria, a jugar con la idea de resucitar las corporaciones por oficios del *ancien régime*. Mientras tanto, como cabía preverlo, se continuó negando a los trabajadores el derecho de organizarse. Más aún, en 1803 se aprobó una nueva ley que los forzaba a llevar un pasaporte sellado por el empleador, y en las disputas obreras sólo podía aceptarse como prueba la palabra del empleador.

Pero en estas cuestiones, como en otras, el realismo político no abandonó a Napoleón. Perseguido por los recuerdos de los disturbios a causa de los alimentos durante la Revolución (el peligro de una repetición fue especialmente grave en 1801), reconoció que la estabilidad y el orden público, y por lo tanto el suministro de reclutas, dependería en medida no escasa de una provisión adecuada de alimentos. Por lo tanto, en este aspecto como en otros la doctrina debía ceder ante las apremiantes necesidades del Estado. Excepto en los años de abundancia, se impusieron límites rigurosos a la exportación de granos, y en 1812 el emperador de hecho siguió el ejemplo de la Convención e impuso un límite al precio del pan y la harina. Por razones de este género Napoleón conservó el apoyo y la confianza de los campesinos y el *menu peuple*, incluso en momentos de crisis en que muchos de sus ex aliados burgueses estaban dispuestos a abandonarlo. Ese estado de cosas representó el papel de una importante base social que permitió resistir los frecuentes intentos de derrocarlo realizados por sus críticos; y la fidelidad del pueblo común, para el cual el tipo de liberalismo político propuesto por la oposición tenía escaso sentido o poca atracción, se mantuvo notablemente constante, y se quebró sólo bajo el peso del excesivo gasto de recursos y potencial humano —sin hablar del deseo profundamente sentido de paz— en los días sombríos de la "batalla de Francia", de noviembre de 1813.[1]

También por consideraciones de Estado, Napoleón se vio inducido a restablecer la Iglesia Católica en Francia, a partir de la firma de un Concordato con el Papa en 1801. Después de su historia irregular durante los primeros años de la Revolución, la Iglesia había sido separada del Estado en setiembre de 1795. La política del Directorio fue sucesivamente de tolerancia e indiferencia o de agria persecución, sobre todo en el caso de los sacerdotes que rehusaban jurar, y a quienes a menudo se acusaba o condenaba por traición. Durante este período habían aparecido diferentes cultos, y por la época del golpe de Estado de Brumario había diferentes prácticas religiosas, observadas con relativa inmunidad frente a la persecución, por los católicos (juramentados y no juramentados), los protestantes, los decadistas y los teofilantrópicos. Ese estado de cosas había determinado lo que Aulard denominó "un fecundo y variado florecimiento de la vida religiosa", pero no era un estado de cosas que pudiese ser grato a los católicos romanos, a los emigrados o a un gobernante de la disposición ordenada de Napoleón. El propio Napoleón era un escéptico voltairiano, poco dispuesto a la experiencia mística o a cualquier tipo de creencias; por ejemplo, sin duda es inconcebible que él pudiera compartir la creencia de Robespierre en la inmortalidad del alma. Pero a semejanza de muchos librepensadores y deístas contemporáneos, estaba convencido de que la religión organizada podía ser buena para otros, ya que no para él mismo; y sobre todo buena para las mujeres. Además, la religión contribuiría a mantener la paz social. "En la religión", escribió cierta vez, "no veo el misterio de la Encarnación, sino el misterio del orden social". La religión podía ser también una valiosa arma política. Las experiencias de Napoleón en Italia y en Egipto le habían señalado el peligro de permitir que las inquietudes "filosóficas" impusieran medidas que pudiesen soliviantar las susceptibilidades religiosas de los individuos a quienes había que gobernar. En Egipto había prohibido rigurosamente que su ejército ofendiese las prácticas religiosas musulmanas, y en sus tratos con el papado, en 1797, se había negado a cumplir las instrucciones anticlericales de los Directores. Destruyó los guetos de Roma y Venecia, no sólo para conquistar el apoyo judío, sino también para expresar sus propias opiniones "esclarecidas", y dijo en cierta ocasión —según parece con absoluta sinceridad—: "Si yo gobernase a los judíos, reconstruiría el Templo de Salomón".

De todos modos, antes de consentir en el restablecimiento de la Iglesia Católica en Francia, sopesó cuidadosamente las consecuencias políticas. Por una parte, una década y más de "esclarecimiento" y revolución habían eliminado de la mente y los actos de los hombres gran parte de la anterior influencia de la Iglesia. [2] Por ejemplo, la burguesía republicana en general había desechado la religión, y no creía que ella fuese un concomitante necesario de la virtud cívica, y en el caso de los que sí lo creían, los nuevos cultos del tipo del teofilantropismo podían cumplir eficazmente la misma función. Además, el anticlericalismo estaba firmemente arraigado en el Ejército, como llegó a ser evidente cuando al fin se concertó el Concordato. En cambio, la masa de la población francesa, los campesinos, nunca se había reconciliado del todo con el abandono de las antiguas formas del culto, y podía preverse razonablemente que la restauración eliminaría las principales quejas que aún mantenían latente la guerra civil en la Vendée y Bretaña. Más aún, incluso en los círculos intelectuales el antiguo escepticismo había perdido gran parte de su anterior atracción, y dejado el sitio a una renovación religiosa romántica. Por otra parte, desde 1795 Francia se había extendido mucho más allá de sus fronteras prerrevolucionarias, y así sería posible sofocar en germen la rebelión latente y apaciguar a la opinión católica en las poblaciones súbditas de Bélgica, Suiza, Renania e Italia. No sólo eso: un acuerdo con el Papa podía contribuir a promover una paz general en condiciones favorables a Francia, y a eliminar las aprensiones de muchos emigrados, más católicos que realistas, a quienes el Primer Cónsul deseaba atraer y reconciliar con su régimen. Pero, por supuesto, antes de que fuera posible un arreglo, el Papa debía aceptar dos condiciones importantes: "Esta religión" —citamos las palabras del propio Napoleón— "debe estar en manos del gobierno"; y no se hablará siquiera de devolver a sus antiguos dueños las propiedades confiscadas de la Iglesia.

Poco antes de Marengo se había elegido un nuevo Papa, Pío VII, y en vísperas de salir de Italia, en junio de 1800, Napoleón ya había realizado algunos gestos dirigidos a Roma. Se concertó el acuerdo sólo después de un año entero de negociación, y cuando ya se habían intercambiado entre los mandatarios diez borradores distintos. Los principales puntos en disputa fueron la designación y el pago de los obispos, el futuro de la Iglesia Católica en la comunidad general, y las relaciones entre la Iglesia y el Estado. Al principio, Pío insistió en que todos los obispos no juramentados fuesen reinstalados en sus sedes, y en que no se reconociera a los que habían usurpado esas funciones a partir de la Constitución Civil de 1790. También rehusó reconocer los derechos de los compradores de propiedades de la Iglesia, quiso que se pagase al clero con fondos derivados de dotaciones, y exigió que se reconociese al catolicismo romano como la única *religion d'état* (religión oficial) y que hubiese el mínimo de interferencia oficial en los asuntos de la Iglesia. Por su parte, Napoleón sostuvo que todos los obispos, tanto "refractarios" como "constitucionales", debían renunciar a sus sedes y tratar de que se los ratificara; que debía garantizarse la posesión a los compradores de las propiedades eclesiásticas; que se pagara al clero como a servidores del Estado; y que se definiese a la fe católica, no como la religión "dominante" —lo cual implicaba una limitación de los derechos de otros creyentes— sino como la "religión de la gran mayoría de los ciudadanos". En efecto, esta fue la forma definitiva aceptada. También se convino en que el gobierno eliminaría todos los obstáculos que se oponían al libre ejercicio de la religión católica. El método de nueva designación de los obispos se resolvió a satisfacción de Napoleón, al mismo tiempo que se evitó al Papa la indignidad de una rendición abyecta: en efecto, los obispos renunciarían en bloc, y serían nombrados nuevamente por el Papa, que emitió dos Bulas distintas —una para los juramentados y otra para los no juramentados— con ese propósito, después que el Primer Cónsul indicara los nombres. Más aún, Napoleón impuso su pretensión de que los obispos y el clero —este último designado por los obispos— debían recibir sueldos del Estado, y todo el clero prestaría juramento de fidelidad al gobierno, pero no a la Constitución del Clero de 1790. Finalmente, fue posible hallar una fórmula elegante para facilitar al Papa la aceptación de la entrega de las antiguas propiedades eclesiásticas. Era un aspecto fundamental, pues ni siquiera Napoleón hubiera podido convencer a los muchos adquisidores de propiedades de la Iglesia, enriquecidos por la Revolución, de que aceptaran otro tipo cualquiera de arreglo.

Por lo tanto, el Concordato pareció un compromiso, pero en todas las cuestiones importantes el Primer Cónsul obtuvo lo que deseaba. Aún así, tuvo que apelar a todo su prestigio, reforzado por el Tratado de Amiens firmado poco antes con Inglaterra, para vencer la dura oposición en el seno del Tribunado y el Consejo de Estado, y en los generales. La objeción más grave fue que el catolicismo romano, a pesar de su fórmula convenida, de nuevo se había convertido en la única religión oficial del Estado. Para afrontar esta crítica se decidió, sin consultar en absoluto al Papa, agregar al Concordato dos series de Leyes Orgánicas, de las cuales una era una carta de las libertades protestantes, y la otra ponía a la Iglesia Galicana más firmemente que nunca bajo el control del poder secular.

La relación entre el Papa y el emperador no fue fácil, y los arreglos concertados sufrieron el embate de permanentes disputas acerca de cuestiones temporales, las que nunca se resolvieron de manera satisfactoria. Pero no se revocó el Concordato, pues en esencia servía bien a las dos partes. Sobrevivió a una larga serie de gobiernos y constituciones, y la Iglesia y el Estado de Francia se mantuvieron unidos, de acuerdo con la fórmula napoleónica, durante los cien años siguientes.

VI

La Revolución y Europa

I

De los Constituyentes al Directorio

Hasta aquí hemos considerado principalmente la influencia de la Revolución sobre la propia Francia, pero ahora ha llegado el momento de ampliar la escena al mundo exterior, en primer lugar, el resto de Europa. ¿La Revolución Francesa fue un acontecimiento original, que respondió a causas absolutamente particulares, o fue parte de un movimiento mucho más amplio que se desarrolló no sólo en Francia sino, por lo menos, en Europa y América, ya que no en otros lugares? Tales interrogantes vienen a cuento en vista de una serie de consideraciones. Una es que, incluso antes de que la Revolución estallase en Francia varios países europeos presenciaron movimientos políticos que cuestionaron, de un modo o de otro, las tradiciones, las instituciones y los valores aceptados de la sociedad —la sociedad en general "aristocrática"— del *ancien régime*. Hubo movimientos en Bélgica y Polonia, en las Provincias Unidas (la actual Holanda) y en la ciudad natal de Rousseau, el pequeño Estado-ciudad de Ginebra.[1] Estos movimientos fueron relativamente breves, y por entonces acabaron en el fracaso, pero quizá no debe sorprender que los dramáticos episodios sobrevenidos en Francia durante los diez años siguientes confirieran un perfil más agudo y cierto estímulo a estos movimientos anteriores y que, en ciertos casos, les asignasen un contenido revolucionario nuevo. Esto sucedió a veces gracias a la contagiosa difusión de las ideas revolucionarias francesas, y otras como consecuencia de la influencia de los ejércitos franceses ocupantes, y en medida mayor o menor a causa de la acción emprendida contra sus propios gobernantes por el pueblo, o los "patriotas", de los países dados. El resultado eventual fue transformar a la antigua Europa del ancien régime de tal modo, que, hacia el final de los períodos revolucionario y napoleónico, apenas existía un país al oeste de Turquía y Rusia y al norte de Gibraltar que no se hubiese visto profundamente afectado. Por eso mismo, algunos historiadores han situado a la Revolución en Francia en una perspectiva completamente nueva, pues —arguyen— ya no aparece como un fenómeno único y particular por derecho propio, sino más bien como una fase individual de una conjunción mucho más amplia, que se extendió a los continentes europeo y americano, y a la que han asignado diferentes nombres: la revolución "Occidental", o "Atlántica", o "Democrática".[2]

Un resultado temprano de la Revolución Francesa fue la división de la sociedad europea en dos campos diferenciados y contrapuestos —sus partidarios, o "patriotas", por una parte, y sus enemigos, o "contrarrevolucionarios" por otra— . Pero esta división no se manifestó inmediatamente, pues episodios tempranos como la caída de la Bastilla en general fueron bien recibidos. Por supuesto, hubo excepciones: la emperatriz Catalina de Rusia, los reyes de España y Suecia y Edmund Burke en Inglaterra se mostraron decididamente en contra, aunque por el momento se abstuvieron de iniciar las hostilidades. Pero la reacción que prevaleció en Europa fue el entusiasmo, el alivio, la neutralidad benévola o —como en el caso de Inglaterra, antiguo enemigo de Francia— una especie de malicioso regocijo; tampoco los emperadores "liberales", José II y su sucesor Leopoldo, a pesar de su condición de hermanos de la reina de Francia, se mostraron excesivamente preocupados al principio, y parecieron dispuestos a dejar en paz la cosa. En general, el derrocamiento del "despotismo" suscitó un coro de aprobación, y así la Revolución arrancó con buen pie. Dispuso de tiempo para promover y consolidar sus ventajas antes de que, un año o dos más tarde, las clases privilegiadas y propietarias cobraran conciencia de sus consecuencias más generales y de la difusión de las ideas revolucionarias. Muchos se sintieron alarmados cuando presenciaron el aflujo a Francia de demócratas y disconformes de otros países; y hubo también muchos que, al regresar a su país o mantener correspondencia con personas del mismo, comenzaron a inquietarse cada vez más por los problemas de sus colegas, los "patriotas" del extranjero. Estos procesos suscitaron la alarma cada vez más viva de los enemigos de la Revolución.

La primera y estrepitosa señal de alarma provino de Edmund Burke, que publicó sus *Reflections on the Revolution in France* en noviembre de 1790. Encontró una audiencia bien dispuesta que compró treinta mil ejemplares y once ediciones de su libro en poco más de un año. El mensaje de Burke, a diferencia del que transmitían los emperadores "liberales", fue de condena total. Arguyó que los franceses, en evidente contraste con los ingleses cien años antes, estaban embarcándose en un curso rectilíneo de destrucción que amenazaba desgarrar toda la trama social, no sólo en Francia sino también en otros lugares, y avanzar ciegamente por un camino ignoto de renovación. "Un hombre debe aventurarse con infinita cautela", afirmó, "cuando derriba un edificio que ha satisfecho durante épocas enteras los propósitos comunes de la sociedad, o cuando se dispone a reconstruirlo sin tener ante los ojos modelos y esquemas de probaba utilidad". De manera que se invocaba el pasado para delinear el futuro: un precedente peligroso, como le contestó el constitucionalista norteamericano Thomas Paine, pues "el hombre no tiene la propiedad del hombre, y tampoco una generación es propietaria de las generaciones siguientes".[3] Pero Burke encontró muchos adeptos, el núcleo de una fuerza contrarrevolucionaria que se fortalecería con los muchos *émigrés* y exiliados que atravesaban la frontera francesa en busca de armas y un refugio más acorde con sus propios gustos.

De manera que ahora comenzaban a definirse nuevos frentes de batalla, pero por el momento los futuros promotores de la contrarrevolución armada opuestos a los franceses tenían otros problemas más apremiantes: Rusia, Suecía y Prusia estaban enfrascadas en el asunto de Polonia; Austria estaba enredada con Turquía y con sus propios súbditos belgas y húngaros; y por su parte Inglaterra estaba dispuesta a continuar esperando hasta que considerase amenazada su propia seguridad insular. De modo que los cañones permanecieron callados y así continuarían hasta abril de 1792, lo cual ofreció a los franceses otro respiro, y les permitió continuar su Revolución en territorio francés y proyectar sus ideas hacia el exterior utilizando medios pacíficos. En ciertos países esa influencia fue sorprendente, pero no sucedió lo mismo en otros; tampoco debe llamar la atención que dicho influjo variase mucho, de acuerdo con una sutil combinación de factores, de un país al siguiente. Ciertos países, por ejemplo Rusia y Turquía, estaban muy alejados de las fronteras de Francia, y sus tradiciones y su desarrollo social los inmunizaban casi por completo frente a la penetración de las ideas revolucionarias. Otros, como Baviera y regiones de Bélgica, estaban protegidos del contagio por un campesinado piadoso y el predominio clerical.

España, aunque compartía una frontera común con Francia, afrontaba problemas análogos, y además tenía una pequeña burguesía educada que no podía servir como canal apropiado de las nuevas ideas. Italia estaba dividida entre un norte receptivo —Piamonte, Saboya y Lombardía son ejemplos evidentes— y un sur que en general era hostil a las ideas originadas en Francia; los lazzaroni napolitanos protagonizaron disturbios, como hacían desde antiguo, en favor de la Iglesia y el rey, y un embajador francés fue asesinado en Roma. La evolución de Inglaterra también había sido diferente, pero su resistencia a las ideas francesas se acentuaba —aunque esto de ningún modo era general— a causa de su nivel de vida relativamente elevado, su posición insular y su enemistad tradicional hacia Francia. Más aún, como Burke recordó a sus lectores, Inglaterra había tenido su propia revolución, en ciertos aspectos análoga, durante el siglo precedente, ¡aunque omitió agregar que también ella, como haría más tarde Francia, había cortado la cabeza de su rey ungido! En cambio, había países que por la proximidad con Francia, las tradiciones culturales y el desarrollo social eran sumamente susceptibles a las ideas revolucionarias francesas; y cuando a ello se llegaba, también a la penetración de los ejércitos franceses. Nos referimos a Holanda, Bélgica, la Renania, los cantones suizos —aún no existía Suiza— e Italia, y aunque todos los países europeos sintieron en medida mayor o menor la influencia de los acontecimientos de Francia, sólo en los lugares mencionados hubo revoluciones que siguieron muy de cerca el modelo de la francesa. Pero incluso aquí ningún modelo revolucionario sobrevivió una vez retirada la protección militar francesa.

Esto, por lo que se refiere a la penetración en general pacífica de las ideas francesas durante los años tempranos de la Revolución. Y debe recordarse que la Asamblea Constituyente, que inauguró este período de tres años de paz no tenía —con pocas excepciones— la intención de hacer la guerra a Europa, fuese para ampliar sus territorios o para imponer a sus vecinos las nuevas ideas revolucionarias. En realidad, en su primera declaración acerca de la guerra y la paz formulada en mayo de 1790, los Constituyentes proclamaron solemnemente: "La nación francesa renuncia a emprender la guerra con el propósito de realizar conquistas, y nunca utilizará sus fuerzas contra la libertad del pueblo". Esta famosa fórmula de las "no conquistas" tuvo su lugar en la Constitución de 1791 y fue repetida por la Asamblea Legislativa en un enunciado de política exterior correspondiente al 14 de abril de 1792, pocos días antes de declarar la guerra a Austria, por consiguiente, sin duda en condiciones un tanto disímiles de los días serenos de mayo de 1790. Pero se ha sugerido que los diputados —incluso los de 1790— se manifestaron insinceramente y nunca tuvieron el propósito de atenerse a esas piadosas intenciones. Pero esto es sabiduría retrospectiva. La verdad está más bien en el hecho de que para los miembros de todos los partidos era casi un artículo de fe que la conquista y la expansión territorial, aunque inseparables de las guerras dinásticas de antaño —y de las que aún libraban sus enemigos— eran incompatibles con las nuevas ideas de Fraternidad y los Derechos del Hombre. Cuando en 1792 estalló la guerra, la mayoría de la Asamblea Legislativa, persuadida por Brissot, creía que los "patriotas" belgas, holandeses y renanos estaban esperando para recibirlos con los brazos abiertos, y que su "liberación" —lejos de implicar una conquista— sería un episodio rápido e indoloro. En esta etapa, fuera de los que trabajaban en secreto para la corte, sólo Robespierre y el reducido grupo de sus partidarios formularon dos objeciones pertinentes: primero, que el ejército francés aún no estaba preparado para la tarea que se le asignaba; y segundo, que los "misioneros armados" —según la propuesta de Brissot— tenían más probabilidades, incluso en el caso de los "patriotas", de suscitar resistencias que de ser bien recibidos.

Se comprobó la primera de estas opiniones dos meses después de iniciada la guerra, y se vio que Robespierre tenía razón; pero la segunda pudo probarse sólo cuando los ejércitos franceses, después de haber conquistado sus primeras victorias en Valmy y Jemappes, se prepararon para entrar en Bélgica y Holanda, y la Asamblea recibió de los "patriotas" de Saboya, Niza y la Renania la petición de anexionar esos territorios a Francia. Que la Asamblea accedería a las reclamaciones no era una conclusión más evidente que lo que había sido en setiembre de 1791, cuando después de prolongada demora consintió, respondiendo a los deseos de la población local, en la incorporación del enclave papal de Aviñón. Pero Aviñón estaba un centenar de millas dentro del territorio nacional francés, y no parecía muy compatible con la "soberanía popular" dejar a los habitantes de Aviñón, contra sus deseos explícitos, bajo el dominio extranjero. Pero Niza y Saboya estaban más allá de las fronteras de Francia, y pertenecían al reino de Cerdeña; incluso así, se mencionó el precedente de Aviñón para apoyar la petición saboyarda de unión con Francia. El tema fue intensamente debatido en la Convención Nacional de setiembre de 1792, cuando un internacionalista tan ardiente como Camille Desmoulins arguyó que anexionar a Saboya, incluso como respuesta a la petición popular, equivalía a iniciar una política de conquistas, precisamente lo que la Asamblea había rechazado de manera explícita. De modo que al principio se rechazó la petición, pero poco después, los esfuerzos combinados de Danton, una serie de diputados girondinos y de "patriotas" extranjeros especialmente atentos a los problemas internos, entre ellos el prusiano Anacharsis Cloots, convencieron a la Convención para que encontrase una nueva fórmula que justificara tales procedimientos. Así se llegó a la famosa doctrina de las "fronteras naturales" de Francia, que según las definió inicialmente Carnot, se extendían a lo largo del Rin, los Alpes y los Pirineos. Tales argumentos prevalecieron, y el 27 de noviembre de 1792 la Convención consintió, con sólo dos votos contrarios, en la anexión de Saboya.

De modo que ahora el camino estaba abierto —a través de un proceso lógico más que de un intento preconcebido— para abordar otros experimentos. Se presentó la ocasión, incluso más definidamente que antes, en relación con los Países Bajos y la Renania. Por el momento, Francia estaba libre de enemigos; los austríacos habían sido expulsados de Bélgica, los príncipes alemanes de la Renania y los sardos de Niza; y el 19 de noviembre la Convención emitió una declaración en el sentido de que dispensaría "fraternidad y ayuda a todos los pueblos que desean recobrar su libertad". Era un paso fatídico, y por supuesto representó una provocación directa e intencionada a los gobernantes de Europa, incluidos los ingleses. Pero también originó otros interrogantes: ¿Quién hablaría en nombre de "los pueblos", quién definiría la "libertad", y cuál sería el destino de quienes la rechazaban? En el caso de Niza el problema no era grave, pues sus habitantes, como los saboyardos, ansiaban la unión con Francia, de modo que la fórmula fue aceptada. Pero la Convención también había decretado el 15 de diciembre que las nuevas autoridades de asambleas revolucionarias que se formaran en los territorios ocupados debían ser elegidas sólo por ciudadanos que jurasen "ser fieles a la libertad y la igualdad y renunciar al privilegio". De manera que sólo los "patriotas" tenían derecho de voto. Pero los "patriotas" de Bélgica y la Renania, que saludaron la "liberación" y votaron en favor de la anexión, en definitiva eran una minoría. De manera que la Convención, lejos de acceder a los deseos espontáneos y entusiastas de los pueblos "liberados", se vio inducida, a causa de la oratoria persuasiva de los dantonistas y los girondinos, del grupo de presión de los "patriotas" extranjeros, de la lógica de las "fronteras naturales" de Francia y las exigencias de la guerra, a dar los primeros pasos por el camino de la conquista y la anexión.

La Gironda y otros grupos "patriotas" de París tenían también otros objetivos expansionistas; sobre todo, organizar "repúblicas hermanas" en los países que estaban allende las "fronteras naturales" de Francia, de modo que ésta se asegurase un grado razonable de apoyo. Además, podía preverse que estas repúblicas, a semejanza de los territorios anexionados, pondrían en circulación el *assignat*, aceptarían que Francia administrase su oro y su plata, y contribuirían, mediante subsidios e impuestos, a los gastos de la guerra. Tales planes ya estaban bastante avanzados en enero de 1793, cuando se puso en el orden del día la ocupación de Holanda. Pero los holandeses y los ingleses se unieron en la guerra contra Francia en febrero; hacia el mes de abril, los franceses se habían visto obligados a evacuar los Países Bajos y la Renania, y los girondinos cayeron poco después. Así, se había creado una situación nueva, y hombres distintos asumieron el poder. Robespierre, jefe de estos hombres, se había opuesto desde el principio a la guerra de "liberación", a la conquista de las "fronteras naturales" de Francia y a la formación de "repúblicas hermanas". En contraposición a estas ideas, destacó la necesidad de respetar los tratados existentes y los derechos de las pequeñas naciones y los países neutrales: Francia a lo sumo debía prometer que ayudaría a una revolución que ya estuviese en marcha. Por consiguiente, los "patriotas" extranjeros en París se convirtieron en sospechosos y Cloots, su representante más característico, enredado en una "conspiración extranjera", fue a la guillotina. Pero aunque rechazó la propuesta de anexionar a Cataluña —donde los ejércitos franceses entraron en abril de 1794—, el Comité de Salud Pública eligió un camino intermedio limitándose a poner esa provincia bajo la "protección" francesa .[4] Pero en general, habían cambiado no sólo los principios sino las circunstancias: de abril de 1793 a junio de 1794 la República, lejos de hallarse en una posición que le permitiera expandirse o imponer a otros sus soluciones, de nuevo afrontó la invasión extranjera y tuvo que luchar por sobrevivir. Como sabemos, Robespierre fue derrocado un mes después de la victoria de Fleurus; y sólo después de Fleurus, cuando se presentaron nuevas oportunidades, las medidas preconizadas por Robespierre pudieron ser comprobadas más cabalmente.

Pero los termidorianos no compartían las opiniones de Robespierre, y retornaron a los objetivos expansionistas de la Convención girondina; tampoco tuvieron que esperar mucho tiempo para aplicarlos. Hacia el otoño de 1794 Bélgica y las provincias renanas estaban nuevamente sometidas a la ocupación militar francesa. Las tropas republicanas entraron en Amsterdam, y el Stadholder huyó a Inglaterra. ¿Qué debía hacerse con los territorios ocupados? A esta altura de las cosas algunos que antes habían sido "expansionistas" habían cambiado de actitud: Carnot abandonó su confianza en las "fronteras naturales" de Francia y con el apoyo de una serie de generales —entre ellos Joubert y Kléber— arguyó que una política de anexión conduciría a una guerra interminable; y los realistas, ahora defensores de la paz a cualquier precio, sumaron sus voces. Pero prevalecieron otras opiniones, más influyentes: entre ellas las de Sieyès y Merlin de Douai, defensores de la idea de una red de "repúblicas hermanas"; Reubell de Alsacia, que apoyó la anexión lisa y llana; y una mescolanza de "patriotas" holandeses, generales, proveedores del ejército e industriales, a quienes las diferentes formas de la expansión y la anexión parecían ofrecer importantes ventajas materiales. De modo que Bélgica fue anexionada como provincia de Francia en octubre de 1795; la Renania, en espera de la anexión, fue puesta bajo un gobierno militar; y más allá de las "fronteras naturales" de Francia, se declaró la República de Batavia en Holanda, que quedó estrechamente unida con Francia en 1795; y después de prolongada demora los cantones suizos fueron unificados en 1798 y formaron la República Helvética.

Entretanto, la victoriosa campaña italiana de Bonaparte, que había comenzado a fines de 1796, abrió perspectivas mucho más amplias a la expansión más allá de los Alpes. Ciertamente, esas posibilidades forman una lista impresionante. Después de las victorias iniciales, los sardos se habían visto obligados a aceptar el hecho consumado de la cesión de Niza y Saboya. Más tarde, de acuerdo con la paz de Campoformio, Austria aceptó ceder Bélgica —otro hecho consumado—, reconocer la renuncia de los príncipes alemanes a sus provincias renanas, y el derecho de Francia a las Islas Jónicas en el Adriático. A cambio —y en desafío a todos los precedentes revolucionarios— Venecia, liberada de su aristocracia local por los franceses, pasó a poder del emperador. También fue necesario determinar la situación del resto de Italia. Los directores, que tenían los ojos fijos en Alemania más que en Italia, prefirieron arrancar un tributo importante al mismo tiempo que dejaban a los gobernantes del momento el manejo de los asuntos italianos. Pero Bonaparte tenía sus propios planes, y estaba en condiciones de imponerlos. Pese a la protesta "jacobina" local, Piamonte fue anexionado formalmente por Francia; Génova, en espera de un trato análogo, obtuvo un respiro provisional en el carácter de una república que gozaba de independencia nominal. Los "patriotas" italianos también abrigaron la esperanza de obtener la jerarquía de república para las ciudades norteñas liberadas de Parma, Módena, Ferrara y Bolonia, pero Bonaparte destruyó sin contemplaciones esas ansias y unió las ciudades con Lombardía y con fragmentos del antiguo territorio veneciano y papal, para formar una extensa República Cisalpina. Sobre la costa noroeste se organizó una República Ligur, basada en Génova. Cuando Napoleón regresó a Francia y después se dirigió a Egipto, estas repúblicas se convirtieron en modelos para sus sucesores. En 1798 el Papa fue transferido a Siena, y se proclamó en el centro de la península una República Romana, bajo la protección militar francesa. A principios de 1799 el general Championnet ocupó Nápoles, cuyo rey había unido fuerzas con Austria en un ataque a Roma, y proclamó una República Partenopea en el sur. Estas "repúblicas hermanas" —o por lo menos las que sobrevivieron— asumirían nuevas formas bajo el Consulado y el Imperio. Por el momento, armonizaban bastante bien con los propósitos revolucionarios y expansionistas de los Directores, y halagaban las ambiciones de sus generales.

Por una parte, y tal como lo habían deseado los Directores, estas "repúblicas hermanas" y otros territorios anexionados fueron una abundante fuente de ingresos. Durante la primera ocupación de Bélgica, el decreto de la Convención fechado el 15 de diciembre ya había establecido que los pueblos "liberados" debían recaudar impuestos con el fin de contribuir al mantenimiento de los ejércitos franceses, y esta política fue aplicada con energía todavía mayor cuando Francia reanudó su expansión en 1795. Por ejemplo, al convertirse en República de Batavia, Holanda aceptó mantener un ejército de ocupación de veinticinco mil hombres y pagar una indemnización de cien millones de florines en plata o en letras de cambio libradas sobre bancos extranjeros. Estas exacciones se agravaron a medida que la guerra continuó y que los Directores enfrentaron obligaciones financieras cada vez más variadas. El procedimiento funcionó en beneficio de Bonaparte, pues éste comprobó que el modo más seguro de convencer a los Directores de que tolerasen sus métodos cesaristas en Italia era colmar los cofres de la República con el botín y los tesoros retirados de las regiones ocupadas. De manera que el recaudador de impuestos siguió de cerca al ejército conquistador, y en julio de 1797 Salicetti, comisario en el ejército de Italia, informó que los tres primeros meses de campaña ya habían aportado un tributo de sesenta millones de francos. Pero Napoleón llegó aún más lejos. En un mensaje enviado a los Directores en noviembre, presentó un notable balance de operaciones eficaces, por referencia a los prisioneros, la artillería capturada, los tratados y los pueblos "liberados". A esta nómina agregó la siguiente vanagloria:

"Fueron enviadas a París todas las obras maestras de Miguel Ángel, Guercini, Tiziano, Paolo Veronese, Correggio, Albano, el Caracci, Rafael y Leonardo da Vinci."

Sin embargo, no fue una relación ventajosa para una sola parte. Al proyectar su revolución hacia Europa, la República Francesa no se limitó a imponer tributos o a exportar tesoros; dio algo a cambio. La "declaración de la victoria" de Napoleón —de la cual acabamos de citar unas líneas— también incluyó una lista formada por una veintena de provincias y ciudades en que, según afirmó, se había impuesto la "libertad". Y esto no era una vacía vanagloria o un sesgo retórico, y no significaba sencillamente que se había derrotado en combate a los enemigos de Francia, y que los gobernantes locales habían perdido sus cargos o sus dominios. Los ejércitos de la República en Italia, como antes en Bélgica, Holanda, los cantones suizos, la Renania y Saboya, no limitaron sus actividades a las operaciones militares, al saqueo y la obtención de subsidios, ni siquiera bajo el Directorio. Con el apoyo, donde tal cosa era posible, de los "jacobinos" locales (el término se utilizaba ampliamente) incorporaron nuevas leyes e instituciones políticas que respondían al modelo francés, e incluso transformaron el antiguo sistema social. Los príncipes, los Stadholders —como en Holanda— y los gobernadores extranjeros fueron depuestos; se procedió a la instalación de nuevas autoridades revolucionarias; se formaron ejércitos nacionales; y se impusieron las leyes y las constituciones francesas. Por supuesto, el carácter de estas medidas, y el grado en que fueron rigurosamente "burguesas" o "democráticas", tendió a reflejar lo que estaba sucediendo en la propia Francia. La constitución liberal-democrática francesa de 1793, aunque generalmente aclamada por los "jacobinos" del extranjero, había hallado pocos imitadores, pero esto fue así porque en ese momento Francia no estaba en condiciones de imponer a otros sus instituciones, y los "patriotas" extranjeros que las admiraban en la mayoría de los casos carecían de poder para avanzar sin el apoyo francés. Sin embargo, hubo una excepción: en el pequeño Estado-ciudad de Ginebra los demócratas, que en febrero de 1794 habían conquistado la mayoría en la Asamblea Nacional recientemente formada, concibieron una constitución que, en muchos aspectos, era análoga a la adoptada, medio año antes, por la Convención jacobina. Pero sobrevivió sólo dos años, pues con la caída de Robespierre las ideas y las instituciones de la era jacobina dejaron de ser moda tanto en Francia como en los países vecinos. Vino a ocupar su lugar una nueva constitución ginebrina, reflejo más fiel de la Constitución francesa de 1795.

Ahora ésta se había convertido en la regla general, y la misma constitución "burguesa" del Año III, que había llevado a los Directores al poder en Francia, se convirtió en modelo de la sucesión de constituciones —un total de diez— sancionadas en las "repúblicas hermanas", de Italia o de otros países, entre 1796 y 1799.[5] Variaban bastante en los detalles, y algunas fueron discutidas con más libertad e impuestas de un modo menos perentorio por los agentes de Francia. Por ejemplo, en la República de Batavia la constitución aprobada en 1798 fue tema de acalorado debate durante tres años: los demócratas holandeses habían perseguido durante mucho tiempo el sufragio adulto masculino y una asamblea unicameral, y aceptaron un compromiso sólo ante la insistencia del representante francés en La Haya. En otros lugares las constituciones fueron impuestas o adoptadas, con un mínimo de discusión local, a partir de proyectos traídos de París o facilitados por el cuartel general de Napoleón. Pero al margen del método de consulta, los resultados definitivos fueron casi siempre los mismos: un sufragio más o menos restringido

—aunque a veces más liberal que el francés—, elecciones en dos etapas, una asamblea bicameral, derechos civiles para los judíos, y la tolerancia religiosa. Más aún, se procedió a la clausura de los guetos de Roma y Venecia, como se había hecho antes en Bonn; fueron abolidos los derechos feudales, el diezmo y los residuos sobrevivientes de la servidumbre, como sucedió en la Renania, algunos cantones suizos y Cerdeña; las órdenes o "corporaciones" privilegiadas fueron disueltas; y se procedió a la confiscación de las tierras de la Iglesia, que salieron a subasta pública. En resumen, el esquema general fue un arreglo "liberal", en términos amplios análogo al adoptado en Francia por la Asamblea Constituyente de 1791, a cuyos principios los Directores retornaron en 1795, después del interinato de la Convención.

Pero, hecho que no es sorprendente, los cambios no satisficieron a todos. Por ejemplo, el sur de Italia era una región de campesinos pequeños y sin tierra, empobrecidos pero no sometidos a servidumbre; ganaron poco o nada con el nuevo régimen y tenían escasas esperanzas de mejorar. En los cantones suizos, el diezmo y las obligaciones señoriales fueron redimidos con un alto costo, y en Bélgica y algunas regiones de Italia las nuevas medidas de ayuda pública no llegaron a compensar a los pobres por la pérdida de la caridad eclesiástica. De modo que los "libertadores" franceses, en lugar de merecer la gratitud universal, a menudo se vieron frente a manifestaciones hostiles de campesinos y pequeños consumidores urbanos. Así fue en Bélgica, los cantones suizos y gran parte de Italia desde mediados hasta fines de la década de 1790; a veces con la evidente complicidad de la Iglesia. El episodio más notable sucedió en Piamonte, al norte, después de su anexión por los franceses en 1799. Pues allí, lejos de manifestarse en favor de la Iglesia y el rey —como a menudo sucedía en otros lugares—, los insurgentes, formados por bandas campesinas dirigidas por "jacobinos" locales, protestaron contra la violación francesa de los proclamados derechos de "soberanía popular". Portaban retratos de los "mártires" revolucionarios Marat y Lepeletier, y exigían la formación de una República Italiana unida. El incidente es significativo porque fue el primer ejemplo —y en el momento dado el único— del concepto revolucionario de "soberanía popular" arrojado al rostro de los franceses "libertadores". Demostró también que los piamonteses, los únicos italianos que adoptaron esa posición durante la década de 1790, estaban dispuestos a seguir a los franceses por el camino de una revolución popular más amplia que la que los gobernantes del momento en Francia estaban dispuestos a tolerar. Al proceder así también anticiparon ese renacimiento del radicalismo italiano —inspirado en Babeuf— que presenció el derrumbe del Imperio napoleónico doce años más tarde.

II

Bajo el Consulado y el Imperio

Como hemos visto los años del Consulado estuvieron consagrados sobre todo a las reformas de Napoleón en Francia. Pero fue también durante este período cuando el Primer Cónsul derrotó a los austríacos en Marengo (1801) y les impuso el Tratado de Lunéville; y a esta incursión en Europa siguió pronto la anexión de Piamonte, Parma y Elba, la posterior ocupación de Holanda y la elección de Napoleón como presidente de la República de Italia, constituida poco antes. De manera que continuó, aunque con paso más lento, la tarea de "revolucionar" Europa más allá de las fronteras de Francia. De hecho, sólo después de volver a estallar la guerra con Inglaterra en 1803 —y sobre todo después que se unieron a Inglaterra, dos años más tarde, sus tres aliados orientales— este fenómeno se convirtió en un proceso continuo, acompañado por una larga serie de victorias francesas en tierra, que acabarían únicamente con la derrota definitiva y la rendición del emperador después de Waterloo, en 1815.

Pero primero, después de la reanudación de la guerra, sobrevino el desdichado intento de Napoleón de invadir Inglaterra, y la pérdida de las flotas francesa y española combinadas en Trafalgar, en octubre de 1805. En previsión de este desastre, Napoleón ya había abandonado la batalla por la costa inglesa, e ingresado en Baviera con su Gran Ejército recientemente formado; allí, en Ulm, derrotó al general austríaco Mack, y le obligó a rendirse con cincuenta mil hombres. Siguieron, en rápida sucesión, la ocupación francesa de Viena y la aplastante derrota de una fuerza conjunta austrorrusa, mandada por el zar Alejandro, en Austerlitz, Moravia, el 2 de diciembre de 1805, que se convertiría en el día y el mes de una conmemoración anual de la saga napoleónica. Francisco II, el emperador austríaco, fue inducido entonces a firmar la Paz de Presburgo, en virtud de la cual perdió el Véneto y el Tirol, y al reconocer a Baviera, Baden y Württenberg como reinos independientes, renunció a su último punto de apoyo en Alemania.

Entretanto Napoleón, que disponía de poco tiempo para perder en negociaciones, derrotó a los prusianos, el último de los aliados orientales que se incorporó a la guerrra, en Jena y Auerstädt, y ocupó Berlín. Siguió otra derrota de los rusos en Friedland, en junio de 1807, y a su vez esta victoria fue seguida prontamente por la paz y la alianza firmadas en julio por el zar y el emperador en Tilsit, donde por referencia a las esferas de influencia de hecho se dividieron entre ellos la totalidad de Europa continental. Inglaterra, ahora declarada enemiga de ambos, tuvo que someterse y reconocer la libertad de los mares, un principio largamente disputado.

Como se ve, la campaña de 1805-1807 había aportado deslumbrantes éxitos a Napoleón, y aunque él aún no lo sabía, en ese momento estaba en el pináculo de la fama y la fortuna. Pero también le había acarreado nuevos problemas: ¿cómo asimilaría sus conquistas, y como debía lidiar con su antiguo enemigo, la "pérfida Albión"? La respuesta a la primera cuestión debía estar en la organización del "*Grand Empire*", que ahora se extendía más allá del propio Imperio Francés sobre una parte considerable de Europa, y la respuesta a la segunda cuestión estaba en el bloqueo económico de Inglaterra, al que muy pronto se denominó Sistema Continental.

El Sistema, que provocaría a su autor muchos más dolores de cabeza que a las presuntas víctimas[1], no exige que le prestemos atención aquí, pues nada agregó al proceso "revolucionador" que es nuestro interés principal. Pero, el Gran Imperio que, con su red de territorios anexados, satélites y principados, ya había comenzado a cobrar forma, posee rigurosa pertinencia. A partir de 1802 las fronteras europeas, bajo la influencia de las armas y la diplomacia francesas, habían sufrido modificaciones frecuentes y drásticas. Estos cambios se reflejaron de distintos modos de la República al Imperio, en las ambiciones dinásticas de Napoleón y en las necesidades constantes de la guerra. En la medida en que se atuvieron a un plan básico, se inspiraron en recuerdos de la monarquía universal de Roma o Carlomagno, más que en un precedente de carácter reciente. En todo caso, nada tuvieron que ver, pese a las protestas de Napoleón en Santa Elena, con un deseo profundo del emperador en el sentido de satisfacer las aspiraciones nacionales de los pueblos europeos. Pero él no se opuso a aprovechar dichos sentimientos cuando le pareció oportuno, por ejemplo en sus tratos con Italia y Polonia. En Italia, la creación de la República Cisalpina, basada en Lombardía, había avivado las esperanzas de los "patriotas" de 1796, incluso aunque Venecia fue cedida provisionalmente a Austria, y Piamonte fue anexionado a Francia. Las esperanzas nacionales cobraron nueva vida cuando la Cisalpina recibió el nombre de República Italiana en 1802; pero todo esto cambió con la coronación del emperador en Francia. En 1805 se formó un Reino de Italia, gobernado en nombre de Napoleón por su hijastro Eugéne de Beauharnais. Hacia 1810 sus territorios se habían extendido a lo largo del Adriático para incluir a Venecia, las Marcas, Ancona y Trentino. Entretanto, el Imperio Francés había absorbido a Génova en 1805; a Parma, Piacenza y Toscana (el breve Reino de Etruria) en 1808; y en 1809 a los Estados Papales y las Provincias Ilirias del Adriático. En 1806 el Reino de Nápoles (lo que otrora había sido la República Partenopea) había sido entregado a José Bonaparte, y en 1808, cuando José pasó a España, Nápoles quedó en manos de Murat, esposo de Carolina, hermana del emperador. Parecía que todos estos territorios estaban destinados a ser absorbidos más tarde o más temprano por el Imperio Francés cuando en 1811, el hijo de Napoleón con su segunda esposa, María Luisa de Austria, recibió el título de rey de Roma. En ese momento, salvo algunos minúsculos enclaves vasallos como Luca y Piombino, Italia estaba dividida en cuatro partes: la larga faja de territorio imperial francés que se extendía a lo largo de la costa del Mediterráneo más allá de Roma; los reinos satélites de Italia en el noroeste y de Nápoles en el sur; y los bastiones antifranceses que aún persistían, es decir, Sicilia y Cerdeña, mantenidos por la flota británica.

Al norte de Italia, la República Helvética se había convertido, en armonía con el cambio de los usos, en la Confederación Suiza. Flanqueados por el principado de Neufchâtel en manos de Berthier y por los cantones anexionados de Valais y Ginebra, sus diecinueve cantones, aunque no absorbidos por Francia, estaban bajo la protección francesa. Al norte se extendía la Renania y Bélgica (ambas englobadas dentro de las "fronteras naturales" de Francia) y Holanda. Pero Holanda había sufrido otros cambios: la República de Batavia de 1795 se había convertido en Reino de Holanda en 1804, y se había incorporado al Imperio Francés en 1810.

A diferencia de Italia y los Países Bajos, las fronteras del sistema político de Alemania más allá del Rin no se habían visto afectadas por las conquistas anteriores de Francia. Pero la campaña de 1805-1807 determinó cambios drásticos. Un paso inicial fue la creación, en junio de 1806, de la Confederación del Rin, formada por dieciséis (después dieciocho) principados alemanes, la mayoría dotados de independencia nominal, pero en mayor o en menor grado con compromiso de fidelidad al emperador. Entre ellos estaban Baden, Baviera y Württenberg (ahora liberados de su relación con Austria), el Gran Ducado de Berg (cedido recientemente por Prusia) y los reinos de Sajonia y Westfalia. Westfalia era una creación nueva, formada entre 1807 y 1810 con fragmentos de Hannover, Brunswick y territorios renanos cedidos por Prusia en Tilsit; la gobernaba Jerónimo, el más joven y el más capaz de los hermanos de Napoleón, y se convirtió en blanco de la frecuente atención del emperador.

Mientras la nueva confederación sirvió como contrapeso de Prusia en el norte y de Austria en el sur y el este, la Polonia prusiana, rebautizada Gran Ducado de Varsovia, se unió a Sajonia para actuar como tapón frente a Rusia. Así, en vísperas de la campaña rusa de 1812, el Gran Imperio y sus satélites formaban una red de estados interrelacionados. El propio Imperio Francés que era su centro, se extendía desde Hamburgo en el norte hasta Roma en el sur; dividido en 130 departamentos, se extendía sobre casi medio millón de millas cuadradas y contaba con una población de cuarenta y cuatro millones de habitantes. Más allá de sus límites, hacia el este y el sur, se extendía un complejo de Estados satélites y vasallos, algunos gobernados por el clan Bonaparte, y otros por príncipes clientes, que gozaban de independencia nominal pero eran incapaces, aunque lo hubiesen deseado, de afirmar su independencia. Dos estados correspondían a este esquema teórica más que prácticamente: Suecia, donde Bernadotte, elegido príncipe coronado en 1810 gracias a la influencia francesa, planeaba una traición; y España, donde José, enviado para ocupar un trono vacante en 1808, pronto descubrió que era un gobernante sin reino. Y fuera de este sistema, aunque en su periferia, había un grupo de potencias continentales —Austria, Prusia y Dinamarca— que oficialmente eran países de igual jerarquía e independientes, pero cuya alianza, gracias a la preponderancia militar francesa, podía ser comprada, atraída o impuesta. De hecho, en 1812 Prusia perdió su independencia *de jure* y se convirtió en otro estado vasallo.

Con el tiempo, Napoleón soñó con la posibilidad de imponer una más acentuada uniformidad política a sus conquistas, pero como éstas eran el resultado de las guerras estaban sometidas a permanentes coyunturas y variaciones determinadas por la necesidad. Pero a pesar de todos los cambios exhibían la impronta tanto de la mente ordenada de su creador como del variable esquema constitucional de la propia Francia. Pues era difícilmente concebible que Napoleón, después de asumir poderes dictatoriales en Francia, no modificase las anteriores instituciones representativas de las "repúblicas hermanas". A partir de 1800 se observó una tendencia cada vez más acentuada a limitar los derechos de los electores, a apartar del gobierno a los demócratas, y a asignar los principales cargos de autoridad a los Notables y los aristócratas, a fortalecer el ejecutivo y a centralizar más firmemente el gobierno. En la República de Italia de 1810 el voto popular se vio desplazado por un sistema de colegios electorales elegidos arbitrariamente, y cuando la República se convirtió en Reino, en 1805, se desechó por completo la Legislatura. En Francia imperial se abolió el Tribunado en 1807, rara vez se convocó la Legislatura, y el Consejo de Estado, después que terminó su labor en el Código Civil, quedó limitado al ejercicio de funciones judiciales. Esta actitud dio el tono de las nuevas constituciones del Gran Imperio, y en las que se redactaron en 1807 y 1808 para los reinos de Westfalia y Nápoles el emperador por primera vez reveló su intención más profunda, que era prescindir por completo del principio electivo. Al margen de las libertades que el emperador podía aceptar —entre ellas la tolerancia religiosa y la libertad de comercio interior— en todo caso no incluían la libertad de expresión política y el derecho eficaz de voto. "Es ridículo", escribió a Jerónimo, "citar contra mí las opiniones del pueblo de Westfalia. Si escuchas la opinión popular jamás realizarás nada".

Pero aunque negó los derechos de la democracia y la elección popular, Napoleón tenía interés en realizar drásticas reformas políticas y sociales dondequiera llegaba su dominio. Esta actitud le parecía conveniente y deseable: era conveniente en cuanto atraía a los campesinos y las clases medias, y acomodaba a Napoleón, en su condición de heredero de la Revolución, trasladar a Europa los principios de 1789 que no eran incompatibles con su autocracia y sus necesidades militares. En esto, el Código Civil sería la piedra angular. Como dijo en 1807 a Jerónimo: "Los beneficios del Código de Napoleón, el juicio público y la introducción de los jurados serán los rasgos principales de tu gobierno... ¿Quiénes desearán regresar al arbitrario dominio prusiano, una vez que hayan saboreado los beneficios de un gobierno sabio y liberal?" Westfalia debía ser el modelo de la Confederación Alemana, sobre todo por la influencia que ejercería sobre sus vecinos, pero la receta recomendada a Jerónimo era, con algunas modificaciones, la misma que se aplicaba en todos los estados anexionados o vasallos. En su carácter de "déspota ilustrado", Napoleón estaba interesado en centralizar y modernizar su gobierno y fortalecer su autoridad sin prestar atención a los "organismos intermedios" situados entre el soberano y su pueblo. Por eso mismo, vemos que ocupaba un lugar destacado en la lista de las reformas ejecutadas en sus dominios la construcción de caminos y canales, la unificación de las zonas aduaneras, los sistemas unificados de justicia y de pesas y medidas, la economía en el área de los gastos oficiales, la creación de ejércitos nacionales, las constituciones escritas, la secularización de la propiedad eclesiástica y la disolución de los monasterios. También hallamos reformas sociales, que recuerdan las del emperador José II, como la tolerancia religiosa, los derechos civiles otorgados a los judíos y —casi universalmente— la abolición de la servidumbre donde aún perdura. Entre las reformas de diferente género cabe incluir el Concordato, que cumplió una función útil porque conquistó partidarios o neutralizó a los enemigos existentes en la Bélgica católica, en Nápoles y en Alemania meridional y occidental. Pero de un modo mucho más drástico que cualquier "déspota ilustrado" anterior, Napoleón arrancó de cuajo las instituciones del *ancien régime* en las regiones europeas en que arraigaban más profundamente, e introdujo la igualdad ante la ley, el matrimonio civil y la educación secular. Abolió los privilegios, los organismos corporativos, los diezmos y los derechos feudales, y aplicó los nuevos derechos de herencia y propiedad —con las limitaciones que hemos observado— y en la forma que exhibían en esa panacea universal que era el Código Civil. Pues el Código, como escribió a José en Nápoles, "fortalecerá tu poder, pues se anulan todos los vínculos, y ya no habrá grandes propiedades, salvo las que tú mismo llegarás a crear". Así, de acuerdo con la decisión del gobernante debía realizarse una transferencia tanto de la propiedad como de la jerarquía: de los antiguos dueños exclusivos de propiedades y privilegios heredados, a los nuevos grupos sociales, enriquecidos por el comercio o la compra de tierras, y con derecho a la participación plena en los honores, de acuerdo con el servicio prestado o la jerarquía social, en el nuevo Estado napoleónico. Pero no se pensaba en revivir las antiguas prácticas de 1793. Ni los pequeños campesinos ni los *sans-culottes* urbanos recibirían más que una magra porción de la redistribución de la propiedad y la riqueza.

Aunque éste era el esquema general, los cambios realizados tendían a exhibir mayor alcance en las áreas ya incorporadas durante el Directorio y el Consulado, o donde el ascenso de una burguesía educada favorecía su desarrollo. Tal era el caso de Bélgica, la Renania, Ginebra y las provincias piamontesas y lígures de Italia. Aquí, el sistema napoleónico había sido aplicado casi uniformemente y pudieron desarrollarse nuevas clases que, aunque soportaban los impuestos establecidos por Napoleón, así como la falta de libertad política y las restricciones originadas en el bloqueo, de todos modos se beneficiaron con el desarrollo económico, las más amplias oportunidades de progreso y la abolición del diezmo y las obligaciones feudales impuestas a la tierra. Fueran cuales fuesen sus quejas secretas, de hecho esta gente demostraba escasa inclinación a sacudir el yugo napoleónico. En el Reino de Italia el régimen también tuvo tiempo de afirmarse sólidamente: fue difícil conquistar a la antigua aristocracia terrateniente, pero la burguesía y los funcionarios milaneses, muchos de ellos masones, se contaron entre los partidarios más fieles del imperio. En el resto de Italia —en Roma y el sur— la situación era distinta. En Roma el comercio se había visto perjudicado, y por extraño que parezca, los franceses hallaron más apoyo en la aristocracia liberal. En Nápoles, la nobleza se negó a cooperar y los pequeños campesinos y el *menu peuple* que tenían poco que ganar con la reforma napoleónica, adoptaron una actitud hosca o, cuando los sacerdotes los movilizaron, activamente hostil. Después de 1806 incluso los "patriotas" de la burguesía se unieron a los nobles descontentos y formaron sociedades secretas antifrancesas como los *Carbonari* y los *Federati*. Pero el gobierno de Murat fue un régimen esclarecido —y con un grado notable de independencia— y la reforma, si bien comenzó tarde, arraigó firmemente: al extremo de que cuando el rey borbón Fernando regresó a Nápoles en 1815 no consideró aconsejable restablecer el feudalismo o derogar el Código napoleónico.

A semejanza de Italia, Holanda había sufrido una serie de cambios constitucionales desde la ocupación de 1795, pero a diferencia de gran parte de Italia contaba con una burguesía firmemente arraigada, la servidumbre no existía y había escasas reliquias feudales; además, la mayoría de su pueblo estaba formado por protestantes, y en la experiencia de la República de Batavia se había forjado un Estado unido. Por consiguiente, aquí fue necesario promover menos cambios que en otros lugares. Aun así las corporaciones, aunque abolidas nominalmente en 1796, perduraban en Amsterdam todavía una década más tarde; sólo a partir de 1809 se anuló definitivamente la discriminación fiscal en perjuicio de los judíos; y el Código Civil fue aplicado plenamente sólo después de la incorporación de Holanda al imperio francés en 1810. Aún persistían restos del *ancien régime*: con el fin de apaciguar a los terratenientes, la reforma agraria nunca fue tan completa como en Francia y en Italia; el diezmo persistió como renta secular y los derechos señoriales no fueron redimidos.

Las provincias alemanas y polacas fueron incorporadas al sistema napoleónico sólo después de 1805. Por lo tanto, en estas áreas las reformas fueron más apresuradas o más fragmentarias, y en general tendieron a incluir concesiones a los antiguos grupos e intereses gobernantes. Por ejemplo, en el minúsculo Gran Ducado de Berg, después de dos años de gobierno esclarecido de Murat, un grupo seleccionado de Notables asumió la dirección, retrasó varios años la aplicación del Código Civil, dejó más o menos en su estado anterior las propiedades de la Iglesia, y obligó a los campesinos a pagar el rescate de sus antiguas obligaciones feudales. En cambio, el reino de Westfalia, encabezado por Jerónimo, y destinado a ser modelo de los restantes, sufrió desde el principio el proceso integral de depuración representado por la reforma napoleónica. En 1807 se proclamó una constitución, seguida prontamente por una administración unificada; se aplicaron el Código Civil y el sistema judicial francés; se llevaron a pública subasta las tierras eclesiásticas; fueron abolidos la servidumbre, los privilegios y las corporaciones, pero también —y ésta fue la experiencia europea general—, las rentas feudales y la *corvée* fueron obligaciones redimibles incluso a pesar de la resistencia campesina. De todos modos, la asimilación fue rápida, y en general con éxito, y en Westfalia, como en Italia septentrional, el régimen napoleónico encontró el pronto apoyo de la aristocracia liberal y la burguesía profesional.

El Gran Ducado de Varsovia, formado sobre la base de Polonia prusiana después de Tilsit, aportó sus propios problemas. Por una parte los polacos, a diferencia de los alemanes, tendían a la independencia nacional. Por otra, la burguesía era débil. La vida política y social estaba dominada por la nobleza, que incluía a un activo grupo liberal que había estudiado a Rousseau y las ideas francesas, y había aplicado la Constitución liberal de 1791. A los ojos de este sector los franceses aparecían como libertadores frente a la tiranía y la agresión rusa o prusiana. Esta situación otorgó a Napoleón una evidente ventaja mientras pudo presentarse como el defensor del nacionalismo polaco y no lesionó vitalmente los intereses de la aristocracia. Alcanzó este objetivo mediante la creación de un Estado unificado, al mismo tiempo que mantenía "libertades" (léase "privilegios") negadas o abolidas en otros países, y dejando esencialmente intacto el sistema social. Bajo el breve dominio del rey de Sajonia, designado por Napoleón, el Gran Ducado tuvo un gobierno central fuerte y un sistema judicial y una administración —con departamentos, comunas y prefectos— que seguían rigurosamente el modelo francés. La Iglesia quedó sometida al Estado, y el Gran Duque designaba a los obispos; una nueva constitución garantizó la igualdad ante la ley y la libertad de conciencia de todos los ciudadanos; se decretó la conscripción y el Código Civil fue aplicado en 1810.

Por primera vez en su historia, Polonia tuvo un gobierno fuerte y una administración centralizada, y comenzó a crear un cuerpo de funcioriarios públicos profesionales. Aunque el gobierno era autoritario, se consiguió apaciguar las aspiraciones políticas de la nobleza gracias al mantenimiento de una Dieta formada principalmente por diputados de la nobleza. Se procedió a abolir la servidumbre, pero los campesinos se beneficiaron escasamente, pues quedó intacto el antiguo sistema agrario con sus derechos feudales, las rentas y la *corvée*, así como el diezmo y las propiedades eclesiásticas. Más aún, para calmar el temor clerical, se privó a los judíos de una parte de sus libertades constitucionales, pues se suspendieron sus derechos políticos y el derecho de comprar tierras. Los principales beneficiarios de esta operación fragmentaria fueron los miembros de la nobleza menor, y precisamente su lealtad, más que la actitud de los magnates terratenientes, fue un factor que garantizó a Napoleón un contingente polaco cuando comenzó la guerra contra Rusia en 1812.

La mayoría de los príncipes de la Confederación del Rin, que a esta altura de las cosas se extendía sobre la mayor parte de Alemania, gozaban de independencia nominal, y eran aliados más que vasallos de Napoleón. Supuestamente, Napoleón les concedía un grado considerable de independencia en el seno del Imperio, mientras la persecución de los intereses particulares no chocase con las obligaciones militares. Así, en Mecklemburgo y Turingia se idearon métodos más perfeccionados para reclutar tropas, pero la antigua sociedad aristocrática y el viejo equilibrio entre la monarquía y la aristocracia se mantuvieron incólumes; y el rey de Sajonia, aunque reformador por necesidad en Polonia, no tenía ese carácter en sus propios dominios hereditarios. Sin embargo varios príncipes, sobre todo los del sur, estaban interesados en consolidar sus adquisiciones recientes, tanto legas como eclesiásticas, y eso los llevó, si no a imitar a Napoleón, por lo menos a emular los métodos de los monarcas más esclarecidos de Prusia o Suecia. Por ejemplo, el rey Federico de Württenberg era un aristócrata que negaba a su pueblo la más mínima representación o las libertades civiles, y que creó un Estado policial ubicuo. Pero abolió la servidumbre, arrebató el derecho de justicia privada a la nobleza, otorgó libertad religiosa a los judíos y secularizó las tierras de la Iglesia, al mismo tiempo que dejó prácticamente intactos las corporaciones, las obligaciones feudales, el privilegio aristocrático y el antiguo orden social. Los gobernantes vecinos de Baviera y Baden se mostraron más esclarecidos, adoptaron el Código Civil de Napoleón y sancionaron constituciones que garantizaban las libertades civiles y la igualdad ante la ley. Pero, con una minúscula excepción (el Estado de Anhaltköthen, con sus ventinueve mil súbditos), el sistema francés no fue aplicado totalmente en ninguna región, y en esencia se dejaron intactos los privilegios de la antigua sociedad aristocrática, su sistema de propiedad agraria y su libertad para utilizar a voluntad la fuerza de trabajo de los campesinos. Incluso los príncipes alemanes más "esclarecidos" habían aprendido de la lamentable experiencia de José II que turbar el antiguo acuerdo entre la monarquía y la aristocracia era una empresa preñada de riesgos.[2]

Pero la Revolución, con sus nuevas experiencias, por supuesto había enseñado otra cosa; y en el seno del Gran Imperio, aunque agobiado por las contradicciones y con las simientes de su propia decadencia, los ejércitos conquistadores de Napoleón habían sacudido la estructura del orden social y echado los cimientos del moderno Estado burgués. A pesar de todo su despotismo, de su arrogante despreocupación por la soberanía popular, de las ambiciones dinásticas de Napoleón y de su devoción a un orden jerárquico, en su relación con Europa el emperador todavía se veía en el papel de heredero y soldado de la Revolución. Y aunque de un modo vacilante e imperfecto, Europa continuó siendo "revolucionada" bajo el Imperio como había sido el caso, con paso más lento, bajo el Directorio y el Consulado.[3]

Pero antes de que continuemos con el proceso en que Europa fue "revolucionada" después de la caída de Napoleón, debemos volver a la cuestión formulada al comienzo del último capítulo. Hemos venido examinando una revolución esencialmente francesa, con sus secuelas en otros países occidentales; ¿o quizá los señores Palmer y Godechot aciertan al afirmar que todas estas revoluciones, incluidas la francesa y la norteamericana, son meramente "fases" de una revolución "democrática" o, "atlántica" más general de Occidente? A mi juicio, puede haber cierta validez en la idea de asignar un rótulo general a todas las revoluciones que sobrevinieron en Europa y América desde, por ejemplo, 1550 hasta 1850; lo cual englobaría no sólo a las revoluciones norteamericana y francesa, sino también a la holandesa del siglo XVI, a la inglesa del XVII, y a las diferentes revoluciones sudamericanas y europeas de principios del siglo XIX. Todos estos movimientos suscitan, de un modo o de otro, problemas comunes relacionados con el feudalismo, el capitalismo, la democracia y la soberanía nacional. En este contexto más amplio, la revolución norteamericana de las décadas de 1770 y 1780 y sus escaramuzas preliminares de la década de 1760, parecen tan estrechamente relacionadas con la revolución inglesa de ciento veinte años antes como con la francesa de una docena de años después; y puede examinarse en su desarrollo pleno a las revoluciones italiana y alemana, en lugar de limitarnos a sus comienzos más tempranos. Pero si uno prefiere limitar el foco de la atención a las revoluciones o casi revoluciones del siglo XVIII, impresionan más las diferencias que las semejanzas, y también el reducido número de movimientos que pueden aspirar al rótulo de revoluciones por derecho propio. En Europa, las únicas revoluciones "democráticas" —o más exactamente "liberales"— del siglo que en todo caso merecen que se las considere independientes de la francesa fueron las de Lieja, Bruselas y Ginebra; las dos primeras habían sido derrotadas hacia 1790 y revivieron sólo como resultado de la ocupación militar francesa. También germinaron movimientos revolucionarios, inspirados por el ejemplo francés, en la Renania, el Piamonte y partes de Suiza; pero también en estos casos cobraron importancia sólo al aproximarse los ejércitos de Francia. En otros lugares de Europa occidental las revoluciones, aunque debieron algo a los "patriotas" locales y las condiciones locales, en general fueron impuestas por los franceses. De hecho, de las veintinueve constituciones adoptadas por los países europeos entre 1791 y 1802, todas excepto tres (dos ginebrinas y una polaca) fueron el resultado de la intervención francesa.[4] Así, en rigor, fuera de América y quizá del minúsculo Estado de Ginebra, la única revolución generada internamente fue la de Francia.

Quizás es incluso aún más importante el hecho de que la Revolución en Francia fue mucho más lejos que otra cualquiera, no sólo porque fue más violenta, más radical, más democrática y más prolongada, sino porque originó problemas y movilizó a clases que otras revoluciones europeas —y para el caso también la norteamericana— en general dejaron indemnes. Por supuesto, eso respondió en parte a las diferencias de desarrollo histórico de estos países, y también fue consecuencia del hecho de que los franceses después de julio de 1794 —cuando comenzaron a imponer sus ideas a los vecinos— ya no estaban interesados en promover los ideales democráticos de 1793, y aplastaron cruelmente a los piamonteses cuando intentaron seguir ese camino. Si nos interesa únicamente la difusión de las ideas del Iluminismo, la legislación de gran alcance de las Asambleas revolucionarias y los liberales "principios del 89", las semejanzas entre las revoluciones de Francia y las de otros países son sorprendentes: todos realizaron, de un modo más o menos integral, una revolución burguesa común que eliminó las antiguas instituciones e imposiciones feudales, expropió las propiedades de la Iglesia, abolió la servidumbre, las desigualdades legales y las órdenes privilegiadas, y declaró las carreras "abiertas al talento". Este proceso continuó, aunque calladamente, en Alemania y Polonia bajo el Imperio. Pero a pesar de su importancia, omite un elemento esencial y muy específico de la Revolución Francesa: la participación activa del pueblo común a partir de 1789 todas las consecuencias que derivaron de ello. John Adams, que presenció los acontecimientos de 1787 en Holanda, acusó a los "patriotas" holandeses de haber prestado "muy poca atención al sentido del pueblo común", y en efecto continuaron adoptando esa actitud. Este no fue de ningún modo una característica específica de los holandeses: los "jacobinos" belgas, húngaros, romanos y napolitanos estuvieron igualmente divorciados del pueblo y realizaron escasos esfuerzos serios para salvar la distancia. Es cierto que en algunos de estos países hubo movimientos provisionales en que tanto los "patriotas" como los campesinos o los pobres urbanos intervinieron, y en que estas últimas clases asumieron los temas y las ideas de sus aliados burgueses; pero fueron períodos excepcionales y breves. Solamente en Francia, a causa de las circunstancias particulares en que se desarrolló y estalló la Revolución —y no como resultado de una cualidad gálica innata—, el "Cuarto Estado" se convirtió en aliado indispensable del Tercero, obtuvo su recompensa e incluso, durante un momento, creó su propio y específico movimiento político.

De manera que en Francia, y no en otros lugares, hubo fenómenos como la "revolución" campesina, el movimiento *sans-culottes* de 1793, la dictadura jacobina, la *levée en masse* y las *armées révolutionnaires*, así como los experimentos sociales y la República del Año II. Estos factores reaparecieron, a veces adoptando formas más avanzadas, en las revoluciones europeas del siglo XIX; pero con excepciones de menor jerarquía, no se manifestaron en los movimientos de la década de 1790, y menos todavía bajo el Consulado y el Imperio. En este sentido, la revolución en Francia, aunque proyectó su sombra sobre Europa entera, tuvo un carácter original.

III

Balance de la Revolución, 1815-1848

Por supuesto, la victoria de las Potencias del Congreso[1] (rusos, prusianos, austríacos y británicos) no dejó a Francia y a sus vecinos tal como los hemos descrito en el último capítulo. Pues dejar las cosas como estaban habría acomodado mal a los nuevos objetivos de los vencedores que se reunieron para saldar cuentas con los franceses derrotados, primero en París en 1814, después de la abdicación y el exilio iniciales de Napoleón, y más tarde en Viena el año 1815, después de la rendición definitiva. De estas deliberaciones prolongadas e interrumpidas, surgió la reorganización de Europa, las fronteras de Francia retrocedieron a lo que habían sido en 1790 —casi perdió también Alsacia y Lorena— y se redistribuyeron desordenadamente las fronteras de los antiguos estados europeos para obtener algo que en general se asemejaba al trazado del *ancien régime*.

Pero no del todo, pues los vencedores tenían en mente también otros objetivos. Su propósito era no sólo castigar al agresor derrotado y reducirlo a su condición anterior. También deseaban recompensar a los vencedores satisfaciendo reclamaciones, algunas de las cuales se remontaban a una década antes del comienzo de la Revolución, y otras se habían manifestado sólo después de iniciada la guerra. Así —para citar unos pocos ejemplos— se formó un nuevo reino de los Países Bajos, en que Holanda representó el papel principal y Luxemburgo y Bélgica fueron asociados secundarios. Prusia recibió la Renania y parte de Sajonia; Austria el Véneto —siguiendo el ejemplo de Napoleón en Campoformio— y la soberanía sobre Parma, Módena y Toscana. Los Borbones españoles regresaron a Nápoles y Sicilia, y el Papa a Roma y a sus Estados Papales. Se confió a Rusia el Gran Ducado de Varsovia; Noruega pasó de Dinamarca —que había sido aliada de los franceses demasiado tiempo— a Suecia, y Finlandia de Suecia a Rusia. Inglaterra amplió sus posesiones coloniales incorporando Colonia del Cabo y Ceilán, arrebatados a Holanda; Mauricio, Tobago y Santa Lucía tomadas de Francia; y Malta de los caballeros de San Juan. Y por supuesto, en toda esta arrebatiña, a pesar de las estrepitosas críticas al menosprecio de Napoleón por los derechos nacionales, se prestó escasa atención a las aspiraciones nacionales de los pueblos europeos, y menos aún de los coloniales. Los polacos fueron divididos entre los prusianos, los austríacos y los rusos con la misma facilidad con que los noruegos fueron entregados a los suecos, los belgas a los holandeses y los venecianos a los austríacos, mientras Italia reproducía su antiguo esquema de tablero de estados dominados por potencias extranjeras. Perseguidas por su temor a la revolución, las potencias se comprometieron a concertar un acuerdo por veinte años (el "Concierto de Europa") cuyo propósito era resolver las disputas sin apelar a la guerra (una innovación en sí misma admirable) y mantener por la fuerza el arreglo político frente a todos los esfuerzos de los pretendientes bonapartistas, los demócratas liberales o los nacionalistas, que deseaban destruirlo. Aunque las cinco potencias principales se unieron en este acuerdo, los monarcas absolutos de Rusia, Prusia y Austria, estimulados por el zar, quisieron llegar más lejos. Los gobernantes del siglo XVIII, formados en las enseñanzas del Iluminismo, habían evitado los antiguos lemas de combate y los gritos de afirmación ideológica, pero el temor a la revolución y el renacimiento de la religión habían modificado todo esto y creado nuevas oportunidades. De modo que el zar y sus asociados formaron una unión cristiana o "Santa Alianza", cuyo propósito era promover una cruzada ideológica contra las ideas racionalistas y escépticas del Iluminismo y la Revolución. A su tiempo, todos los gobernantes europeos se adhirieron a esta empresa, excepto un terceto extrañamente heterogéneo: el príncipe regente de Inglaterra —a quien su primer ministro Castlereagh señaló que el acuerdo era "un fragmento de sublime misticismo y tontería"— el papa Pío VII y un infiel, el sultán de Turquía.

De manera que ostensiblemente las potencias victoriosas parecían decididas a restablecer el antiguo orden y a reprimir, si era necesario mediante la violencia, las fuerzas políticas liberadas en Europa por la Revolución. Ésta no era la totalidad de su intención, y gran parte del arreglo que promovieron fue razonable y justo, y no tuvo carácter de venganza. Pero en la medida que intentaron borrar la memoria del último cuarto de siglo de la Historia, su obra estaba destinada al fracaso. Éste, como todos los esfuerzos precedentes para contener a la Revolución, se originó parcialmente en sus antiguas discrepancias. Desde el principio, Castlereagh había aclarado que Gran Bretaña, aunque comprometida a mantener las fronteras concertadas en París y Viena y a impedir una restauración bonapartista, no apoyaría la intervención armada en los asuntos internos de ningún país. Su sucesor, Canning, llevó todavía más lejos la discriminación; y después de 1822 Gran Bretaña no sólo rehusó reprimir los movimientos nacionales y liberales sino que los fomentó activamente en Grecia, España, Bélgica y América Latina. Tampoco Rusia se mostró reacia a adoptar la misma actitud cuando ello convino a sus intereses imperiales, como en Grecia y Serbia, y hacia 1830 el Sistema del Congreso yacía en ruinas, y Metternich, el canciller austríaco, era el único defensor consecuente. Pero en la restauración de la antigua Europa, más decisivo que estas divisiones políticas fue el obstáculo representado por las nuevas fuerzas liberadas y los cambios promovidos por veinticinco años de guerra y revolución. Como hemos visto, estos cambios de ningún modo se limitaron a Francia y a sus satélites de la era napoleónica. Fue un proceso de cambio que, lejos de revertir a causa de la victoria de los enemigos de Francia, continuaría descalabrando el viejo orden y plasmando el futuro.

En primer lugar, la sociedad misma había sido completamente conmovida: la antigua sociedad aristocrática estaba desorganizada o transformada —o llegaría a eso en poco tiempo más— sin posibilidades de retorno. Por supuesto, esta afirmación era válida sobre todo en el caso de la propia Francia, donde a partir de 1789 la vieja aristocracia había sido despojada de lo que restaba de los antiguos derechos de jurisdicción, su monopolio virtual de los altos cargos del Ejército, la Iglesia y el Estado, sus derechos y servicios feudales —en definitiva sin indemnización—, sus títulos y privilegios y su derecho a disponer libremente de las tierras comunes y a legar sus propiedades indivisas a los hijos mayores. Parte de la aristocracia había perdido mucho más: la *noblesse de robe* estaba despojada de sus antiguos cargos hereditarios, y las propiedades de los nobles emigrados, como de todos los dignatarios de la Iglesia —obispos, canónigos y capítulos de las catedrales— habían sido confiscadas y sólo por excepción fueron devueltas. Sin duda, la aristocracia no había desaparecido. La mayoría, aunque privada de sus títulos y privilegios, había conservado sus tierras incluso en la culminación del Terror jacobino. Napoleón había utilizado las "propiedades nacionales" (*biens nationaux*) no distribuidos para dotar a su nueva nobleza imperial, formada en parte por los "notables" de la Revolución y en parte por antiguos aristócratas reconciliados con el régimen napoleónico. Esos títulos y mercedes fueron reconocidos por Luis XVIII, su sucesor inmediato, en 1814; y después, los monarcas de la Restauración, aunque respetando en general los derechos de los compradores de tierras de la Iglesia y de los nobles, habían creado nuevos títulos, y hallado nuevas propiedades para recompensar a sus partidarios que habían regresado de la inmigración. Así, se había ampliado la aristocracia, poseía importantes propiedades y, más aun, tenía considerable poder en las Cámaras y los ministerios. Pero era una nueva aristocracia, relacionada estrechamente con el comercio y las finanzas y con los burgueses dueños de grandes propiedades, y nítidamente separada de la antigua *noblesse* —sobre todo de la anterior *moyenne noblesse*— por la reorganización agraria de 1789 y la aplicación del Código de Napoleón.

También la condición del campesinado había variado radicalmente: aunque en realidad Francia había partido de una situación en que el número de siervos era relativamente reducido. Mucho más importante que la abolición de la servidumbre fue que se retiró del suelo la carga de los diezmos y las obligaciones señoriales, y algunos campesinos (aunque eran minoría) habían podido beneficiarse con la venta de los *biens nationaux*, sobre todo después que la ley de junio de 1793 posibilitó durante un período breve que los aldeanos combinaran sus recursos para adquirir parcelas más pequeñas. Los campesinos pobres y los que no tenían tierra también habían logrado, gracias a su resistencia a los cercamientos y la apropiación de tierras comunes, retener algunos de los derechos colectivos y de la protección dispensada por la antigua comunidad rural: restos de estas formas sobreviven todavía hoy.[2] Sin embargo, la transferencia de la tierra entre las clases se había realizado en escala relativamente modesta, y la burguesía más que los campesinos recibió los principales beneficios. Los perdedores fueron la Iglesia más que la nobleza, y los menos favorecidos —además de los *sans-culottes* más pobres— fueron los campesinos sin tierra. Pero en general los campesinos habían conquistado una jerarquía nueva y cierto grado de seguridad económica, hecho que quizá explique el tenaz conservadurismo de gran parte de la Francia rural durante las primeras décadas del siglo XIX.

Un proceso análogo, aunque más reciente y menos completo, se había desarrollado más allá de las fronteras tradicionales de Francia. Las nuevas leyes e instituciones francesas, y los consiguientes cambios sociales, fueron más inmediatos e integrales en los territorios que ella incorporó directamente a su Imperio o en los que estaban más cerca de sus fronteras. Por consiguiente, la eliminación de las supervivencias feudales y el privilegio aristocrático fue casi tan completa en Bélgica, las provincias renanas, partes de Suiza, Saboya, Lombardía y Piamonte, como en la propia Francia. En Venecia, incluso antes de su incorporación al reino de Italia creado por Napoleón, la destrucción de la antigua oligarquía cívica había sido obra de Austria, del mismo modo que reformadores austríacos "esclarecidos" como José II y Leopoldo asestaron los primeros golpes a las inmunidades aristocráticas, patricias y eclesiásticas de Toscana y Lombardía antes de 1789. Pero esto, como en Nápoles —donde las reformas del borbón Carlos III también habían precedido a la Revolución—, había sido sólo un comienzo; correspondió a los virreyes y vasallos de Napoleón desarraigar finalmente los regímenes feudales —y la servidumbre, donde aún persistía— en la mayor parte de la península italiana. Bajo los ingleses, Sicilia presenció reformas análogas, e incluso el reaccionario Fernando I, pese a que derogó la Constitución liberal y restableció el Santo Oficio en Palermo, aminoró el ritmo del proceso, pero no lo invirtió. Pero si bien los antiguos privilegios e inmunidades de la aristocracia estaban siendo recortados o cancelados, los efectos en el campesinado rara vez fueron los mismos que en Francia. Por una parte, la redistribución de la propiedad que siguió a la confiscación de los bienes eclesiásticos fue un proceso menos general. Aunque los compradores burgueses e incluso los aristocráticos prosperaron, poco o nada se hizo para ayudar a los campesinos más pobres a adquirir tierras; incluso podían llegar a ser los perdedores, en vista de que se anulaban los derechos comunes. Es cierto que en Lombardía y Piamonte la abolición de los derechos feudales y el diezmo benefició a todos los propietarios rurales y promovió cierto grado de prosperidad campesina general, pero en el sur —en Calabria, Nápoles y Sicilia— el problema estaba representado por las grandes propiedades y el campesinado empobrecido y sin tierras, más que por los regímenes feudales, el diezmo y las obligaciones serviles, y por referencia a estas condiciones la revolución exportada por Francia después de 1795 no aportó soluciones. En consecuencia, persistieron los problemas agrarios básicos, y a través de las esperanzas frustradas del "*Risorgimento*" han sobrevivido para resolverse o dejarse sin solución hasta el momento actual.

En Holanda y partes de Alemania la sociedad patricia y aristocrática se había debilitado más o menos del mismo modo que en el norte de Italia. El rey Guillermo, de los Países Bajos Unidos, fue convencido de que conservase la sustancia de las reformas francesas con el fin de apaciguar a sus nuevos súbditos belgas; y las provincias recientemente recuperadas o adquiridas por Prusia en el oeste (Renania, Berg y partes de Westfalia) también heredaron los resultados sociales del Código Civil y la abolición de los derechos feudales, el diezmo y la servidumbre. Metternich abrigaba esperanzas más vivas con respecto a los estados alemanes sureños, ahora devueltos a la esfera de influencia austríaca; pero también en este caso las reformas que los gobernantes habían promovido en la condición de aliados de Napoleón, en general no fueron derogadas. Incluso la tradicionalista Prusia, en su ansiedad por sacudirse el yugo napoleónico, había considerado conveniente tomar elementos prestados de los franceses: abolir la servidumbre personal en la tierra y aprovechar la derrota de Jena abandonando la "delgada línea roja" del gran Federico (apropiada para una sociedad aristocrática) en favor del llamamiento de Napoleón a la nación en armas. Entretanto, el Imperio Habsburgo, aunque decididamente opuesto a la experimentación, había heredado lo que restaba de las reformas agrarias de José en Austria, Bohemia y Hungría, y también de Napoleón en Italia septentrional e Iliria, aunque el núcleo más resistente del servicio de trabajo impago sobrevivió hasta 1848. En Suecia, Bernadotte, el único usurpador a quien se permitió conservar el trono, había contribuido a debilitar el privilegio aristocrático al abrir los cargos públicos a los hombres de humilde cuna. En España, los liberales francófilos de Madrid y Cataluña y los liberales antifranceses de Cádiz habían competido por el favor de la burguesía al abolir el diezmo y dividir los señoríos, pero éste fue uno de los pocos países europeos en que la monarquía restaurada en 1814 atrasó firmemente el reloj. En Polonia, el único entre los países ocupados por los ejércitos napoleónicos, aunque se había abolido la servidumbre, el sistema agrario y las relaciones entre los terratenientes y los campesinos por lo demás quedaron como antes, y pese a toda su charla liberal, el zar Alejandro se abstuvo de avanzar en esa dirección.

La destrucción de las supervivencias feudales, la eliminación de los obstáculos opuestos al comercio y la industria y la revocación de los derechos señoriales, los peajes y la jurisdicción que pesaban sobre el suelo por supuesto contribuyeron a promover y estimular el crecimiento de la sociedad burguesa. Como hemos visto, en Francia la burguesía, incluidos los campesinos más acomodados, cosecharon los principales beneficios de la Revolución. Pese a que les negó libertad política y realizó una distribución más parsimoniosa de las recompensas, Napoleón nada hizo para modificar este esquema. Puede afirmarse en esencia lo mismo de los países ocupados por los franceses, con excepción de Polonia: la venta de las propiedades confiscadas, la eliminación de los antiguos enclaves e inmunidades feudales, la apertura de las carreras a los hombres de talento, la creación de una nueva clase de funcionarios civiles, la liberación del mercado interno mediante la derogación de los peajes y las corporaciones de carácter restrictivo —sin hablar de las restricciones impuestas a las asociaciones de trabajadores— mal podía dejar de elevar la jerarquía social de la burguesía. De este modo, y sobre todo allí donde la fuerza de trabajo quedó separada de la tierra y se convirtió en una mercancía que podía venderse libremente con vistas a la manufactura, el terreno quedaba despejado para desarrollar el capitalismo industrial. Pero no fue la Francia revolucionaria o napoleónica sino Inglaterra, su antagonista más inveterado e implacable, el país que recibió la parte del león de la expansión industrial y comercial, y salió de la disputa de veinte años con una situación que se inclinaba en su favor aún más claramente que antes. La guerra impuso una pesada carga impositiva a los ingleses: entre 1793 y 1815 pagaron cincuenta y dos millones de libras esterlinas en subsidios sólo a sus aliados; y la expansión industrial de Inglaterra se vio retrasada por el Sistema Continental. Pero encontró nuevos mercados, incorporó otras colonias y, después de terminadas la guerra y los dificultosos reajustes de la posguerra, consiguió en un lapso notablemente breve imponerse a todos sus rivales en la condición indiscutida de "taller del mundo".

La guerra y la guerra civil habían sido un desastre para los manufactureros franceses. Incluso bajo el régimen napoleónico su producción en muchos campos se estancó, perdió colonias en favor de Inglaterra, y el comercio de sus grandes puertos sobre el Atlántico se redujo a una mínima parte del volumen anterior. Y ello sucedió a pesar de que pudo, bajo el Imperio de Napoleón, aprovechar los recursos y dominar los mercados de gran parte del Continente, obligar a sus vasallos y aliados a pagar la parte principal del costo de sus guerras, y utilizar el Sistema Continental para promover su propio provecho nacional a costa de sus vecinos, incluso los países a los que había incorporado a su propio territorio. La explicación de este fenómeno reside en parte en la desorganización provocada por la Revolución —aunque no después de 1799— y en los efectos más inmediatos provocados por el bloqueo británico de sus costas. Pero lo que es incluso más importante, únicamente Inglaterra se había visto comprometida durante la década de 1780 en una revolución industrial que no sólo "revolucionó" sus procesos técnicos, sino que comenzó a transformar la sociedad, porque originó bases productivas, los manufactureros industriales y los obreros fabriles. En el caso de Francia y sus vecinos, el drástico proceso de la reforma revolucionaria y napoleónica abrió paso a una transformación social análoga, y después de 1800 las innovaciones técnicas comenzaron a afirmarse en los textiles de Lyon y Normandía y en las minas de Bélgica y el Sarre. Pero esto era sólo un comienzo; y para crear la nueva sociedad industrial, en que los *sans-culottes* cedieran el sitio a los proletarios y los maestros de taller a los manufactureros industriales, se necesitaba una revolución industrial tanto como política. La Revolución de 1789 había acelerado este proceso en ciertos aspectos, y lo había retrasado en otros. Los correctivos serían hallados durante los años de paz que siguieron, sobre todo después de 1830.[3]

También otras instituciones se vieron afectadas profundamente. Por donde pasaron los ejércitos de Napoleón, se aplicó el Código Civil francés, se procedió a reorganizar la administración, desaparecieron los bolsones de la justicia eclesiástica y señorial, y se estableció un sistema nacional de tribunales y jurados. El gobierno barato y eficaz remplazó o unificó a las múltiples autoridades y jurisdicciones que competían y se superponían, y que eran supervivencias de un pasado feudal o casi feudal. En Alemania, a partir de 1803 Napoleón abolió el perimido Sacro Imperio Romano, desmanteló la red de pequeños principados y Ciudades Libres y redujo su número de 396 a 40. De los estados alemanes sobrevivientes, dieciocho a su tiempo fueron agrupados en la Confederación del Rin y comenzaron a fusionarse en una unión aduanera común. Tampoco aquí se retornó al pasado prerrevolucionario. Las antiguas dinastías fueron reinstaladas, se derogaron las constituciones liberales, y la mayoría de los gobernantes europeos se mostró incapaz de comprender el carácter de las nuevas fuerzas en acción. Pero los límites geográficos del Gran Imperio variaron muy poco, y muchas de sus instituciones se mantuvieron prácticamente indemnes. El Código Civil continuó aplicándose en una veintena de países europeos, de Bélgica a Nápoles, y de la Renania al nuevo Reino de Polonia, formado a partir del Gran Ducado de Varsovia creado por Napoleón. Los confederados de Viena disolvieron la Confederación del Rin, hechura de Napoleón, y pusieron en su lugar una confederación más amplia de treinta y nueve estados alemanes, presididos por Austria, y cuyo propósito no era promover los objetivos nacionales alemanes. Pero al margen de las intenciones de los autores, esa Confederación creó el marco de una unión política más estrecha, y pronto comenzó a cumplir la función de un área aduanera única.

Las relaciones entre la Iglesia y el Estado también se habían visto profunda y permanentemente afectadas por la Revolución y la reforma napoleónica. Es cierto que el arreglo de 1815 estuvo acompañado por un notable renacimiento religioso: el Papa fue entronizado nuevamente en San Pedro en medio del júbilo general; retornaron el Index, la Inquisición y la Orden Jesuita; la Iglesia Católica recuperó su control sobre la educación, y en España, Baviera, Cerdeña y Nápoles recobró la mayor parte de su antigua autoridad; y los gobernantes afirmaban sin excepción que basaban sus medidas en los principios cristianos. Pero gran parte de todo esto duró poco, pues el poder temporal de la Iglesia se había debilitado, y el dominio de los príncipes episcopales —por ejemplo en Salzburgo, Maguncia y Colonia— de hecho era cosa del pasado. En realidad, entre todos los prelados principescos de la era prerrevolucionaria, el Papa fue el único que conservó su dominio temporal, aunque no por mucho tiempo. Veinticinco años más tarde también él tuvo que renunciar a su poder como parte del precio que era necesario pagar para llegar a una Italia unificada bajo un rey católico.

También el nacionalismo sobrevivió como legado de la Revolución. Las opiniones de Napoleón acerca del espíritu nacionalista eran, en todo caso, ambivalentes; pero aunque fuese involuntariamente lo había promovido. Por supuesto, en Santa Elena se complació en realizar propaganda a costa de las potencias del Congreso cuando afirmaba intencionadamente que había tratado de unificar a quince millones de italianos y treinta millones de alemanes, así como a 30 millones de franceses y 15 millones de españoles, "a cada uno en su propia nación". "Así", afirmaba, "el sistema europeo habría sido una realidad, y la única tarea que me habría restado habría sido su organización".[4] Pero aunque esta vanagloria era bastante engañosa, las reformas que Napoleón promovió en Europa le habían conferido cierta credibilidad, pues ellas inevitablemente debían originar en los países ocupados los mismos efectos unificadores determinados en Francia misma por las reformas de la Asamblea Constituyente y la Convención. Pero había más: Napoleón había explotado conscientemente el espíritu nacional en sus relaciones con los polacos y los italianos: por ejemplo, el Reino de Italia, aunque de ningún modo satisfacía las aspiraciones más generales de los patriotas italianos, había sido creado en parte con la intención de abrirles el apetito de manera que reclamasen más. Fue inevitable que la frustración de esas esperanzas distanciara a muchos, cuyas simpatías por los franceses en el curso del tiempo se convirtieron en resentimiento y hostilidad, e incluso en la organización de sociedades secretas antifrancesas. En Alemania este resentimiento, aunque nunca adoptó la forma de la rebelión franca, tuvo un eje más definido cuando se identificó con la política nacional de Prusia y Austria. La reorganización promovida en 1815, en lugar de hallar soluciones, exacerbó el problema y empujó a los nacionalistas alemanes, italianos y polacos —sin hablar de los belgas, los griegos y los latinoamericanos— a buscar remedios más desesperados durante las décadas siguientes.

Otro resultado del arreglo de 1815 fue la aproximación del nacionalismo y el liberalismo. Aunque ambos provenían en medida considerable de los años de la Revolución, su asociación en general no había sido estrecha en la Europa napoleónica. Los patriotas —si incluimos el nacionalismo de los españoles tanto como el tipo alemán y el italiano— después de 1808 tendían a adoptar una actitud de hostilidad más que de simpatía frente a los franceses. En cambio, los liberales, formados por los "notables" de la burguesía, más que por los pequeños artesanos, los nobles o los campesinos, solían ser aliados más que antagonistas de Francia. En la propia Francia, los ideales políticos liberales habían sido proclamados y promovidos por los Constituyentes, los girondinos y los termidorianos, mientras que, por distintas razones, habían sido desalentados o proscritos por la Convención jacobina y por Napoleón. Pero aunque amordazados o contenidos bajo el Consulado y el Imperio, los liberales europeos habían gravitado naturalmente hacia los franceses que promovían reformas, más que hacia sus propios gobernantes que las estorbaban. Por supuesto, había excepciones notables: los jacobinos italianos que, después de 1805, formaron sociedades secretas para oponerse a los franceses, incluían a liberales tanto como a demócratas revolucionarios; en España, los liberales antifranceses predominaban en las cortes de Cádiz que adoptaron la Constitución de 1812; y en Alemania había liberales entre los patriotas que volvían los ojos hacia Prusia, con la esperanza de que encabezara una cruzada alemana contra los franceses y reformase sus propias instituciones feudales. Sin embargo, es probablemente cierto que en Italia y en Alemania, no menos que en Holanda, Suiza y Polonia, los liberales tendieron a depositar sus esperanzas en la supervivencia más que en el derrumbe del Imperio de Napoleón. Por su naturaleza misma, el arreglo de 1815 tendió a liquidar este divorcio entre los patriotas y los liberales. En España, el nacionalismo campesino antiliberal murió de muerte natural con el fin de la ocupación francesa y la restauración de la Iglesia y la dinastía; y en 1820, los liberales tanto napoleónicos como antinapoleónicos, reunidos por la partida de los franceses, combinaron fuerzas para proclamar la Constitución de 1812. En Alemania y en Italia, las resoluciones del Congreso no fueron más gratas para los liberales que para los nacionalistas: ambas corrientes debieron soportar el mismo rechazo de parte de las tres potencias de Europa central y oriental. Sobre todo Austria continuó siendo el blanco de las animosidades liberales y "patriotas" hasta 1848, porque ahora ocupaba los estados italianos septentrionales, dominados por la Confederación alemana, e invocaba más tenazmente que sus asociados, las cláusulas del "Concierto" europeo que limitaba las actividades de los patriotas y los liberales alemanes, italianos, españoles y belgas.

La democracia, otro producto de la Revolución, tuvo una historia un poco diferente. Aunque inherente a la "soberanía popular" de Rousseau, a diferencia del liberalismo no era una secuela inevitable de la victoria del Tercer Estado. Como sus análogas de otros países, la burguesía francesa de 1789 había deseado acabar con el "despotismo" real, destruir el privilegio aristocrático y extender el derecho de voto a todos los propietarios; pero aunque proclamaba los Derechos del Hombre para todos, no tenía la intención de compartir la autoridad con las "órdenes inferiores", o "Cuarto Estado". Esta asociación y el derecho general de voto llegaron a través de circunstancias que estaban fuera del control de la burguesía. Se había comprobado que era imposible resolver eficazmente el problema del privilegio y el despotismo sin la colaboración del *menu peuple*. Pero esta etapa de la Revolución había sido breve: la Constitución de 1793 fue desechada provisionalmente por los jacobinos, y derogada por sus sucesores; se anuló el sufragio adulto masculino y se procedió a destruir el movimiento popular que lo promovía. Después, no hubo intentos serios, bajo el Directorio o con Napoleón, de restablecer la democracia en Francia, y en Europa, aunque hubo movimientos democráticos populares en Italia septentrional y Ginebra a mediados de la década de 1790, ahora no eran tolerados por la autoridad más que en la propia Francia. Después de la derrota de Napoleón, fueron reprimidos por las potencias del Congreso más sistemáticamente que lo que había sido el caso anteriormente. Pero la democracia sobrevivió y arraigó firmemente: no en los países que habían estado en la órbita política de Francia, sino en Inglaterra, donde el radicalismo, después de una proscripción de quince años durante las guerras con Francia, revivió alrededor de 1807 y comenzó a aportar ideas democráticas a los movimientos reformistas que se manifestaron en la Europa de principios del siglo XIX. También aquí, la revolución industrial representó un papel, pues creó en Inglaterra, antes que en otros lugares, una clase trabajadora políticamente culta, que leía con entusiasmo los escritos de Thomas Paine y garantizaba al movimiento radical una base importante en la fábrica, la mina y la empresa textil. En otros países, después de su contraste de mediados de la década de 1790, la democracia se recuperó más lentamente; pero con el derrumbe del Sistema del Congreso revivió en Francia, aunque con una forma nueva, en la revolución de 1830 y, con el acompañamiento de ideas y lemas nuevos, en la de 1848.

También aquí el factor decisivo fue la revolución industrial, con sus nuevos desafíos y perspectivas. Así, en Francia, los trabajadores que se volcaron a las calles de la capital para derrocar al borbón Carlos X en los "días de julio" de 1830 ya no eran la antigua mezcolanza social, o *sans-culottes* de 1789, sino, gracias al desarrollo de la manufactura, estaban convirtiéndose en una nueva fuerza de trabajo industrial que, apenas doce años después, se autodenominarían *prolétaires*. Para ellos, los hechos de 1830 significaban no sólo —como era el caso para la burguesía liberal— la terminación de la tarea inconclusa de 1789 y el retorno a los decaídos "principios del 89", sino también algo nuevo: el derecho al trabajo y, por asociación, a ganar un salario que les permitiese vivir. Esto llevó, como había sido el caso poco antes en Inglaterra, a la aparición en Francia de un movimiento nacional de los trabajadores: primero en Lyon, y más tarde en París y otros lugares. Este fenómeno originó a su vez una nueva ideología de protesta popular, uno de cuyos aspectos centrales fue la reclamación de una "república social y democrática", es decir, una entidad que ya no estaba formada a imagen de la burguesía liberal (como en 1789 y 1830), sino que coincidía más estrechamente con las nuevas necesidades de los productores esenciales.[5] Se manifestó por primera vez esta fórmula en las calles y los clubes de París durante la primavera de 1848, pero se repitió en otras revoluciones, por ejemplo en Hungría, Grecia y Rumania más avanzado el mismo año.[6] Por lo tanto, 1848 fue una culminación, en cuanto llevó a su término o completó algunos de los desarrollos del proceso "revolucionador" que se originó en Francia a partir del Directorio. Pero en otros aspectos fue una derrota, y se convirtió en un momento de cambio de carácter muy distinto. Incluso en Francia, donde la Revolución de Febrero pareció tan prometedora, las esperanzas de una "república social y democrática" duraron poco, y se esfumaron en el marco de la sangrienta derrota de junio. En Italia la revolución de 1848, aunque fue el trampolín de la posterior unificación nacional, no promovió cambios sociales; y en Alemania —a pesar de que, como en Austria, se abolió la servidumbre o quedó debilitada— la revolución fue un fracaso mucho más que un éxito, pues los liberales, que habían realizado su revolución bajo una bandera nacional pangermana y habían convocado a un parlamento nacional para señalar su victoria, se rindieron abyectamente cuando comenzó a oírse la voz de las masas, y disolvieron su Parlamento y devolvieron el poder a Austria y a los príncipes, según lo determinaba el Sistema del Congreso. Más aún, en ambos países los liberales y los nacionalistas viraron bruscamente hacia la derecha y, para unir a sus países, se situaron detrás de las medidas conservadoras o casi conservadoras de Bismarck y Cavour. De modo que no es del todo impropio afirmar que también en el caso de París, 1848 marcó un momento de cambio. Después de haber servido durante sesenta años como el trampolín casi indispensable de la Revolución, ahora comenzaba a ocupar un lugar de segunda fila.

VII

La Revolución y el mundo

I

Como acontecimiento histórico mundial

Pero la proyección de la Revolución más allá de las fronteras de Francia no se detuvo en Europa. A partir del Consulado, las ideas y las instituciones de la Revolución en la era napoleónica atravesaron los océanos. En el curso de los dos siglos siguientes, pese a que sus efectos se manifestaron de manera desigual, se convirtió en algo semejante a un acontecimiento mundial. La medida en que provocó reacciones dependió, como en Europa, de una serie de factores, entre ellos la capacidad de acceso a su fuente común, los diferentes gobiernos en Francia, e inevitablemente la atmósfera social y la historia anterior de los países en los cuales buscó refugio. El proceso comenzó bajo el Consulado, aunque incluso durante ese período las comunicaciones relativamente pobres de Francia con los países ultramarinos estorbaron su difusión.

Pero, por extraño que parezca, a fines del siglo XVIII y principios del XIX fue Inglaterra más que Francia —y no sólo a causa de sus mejores comunicaciones— el país que suscitó la reacción más significativa, aunque debemos reconocer que de carácter negativo, frente a los episodios recientes de Francia. Pues Inglaterra, después del comienzo de las guerras francesas, en la primavera de 1793, estaba interesada en combatir más que en promover la causa revolucionaria. Sin duda, en cierta medida este proceso comenzó —puesto que Francia e Inglaterra ya guerreaban a causa de América del Norte— varios años antes de que estallase la revolución en Francia. Después de conquistar Canadá en 1759, la Inglaterra protestante tuvo que afrontar el problema de la condición futura de la Iglesia Católica Romana en el Bajo Canadá (Quebec). La solución que halló —con gran indignación de la facción ultraprotestante de su Parlamento y de la City de Londres— fue, con arreglo a la Ley de Quebec de 1774, conceder a la Iglesia del Bajo Canadá un nivel notablemente elevado de independencia para controlar sus propios asuntos.[1] Por lo tanto, la Iglesia se convirtió en un firme baluarte frente a los peligros gemelos de la irreligión y el desorden social, que provenían de Estados Unidos —cuya revolución había comenzado poco antes— o de Europa. De manera que cuando, casi veinte años más tarde, una corriente constante de sacerdotes y monjas "refractarios" buscó refugio huyendo de la persecución en Francia, muchos pudieron, con la protección británica, hallar amparo frente a la Revolución en la Iglesia Católica de Quebec. Más aún, en 1789-1788 se contempló seriamente la posibilidad de organizar una colonia militarizada de *chuanes* (guerrillas antijacobinas de campesinos franceses) en York, Alto Canadá; pero se desechó el plan porque no fue posible concertar un acuerdo.[2] E Inglaterra hizo más: como un baluarte más contra el desorden, mantuvo el sistema señorial francés durante casi un siglo a contar desde el momento de la ocupación; solamente consintió abandonarlo, en 1854, después que los propios colonos campesinos franceses, durante mucho tiempo sus entusiastas defensores, reclamaron su anulación durante un lapso de veinte años.[3]

Sin duda, fue más positivo el influjo de Francia y su Revolución en la historia de Estados Unidos. Comenzó con la camaradería creada en los combates de la Guerra Norteamericana contra Inglaterra, y determinó vínculos estrechos entre los antiguos aliados durante los primeros años de la Revolución Francesa. Siguió, bajo el gobierno de Napoleón, con la compra de Louisiana en 1803, acto en que Francia vendió una antigua posesión ultramarina a la nueva nación norteamericana. A través de Louisiana, antes y después de la Compra, el Código de Napoleón pudo hacer pie en el continente norteamericano. Sobre todo, parece que el concepto francés de "libertad", según se proclamó inicialmente en los "principios del 89", ha impresionado perdurablemente al pueblo de Estados Unidos. Quizá podamos atribuir a esta influencia —aunque aquí los motivos pueden ser un tanto contradictorios— las frecuentes incursiones realizadas por norteamericanos durante las décadas de 1820 y 1830 a través de la frontera canadiense, con el fin de "liberar" (o así decían los invasores) del dominio colonial británico a las provincias del Alto y el Bajo Canadá.[4] Esa unión afectiva continuó un siglo o más; lo demuestra, durante la década de 1880, el entusiasmo con que los neoyorquinos saludaron la colocación de la Estatua de la Libertad, a orillas del río Hudson, sobre la base de un diseño francés. Y es notable cuántos norteamericanos de las décadas de 1920 y 1930 realizaron una peregrinación casi anual a Francia —y sobre todo a París— en cuanto cuna de la "Libertad" y los Derechos del Hombre. Quizá también se reflejó en la literatura norteamericana contemporánea, como en la nostalgia sentimental suscitada por París y sus bistrós expresada en algunas novelas de Hemingway y, en un nivel literario un tanto más bajo, por Paul Elliot en su libro *The Narrow*

Street, escrito en la década de 1920. Pero más importante ha sido el intento consciente de los franceses, durante la época posnapoleónica, de difundir el mensaje de la Revolución y transplantar sus instituciones a sus propias colonias o a las esferas de influencia en el extranjero, por ejemplo a Argelia después de 1829, a América Latina durantes las décadas de 1820 a 1840, o al África Negra e Indochina durante los años del Nuevo Imperialismo que precedieron a la Primera Guerra Mundial. Y como en estas ocasiones la bandera seguía al comercio, el mejor indicio de la capacidad francesa para llevar sus instituciones a otros continentes —sobre todo a África— quizá pueda obtenerse cuando se examina la influencia de la propia bandera tricolor francesa.

En este sentido, debemos volver la mirada hacia África después del renacimiento liberal de Francia durante su prolongado segundo período de dominio imperial; ambos aspectos fueron rasgos de la década de 1870 y los años siguientes. De acuerdo con un útil compendio de Whitney Smith (que escribió en 1980) de 174 banderas nacionales, 45 eran tricolores aparentemente diseñadas según el modelo francés.[5] El proceso comenzó en Europa durante los sesenta años "revolucionarios" que concluyeron en 1848. En primer término, fue la República de Italia creada por Napoleón en 1802; después, los checos en 1818, Bélgica en 1831, Polonia y Grecia en 1839 y Rumania, Alemania y la República Croata en 1848. La República Irlandesa de 1916 la adoptó —y aún existe—, lo mismo que Bulgaria (en el centenario de su independencia de Turquía) en 1971. Entretanto, durante las revoluciones en América Latina, México había adoptado la tricolor francesa en 1821, Nicaragua en 1823 y Venezuela en 1830, seguidos por Paraguay en 1842, Colombia en 1861 y Bolivia en 1868. Pero pasó casi un siglo antes de que Francia comenzara a dejar un reguero cada vez más ancho de antiguas colonias africanas que celebraban su independencia y su antiguo vínculo con

Francia adoptando la bandera tricolor como emblema nacional. Comenzó con Egipto y Siria en 1952 y Nigeria en 1954. Siguieron Guinea francesa en 1958, Costa de Marfil, Alto Volta, Chad y Senegal en 1959, Gabón oriental en 1960, Malí en 1961, Sudán (recientemente unido en un condominio anglofrancés con Egipto) en 1969, Siria (allende el Canal de Suez, en Asia); Camerún y Guinea Ecuatorial imitaron el ejemplo entre 1971 y 1978.

Pero antes de terminar este capítulo corresponde formular dos advertencias. Una, que no todas las banderas tricolores registradas por Whitney Smith derivan, ni siquiera indirectamente, de la influencia o la ocupación francesas: quizá sólo treinta de las cuarenta y cinco. El resto ha tenido distintos antecedentes. Por ejemplo, la tricolor holandesa, que reaparece en África del Sur, se remonta al siglo XVII, un siglo entero antes del comienzo de la Revolución en Francia. Está también el caso de la tricolor "Panafricana" que, si bien tal vez debe algo a 1789, es más un símbolo de la solidaridad africana que el signo de una consideración o un afecto especiales por Francia.[6] Asimismo hay o hubo en la India y Medio Oriente una tricolor de estilo francés que proviene de una tradición musulmana: estas banderas han sido desplegadas —según el uso del momento— en Irán, Jordania, Yemen e Irak. La bandera del Líbano es un caso especial a causa de su relación en cierto momento con Francia: este país comenzó a desplegar la tricolor bajo el dominio francés en 1929, pero la abandonó —a diferencia de varios vecinos africanos— cuando alcanzó la independencia, en 1943.[7]

La otra advertencia consiste en que, sobre todo después de 1917, la Gran Revolución en Francia —aunque la mejor documentada de todas— no fue la única revolución importante que exportó sus instituciones y sus ideas a otros países. Antes de 1789 los holandeses y los norteamericanos habían hecho lo mismo de un modo más discreto; y la influencia de la revolución inglesa, aunque considerable en

Estados Unidos, nunca alcanzó una escala comparable a la francesa. Además, estas revoluciones, tanto las del siglo XVII como las del XVIII, tenían propósitos políticos y sociales más o menos análogos, y respondían en común al cuadro de una sociedad preindustrial. La Revolución Rusa —sin hablar de la china o la cubana— fue a su vez algo distinto. En la escala del mundo en general —incluso más que en el contexto de Europa occidental o meridional— a partir de esta última revolución, más que de otra cualquiera precedente, se desarrolló una clase trabajadora industrial y el nuevo y principal conflicto entre el capital y el trabajo, configuraciones casi desconocidas fuera de Inglaterra en 1789. Con ellas llegó la general difusión de las nuevas ideas socialistas y colectivistas de la moderna sociedad industrial formuladas sistemáticamente en primer término por Marx. De modo que mal puede sorprender que, en las generaciones siguientes, los antiguos lemas de Libertad, Igualdad y Fraternidad se viesen recubiertos por otras ideologías y por la reclamación de nuevas soluciones. Podría creerse que las antiguas ideas liberales de 1789, emanadas de la anterior revolución en Francia, han sido absorbidas o incluso perdieron su importancia; pero afirmar esto sería un error profundo. Pues como escribió Gramsci hace medio siglo, las necesidades actuales se alimentan del "pasado cultural": el Renacimiento y la Reforma, la filosofía alemana y la Revolución Francesa con su "liberalismo secular", están todos "en la raíz de la concepción total de la vida".[8] La lucha por los Derechos del Hombre continúa y, a pesar de los nuevos lemas y los nuevos jefes y rostros, es hoy tan importante como lo era hace doscientos años.

II

Legado y tradición en Francia

Cabe formular otra observación. La Revolución no sólo dejó legados tangibles como las banderas, las instituciones el Código Civil y los nuevos modos de organización social. También dejó, como una referencia más directa, sus tradiciones y mitos. También estos, como nos lo ha recordado Georges Lefebvre, pueden ejercer una influencia intensa sobre el desallo histórico. No todas las leyendas y todos los mitos derivan de clases sociales como la burguesía y los campesinos prósperos que recibieron más de lo que les correspondía en el saldo de la revolución. Como hemos visto, los *sans-culottes* y los pequeños campesinos se beneficiaron poco por lo que se refiere a los aspectos materiales, pero dejaron recuerdos que no fueron olvidados por las generaciones siguientes. En primer lugar, la adición misma de la revolución popular: la violencia, el heroísmo y el apasionado idealismo de los "días" de 1789, 1792 y 1793 fueron repetidos por multitudes análogas —aunque impulsadas por objetivos distintos— a través de Europa en 1848 y en París todavía en 1871. Más aún, sus ecos fueron oídos en los "acontecimientos" estudiantiles un siglo más tarde. Y también, en un plano político distinto, hemos visto cómo los liberales españoles de 1820 y 1836, a semejanza de los liberales franceses, alemanes, belgas, suizos, polacos e italianos de las décadas de 1830 y 1840, recibieron por lo menos parte de su inspiración de la Declaración de los Derechos del Hombre y la Constitución de 1791. E incluso en Inglaterra en 1830 pareció razonable atribuir el descontento provocado por los salarios de los trabajadores de los condados meridionales en parte a los acontecimientos de la Revolución de julio en Francia.

Más aún, tales tradiciones y lecciones se repitieron mucho más allá de las fronteras nacionales de Francia, y persistieron, o revivieron, mucho después que hubiera quedado atrás el período revolucionario "culminante" de las décadas de 1830 y 1840. Los revolucionarios rusos de 1917, lejos de despreciar las experiencias de sus antecesores jacobinos de 1793-1794 —como el señor Furet y otros a veces parecen creer que debieron hacer—, discutieron fervorosamente las lecciones de Termidor, y por su parte Lenin consideró que la "dictadura democrática" del Año II era un modelo apropiado para los bolcheviques. De modo que, brevemente, el jacobinismo se convirtió en aliado del bolchevismo, y para consolidar la unión, se asignó a Robespierre un nicho bajo los muros del Kremlin, y se dio su nombre a un muelle sobre el Neva, en la nueva capital de Lenin.[1]

Pero como las dos revoluciones tenían objetivos finales muy distintos, el modelo podía cumplir a lo sumo una función provisional. Cincuenta años antes, Marx había advertido a los trabajadores franceses que no siguieran demasiado dócilmente los preceptos de 1792, y en la Segunda Alocución del Consejo de la Primera Internacional (setiembre de 1870) los exhortó a "no dejarse llevar por los recuerdos nacionales de 1792, como los campesinos franceses se habían engañado con los recuerdos del Primer Imperio; pues su tarea no era revivir el pasado sino construir el futuro".[2] Pero cuando seis meses después los parisienses desafiaron al gobierno de Thiers en Versalles y crearon su *Commune*, Marx vio que podían aprenderse lecciones útiles y los elogió porque "tomaban por asalto el cielo".

Siempre es necesario mostrar discreción en estas cuestiones, aunque ello excluye la importancia de identificar las tradiciones revolucionarias en la historia de un país, y extraer conclusiones de ellas. En el caso de la Revolución en Francia podemos en general dividir estas tradiciones en cuatro. En primer término, estaba la tradición liberal centrada en los Derechos del Hombre y los "principios del 89" que, aunque negaba el voto a los ciudadanos "pasivos", defendía la libertad de palabra, de culto y de reunión, y los derechos civiles de los protestantes y los judíos (y más tarde, de los hombres de color en las colonias). Siguió la tradición democrática popular de 1792-1794, que concedió el voto a todos los varones adultos y promovió la participación popular en las calles y los municipios. Tercero, la tradición bonapartista, que aunque autoritaria y desconfiada frente a la "libertad" y la democracia popular fue —con algunas modificaciones importantes— la consecuente defensora de la igualdad ante la ley y la apertura de las profesiones a "los hombres talentosos". Y finalmente, como la Revolución tuvo su contrarrevolución, cada una de esas tradiciones tuvo su antítesis entre los que, temiendo por la propiedad, la religión o el privilegio, se han sentido amenazados por la Revolución y todas sus consecuencias y sus implicaciones. También esta tradición, aunque negativa y desaprobadora, es tanto como otra cualquiera, parte del legado de la Revolución.

A veces es posible ver reunidas dos o tres de estas tradiciones, que se codean incómodas en la misma comunidad. Hallamos un ejemplo apropiado en la versión que ofrece Gabriel Chevalier de la aldea de Clochemerle, en el Beaujolais (1934), donde la *baronne* nostálgica del pasado que ya no existe, y su confesor, el cura de la aldea, chocan con el alcalde, el abogado y el maestro de escuela, todos defensores de los "principios del 89", ¡en relación con la inauguración oficial de un mingitorio público, adornado con la tricolor, frente al municipio![3] En otros momentos y otros lugares puede verse una transición, del rechazo de la Revolución a la aceptación, o viceversa. Así, tenemos el ejemplo de los campesinos y los artesanos rurales del Var que, aunque conservadores durante las décadas de 1830 y 1840, adoptaron una postura militante hacia 1849 y se alzaron en armas para resistir el golpe de Estado de Luis-Napoleón en diciembre de 1851.[4] En cambio, hemos visto que franceses como el historiador Taine, demócratas liberales en 1848, cambiaron de bando para atacar a la Revolución y toda su obra después de la experiencia de la Comuna de París.[5] Y para continuar la saga, tenemos el caso de los coroneles franceses en Argelia, que, en mayo de 1958, protagonizaron un golpe de Estado bonapartista para llevar a De Gaulle al poder; cuando De Gaulle atemperó la represión con la conciliación, aquéllos apelaron a la contrarrevolución e intentaron en cambio el asesinato.

Otro modo de considerar el problema consiste en ver cómo las tradiciones originadas en 1789 han gravitado sobre ciertos episodios de la historia de Francia y determinado las reacciones y el comportamiento de ciertos grupos. A partir de la caída de Napoleón, hemos visto que un grupo importante de historiadores de orientación liberal, nutridos en los "principios del 89", decidió promover la reforma liberal durante la década de 1820 exaltando sus virtudes bajo la Asamblea Constituyente.[6] Vimos también, en la generación siguiente, que historiadores como Michelet retornaron a la tradición republicana democrática de 1796 con el fin de preparar el camino a la Revolución de 1848. Esta fase concluyó en 1849, cuando con el apoyo masivo de los campesinos Luis Napoleón, el sobrino del gran emperador, fue elevado al poder —primero como presidente, y después como emperador— por un período de veinte años. Cuando este proceso desembocó en la derrota y la humillación, tres tradiciones de la Revolución se combinaron, o por breve lapso coexistieron. Por una parte, la tradición democrática popular, hostil tanto al liberalismo como al bonapartismo, reapareció en la Comuna de París. Por otra, el gobierno nacional conservador-liberal de Versalles, que aplastó a la Comuna con la ayuda del liberal Gambetta. Diez años más tarde, mientras Francia todavía sentía el escozor de su derrota frente a Prusia, hubo un intento de reaparición del bonapartismo: el general Boulanger, que asumió el papel de salvador de la nación y de Hombre del Destino, fue a París cabalgando sobre un caballo blanco. Pero fue un episodio efímero, que dejó escasos recuerdos o motivos de pesar.

Pero entretanto, las elevadas esperanzas originadas en la nueva República "radical-socialista" de la década de 1870 habían comenzado a desvanecerse al compás de las crisis económicas y financieras, la desocupación y el comienzo de una importante inmigración proveniente de las colonias de África del Norte. Sobre este trasfondo comenzó a formarse una nueva derecha, que ganó el apoyo de las clases "intermedias" y los pobres de las grandes ciudades. Encontró su primera expresión nacional, reforzada por la tríada contrarrevolucion aria de la Iglesia, el Ejército y el Régimen, en la histeria del Asunto Dreyfus, que durante la década de 1890 dividió a Francia en dos campos opuestos, enfrentando a una derecha de amplia base con los liberales, los socialistas y otros defensores tradicionales de los principios del 89 y el 93. La agitación *Dreyfusard* inevitablemente se extinguió cuando el propio Dreyfus, la víctima de la histeria, regresó vindicado de su exilio provisional en la Isla del Diablo. Pero la nueva derecha se prolongó adoptando diferentes formas, entre ellas los *Cagoulards* (encapuchados), los *Croix de feu* y el Frente Nacional, para atormentar a la política francesa con sus ataques provocadores a los empleados liberales, los militantes obreros, los árabes inmigrantes, los extranjeros y los judíos.

Lo cual nos lleva al elemento de misterio que envuelve los acontecimientos de Francia después de su desastre militar de 1940. En resumen, Francia se dividió nuevamente en dos facciones principales: los que estaban decididos a continuar combatiendo y se unían a De Gaulle en el exilio o se incorporaban a la Resistencia en Francia, mientras la nueva derecha y otros ansiosos de ajustar cuentas con "el enemigo interno" apoyaban activamente la ocupación nazi, o entre bambalinas denunciaban a los judíos y a otros "indeseables", para enviarlos a la cárcel, la deportación, la tortura, la ejecución o el trabajo forzado. Cuando concluyó la Ocupación y se restableció relativamente la normalidad, fue difícil olvidar, perdonar o subestimar la experiencia. ¿Quién había sido traidor, quién patriota; quién se había unido a la Resistencia en el último momento para cubrir sus huellas? Tales preguntas persistieron e incluso ahora, después que han pasado más de cuarenta años, no existe una respuesta definitiva. Y eso tal vez explique por qué —nos referimos al temor de que se descorra el telón en un tribunal público— se formulan tantas conjeturas acerca de la posibilidad de que Klaus Barbie, el conocido "carnicero de Lyon", detenido en Francia durante los últimos cuatro años, sea llevado realmente a juicio.[7]

Más aún, esas dudas y sospechas, ¿se relacionan con el permanente debate que divide a los historiadores acerca de los orígenes y el sentido de la Revolución Francesa? Algunos argumentos utilizados ahora por los críticos de la Revolución sugieren que dicha relación existe; y parece bastante seguro que, a medida que se aproxima el Bicentenario, el debate llegará a ser acre e inflexible. Parece probable también que la Revolución continúe dividiendo ideológicamente a los franceses. Pero, en realidad, ¿cuántos franceses participarán en el debate; cuántos se sentirán hoy realmente "divididos", como al parecer fue el caso con Dreyfus hace noventa años? Sin duda, entre ellos habrá defensores militantes de la República del "Año II", y defensores de esa Francia "más grande" concebida por Napoleón. ¿Quién puede dudar de que los "contrarrevolucionarios" actuales se mostrarán menos estridentes y menos inclinados que sus antepasados a condenar la Revolución y toda su obra? Pero cabe dudar un poco de que los franceses en París o en otros lugares todavía sientan el mismo grado de compromiso, y es probable que la experiencia de los últimos cincuenta años haya desdibujado la imagen de la Revolución como fuerza vital permanente. ¿No se ha convertido más bien en la página de un libro de historia, o en una pieza de museo que debe ser guardada en lugar seguro, u olvidada hasta el próximo Día Nacional?

ÍNDICE DE LAS PRINCIPALES FIGURAS HISTÓRICAS

BABEUF, Graco (François). Periodista y comunista. Miembro del Club Electoral. Conspiró para destruir al Directorio.

BAILLY, Jean Sylvain. Alcalde de París durante la Revolución de 1789.

BARÈRE, Bertrand. Abogado, inicialmente monárquico. Se convirtió en partidario de Robespierre.

BARRAS, Paul François. Jacobino. Dirigió el sitio de Toulon. "Terrorista" odiado por Robespierre. Promovió la caída de Robespierre. Miembro del Directorio con Bonaparte.

BOISSY D´ANGLAS, François. Defensor de los proletarios. Miembro de los Estados Generales. Partícipe de la conspiración contra Robespierre.

BRISSOT, Jacques Pierre. Abogado y autor. Jefe de los girondinos. Se opuso a Robespierre.

BURKE, Edmund. Estimuló las actitudes contrarrevolucionarias en Europa.

CARNOT, Lazare. Genio militar, "organizador de victorias" y de las *armes révolutionnaires*. En el Directorio, estuvo cerca de la posición realista.

COLLOT D´HERBOIS, Jean Marie. Miembro de la Convención Nacional y del Comité de Salud Pública. Responsable del Terror en Lyon. Deportado a causa de su conspiración contra Robespierre.

DANTON, Georges Jacques. Abogado y orador, miembro dirigente del Club de los Cordeleros. Patriota y miembro del Comité de Salud Pública, aunque intentó contener a los extremistas. Ministro de Justicia. Enviado a la guillotina por Robespierre.

DESMOULINS, Camille. Periodista y orador. Miembro del Club de los Cordeleros. Amigo de Danton.

FOUCHE, Joseph. Responsable del Terror, especialmente en Lyon. Llegó a ser ministro de Policía.

HERBERT, Jacques René. Llamado "Père Duchesne" por su periódico del mismo nombre. Jefe jacobino de la Comuna de París. Orquestó la campaña de descristianización. Ejecutado por Robespierre.

LA FAYETTE, marqués de. Miembro de la Asamblea Nacional de 1789. Logró que la influencia norteamericana gravitase sobre la Declaración de Derechos. Liberal moderado odiado por los jacobinos. Comandante de la Guardia Nacional.

LUIS XVI. Intentó reformas en la Administración y el sistema impositivo. Aceptó la Constitución de 1791, pero fue desbordado por los episodios de la Revolución. Ejecutado.

MARAT, Jean Paul. Preferido de las clases bajas del pueblo . Periodista. Miembro del Club de los Cordeleros y "Terrorista". Apuñalado por Charlotte Corday.

MIRABEAU, Honoré Gabriel. Orador del partido "Patriota". Miembro de la Asamblea Nacional de 1789. Miembro del Club de los Jacobinos.

NAPOLEON BONAPARTE. Comandante militar de genio. Reformador administrativo. Primer Cónsul, después emperador.

NECKER, Jacques. Ministro de Finanzas durante el *ancien régime*, figura popular cuyo despido desencadenó la Revolución del 89.

ORLEANS, duque de (Felipe Igualdad). Héroe de 1789. Apoyó a los panfletistas y al abate Sieyès.

PETION, Jérôme. Jacobino, aliado de Robespierre. Después se convirtió en girondino. Alcalde de París.

ROBESPIERRE, Maximilien. Demócrata, líder del gobierno revolucionario. Jacobino, líder del Comité de Salud Pública. Instigador del Terror.

ROUX, Jacques. Jefes de los *enragés*. El cura "rojo". Se le atribuyó la responsabilidad de los desórdenes por los alimentos (1793), portavoz de los *sans-culottes*.

SAINT-JUST, Louis-Antoine. Orgulloso abogado y jefe militar, aliado de Robespierre.

SIEYÈS, abate. Panfletista, partidario del Tercer Estado. El "hombre del 89". Miembro del Directorio y el Consulado con Bonaparte. "Topo" de la Revolución.

TALLEYRAND, Charles (obispo de Autun). Miembro de los Estados Generales y el Comité de los Treinta. *Emigré*. Después, miembro del Directorio en el cargo de ministro de Relaciones Exteriores, y partidario de Bonaparte.

Crónica de los episodios principales, 1775-1851

1775	Guerra Norteamericana de la Independencia.
	Mayo: Desórdenes por los cereales en el norte de Francia.
1776	Caída de Turgot.
	Declaración Norteamericana de la Independencia.
	La riqueza de las naciones de Adam Smith.
	La máquina de vapor de Watt.
1778	Francia entra en la Guerra Norteamericana.
	Décadas de 1780 a 1820 Revolución Industrial en Gran Bretaña.
1781-2	Intento de revolución "democrática" por los "nativos" en Ginebra; aplastada con la ayuda de Francia.
1783	El tratado de Versalles finaliza la Guerra Norteamericana.
1781	Reforma campesina de José II en el Imperio Habsburgo.
1786	Tratado de "libre comercio" de Francia con Inglaterra.

Rebelión campesina en Noruega, dirigida por C. Lofthuus.

1787 Asamblea de Notables convocada en Francia; comienzo de "revuelta aristocrática".

1788 Setiembre: victoria de la "aristocracia" en Francia y retorno del Parlamento a París, seguido por desórdenes populares.

Diciembre: los disturbios por los alimentos en Francia se convierten pronto en revuelta campesina contra el "feudalismo".

1789 Enero-mayo: Preparación de los *cahiers de doléances* y las elecciones para los Estados Generales.

Mayo-julio: Estados Generales en Versalles.

Junio: la Asamblea Nacional, formada por el Tercer Estado y sus aliados en Versalles.

Julio: revolución en París; caída de la Bastilla. El rey acepta la Revolución en el Municipio.

Julio-agosto: rebelión campesina contra el "feudalismo". El Gran Miedo.

Agosto: La Asamblea responde con los "Decretos de agosto". Principio del fin del "feudalismo" en Francia. Declaración de los Derechos del Hombre y el Ciudadano.

"Días" de octubre: marcha de las mujeres hacia Versalles; regreso del rey a París, seguido por la Asamblea Nacional.

Diciembre: venta de las tierras de la Iglesia; emisión de los *assignats*. Las calificaciones basadas en la propiedad aplicadas por un decreto a los votantes y los diputados.

1790 Junio: Abolición de la nobleza y los títulos por la Asamblea Constituyente.

Julio: Constitución Civil del Clero. Fiesta de la Federación. Disturbios contrarrevolucionarios en Lyon.

Noviembre: Publicación de *Reflections on the Revolution in France*, de Burke.

1791 Marzo: el Papa condena la Constitución Civil del Clero; comienzo de la contrarrevolución por el clero "no juramentado".
Abril: muerte de Mirabeau.
Primavera-verano: la contrarrevolución continúa en el sur. Fuga del rey a Varennes. Los *feuillants* se separan del Club de los Jacobinos.
Julio: masacre de Champ de Mars.
Agosto: declaración de Pilnitz.
Setiembre: adopción de la Constitución de 1791. Inauguración de la Asamblea Legislativa.
Noviembre: se elige a Pétion alcalde de París.

1792 Enero-febrero: disturbios por los alimentos en París.
Primavera: desórdenes contrarrevolucionarios en el oeste de Francia.
Abril: Francia declara la guerra a Austria.
Junio: separación de los ministros girondinos. Invasión popular de las Tullerías.
Julio: manifiesto de Brunswick.
Agosto: derrocamiento de la Monarquía. Fracaso del intento de golpe de La Fayette contra París.
Setiembre: masacres en las cárceles de París. Reunión de la Convención Nacional. Victoria francesa en Jemappes y primera ocupación de Bélgica.

1793 Enero: ejecución del rey.
Febrero: Francia declara la guerra a Inglaterra y a Holanda. *La Levée en masse* (300.000 hombres) provoca la rebelión en el oeste de Francia.
Marzo: comienzo de la revuelta en la Vendée. Se crea el Tribunal Revolucionario.
Abril: traición de Dumouriez. Comité de Salud Pública (con inclusión de Danton).

Mayo: agitación antijacobina en Marsella, Lyon, Rennes, etcétera.
Mayo-junio: se expulsa de la Convención a los jefes girondinos.
Junio: adopción de la Constitución "Jacobina" de 1793.
Julio: asesinato de Marat. Abolición del "feudalismo" por la Convención. Robespierre, Saint-Just y Couthon designados miembros del Comité de Salud Pública.
Agosto: rendición realista de Toulon a los británicos.
Setiembre: insurrección popular en París. Ley de "sospechosos" y comienzo del Terror. La ley del Máximo General fija topes a los precios de los alimentos y los salarios. Bonaparte levanta el sitio de Toulon.
Octubre: se suspende la Constitución "mientras dure la guerra". Represión de la revuelta de Lyon. Comienza la campaña de descristianización. Ejecución de María Antonieta y de jefes girondinos.
Diciembre: instalación del gobierno "revolucionario". Los ejércitos republicanos aplastan la rebelión de la Vendée.

1794: Febrero-marzo: leyes de Ventoso.
Marzo: arresto y ejecución de hébertistas.
Marzo-abril: arresto y ejecución de dantonistas.
Abril: rebelión de los *chuanes* en el oeste.
Junio: festival del Ser Supremo. Ley del 22 Pradial. Victoria francesa en Fleurus.
Junio-julio: el "Gran Terror".
Julio: conspiración y crisis de Termidor. Caída y ejecución de Robespierre y aliados.
Noviembre: clausura del Club de los Jacobinos.
Diciembre: derogación de las leyes del Máximo.

1795 Año casi de hambre en Francia.
Abril-mayo: insurrecciones de Germinal y Pradial en París.

Mayo-junio: "Terror Blanco" en el sur.
Junio: desembarco realista en la Bahía Quiberon.
Agosto: adopción de la Constitución del Año III.
Octubre: alzamiento realista fracasado en París (13 vendimiario). Instalación del Directorio.

1796-7 Campaña italiana de Bonaparte.

1797 Marzo: los realistas ganan la mayoría en los dos Consejos Legislativos de París.
Setiembre: golpe antirrealista de Fructidor por los Directores con apoyo militar.

1798 Febrero: instauración de la República Romana.
Setiembre: ley de conscripción de Jourdan en Francia.
Octubre: se declara la "guerra campesina" contra los franceses en Bélgica.

1799 Enero-junio: revueltas contra los franceses en Italia. Alzamiento en apoyo de la democracia en Piamonte. Bonaparte en Egipto.
Octubre: golpe de Estado de Bonaparte, el 18 brumario.

1800 Febrero: nueva Constitución con Bonaparte en el cargo de Primer Cónsul. Revuelta de *chuanes* aplastada en el oeste.
Junio: batalla de Marengo.

1800-3 Reformas fundamentales de Bonaparte en Francia.

1801 Julio: firma del Concordato con el Papa.

1802 Paz de Amiens con Inglaterra.

1803-8 Importantes reformas "revolucionarias" en Europa.

1803 Venta de Luisiana a los norteamericanos.

1804 Napoleón coronado emperador de los franceses.

1805-7 Grandes victorias napoleónicas sobre los austríacos, los prusianos y los rusos en Europa central.

1806-12 Bloqueo económico de Inglaterra: el Sistema Continental.

1808 Tratado de Tilsit con Rusia; culminación de la fortuna de Napoleón.

1809 Decadencia y caída de Napoleón, a partir de la "úlcera española".

1812 Campaña rusa.

1814 Primera abdicación y exilio a Elba.

1815 Los "Cien días": Waterloo y la derrota definitiva, la rendición y el exilio en Santa Elena. Congreso de Viena.

1821 Muerte de Napoleón en Santa Elena.

1820-36 Período de revoluciones —importantes y secundarias— en Europa y América Latina: España, Bélgica, Francia, Alemania, Argentina, México, Brasil, etcétera.

1835-48 El cartismo en Inglaterra.

1848 "Año de revoluciones" en Europa: a partir de Italia meridional en enero; Francia en febrero; Alemania y Austria en marzo; seguidas por secuelas en Hungría, Polonia, Irlanda, Rumania, Croacia, etcétera.

1849-51 Se afirma la contrarrevolución.

GLOSARIO

Acaparador. El acaparador real o presunto de alimentos.

Altar de la patria. Un altar cívico, consagrado a la nación, erigido en el Centro del Campo de Marte, en el oeste de París, en julio de 1790.

Ancien régime (antiguo régimen). Francia antes de la Revolución. A veces se entiende que se alude a la época prerrevolucionaria inmediata, y otras el término incluye la segunda mitad del reinado de Luis XIV (1660-1715).

Año II. El segundo año de la República Francesa, es decir, del 22 de setiembre de 1793 al 21 de setiembre de 1794. Aplicado sobre todo al período de actuación del gran Comité de Salud Pública (28 de julio de 1793 al 28 de julio de 1794).

Armée revolutionnaire (ejército revolucionario). Un ejército ciudadano de *sans-culottes,* formado en diferentes centros durante el otoño de 1793 y destinado principalmente a asegurar el suministro de granos a París y a otros ciudades.

Assignat (asignado). Papel moneda revolucionario, al principio emitido para financiar la venta de tierras eclesiásticas, pero de uso general después del verano de 1791.

Babeuvismo. Ideas políticas (socialistas) basadas en las de Graco Babeuf en Francia durante el Directorio, y en las que después se expresaron los "patriotas" italianos o las sociedades secretas —por ejemplo los *carbonari*— contra los franceses, después de 1808.

Bailliage, sénéchaussée. Un centro local de jurisdicción real, presidido por un *bailli o* un *sénéchal;* el primero funcionaba en el norte y el segundo en el mediodía de Francia.

Banalités. Un monopolio feudal que autorizaba al *seigneur* local (señor de la propiedad) a obligar a sus arrendatarios a llevar el trigo, la harina y las uvas a su molino, su horno de pan y su lagar.

Barreras. Los puestos aduaneros que rodeaban la ciudad de París, levantados por los Agricultores Generales poco antes de la Revolución.

Bienes nacionales. Propiedades confiscadas de la Iglesia, la aristocracia o los "sospechosos", nacionalizadas y vendidas en subasta durante la Revolución.

Burgués, burguesía. Un término genérico más o menos sinónimo de las clases medias urbanas: banqueros, corredores de bolsa, comerciantes, grandes manufactureros y profesionales de todas las clases.

Brissotins. Partidarios de Jacques-Pierre Brissot durante la Asamblea Legislativa; después llamados *girondinos.*

Brumario. El mes "brumoso" (23 de octubre al 20 de noviembre) del Calendario Revolucionario. El término se aplica sobre todo al golpe de Estado de Bonaparte, el 18-19 brumario del Año VII (9-10 de noviembre de 1799).

Cahiers de doléances. Las listas de quejas redactadas separadamente por los tres "órdenes" en las ciudades, las aldeas y las corporaciones, como preparación para los Estados Generales de 1789.

Calendario Revolucionario. Introducido por la Convención jacobina y usado desde el 22 de setiembre de 1793 hasta fines de 1805.

Capitación. Impuesto aplicado a los ingresos individuales, al principio pagado por todas las clases; pero durante el siglo XVIII el clero se vio eximido legalmente y la nobleza a menudo estaba de hecho en la misma situación.

Club de los Cordeleros. El más "plebeyo" y generalmente el más radical de los dos clubes principales de la Revolución en París. Sus jefes más conocidos fueron (en distintos períodos) Marat, Danton, Hébert y Ronsin.

Comité de los Treinta. El Comité de los Treinta, que incluía a Duport, Talleyrand, Mirabeau, Sieyès y otros, y al que a menudo se atribuyó una responsabilidad exagerada por los episodios de 1789.

Comité de Seguridad General. Uno de los dos comités oficiales principales del Año II, que asumían la responsabilidad específica de la policía y la seguridad interna.

Comité de Salud Pública. El más importante de los dos comités oficiales dirigentes del Año II. En general, responsable de la dirección de los asuntos internos y exteriores; sus atribuciones se superponían parcialmente con las del Comité de Seguridad General en las cuestiones policiales y judiciales.

Comités revolucionarios. Los comités locales asignados a las secciones y responsables de la policía y la seguridad interna.

Comuna. Nombre asignado al gobierno local de París que surgió en el Municipio después de la caída de la Bastilla. La llamada

"Comuna Revolucionaria" usurpó provisionalmente sus atribuciones, con el apoyo jacobino, durante la crisis de agosto-setiembre de 1792. La Comuna fue abolida poco después de Termidor, pero reapareció brevemente en 1848 y en marzo-mayo de 1871.

Conspiración extranjera. La "conspiración extranjera" que según se afirmaba, y en general se creía, Pitt y sus agentes en Francia estaban promoviendo contra la República en 1793-1794.

Coqs de village (literalmente, gallos de aldea). Denominación aplicada a los campesinos prósperos o "en ascenso", fuesen arrendatarios o propietarios.

Corvea. La obligación del campesino de realizar trabajos sin paga en los caminos, o de pagar para verse exento.

Champart. Renta feudal en especies.

Chuanes. Guerrillas campesinas contrarrevolucionarias que actuaban en Bretaña y Normandía después de 1793.

Década. Los períodos de diez días en que se dividió el mes de treinta días en el Calendario Revolucionario. De ahí el término *décadi* aplicado al día de descanso periódico.

Distritos. Nombre asignado a las sesenta unidades electorales en que París quedó dividida en abril de 1789. Después de mayo-junio de 1790 dejaron el sitio a las secciones.

Don gratuit. El "regalo voluntario" realizado por la Asamblea del clero francés a la Corona en lugar del pago de los impuestos acostumbrados.

Emigrados. Nobles y otras personas que emigraron de Francia, a partir de julio de 1789, durante la Revolución.

Ennoblecido. El plebeyo del *ancien régime* ennoblecido recientemente.

Enragés. El partido revolucionario extremo, encabezado por Jacques Roux, Jean Varlet y Théophile Leclerc, que, aunque condenado tanto por los jacobinos como por los cordeleros, ejerció considerable influencia sobre los *sans-culottes* parisienses en 1793.

Faubourgs. Literalmente "suburbios", inicialmente fuera de los muros de la ciudad de París, pero a partir de 1785 abarcados por ellos. El término se aplica sobre todo a los grandes faubourgs de Saint-Antoine y Saint-Marcel.

Federados. Unidades de milicias de las provincias llevadas a París para asistir a la Federación, el 14 de julio de 1792. Término aplicado sobre todo a los hombres de Marsella y Brest que contribuyeron a derrocar a la Monarquía.

Feuillants. El numeroso grupo de diputados del centro de la Asamblea Constituyente que se separaron de los jacobinos para formar su propio club como protesta contra la campaña para suspender o deponer a Luis XVI después de su fuga a Varennes, en junio de 1791.

Gabela. Impuesto sobre la sal, el más popular e irritante de los impuestos indirectos del *ancien régime* en Francia.

Gobierno Revolucionario. Expresión aplicada al gobierno firmemente centralizado creado por Robespierre, Saint-Just y sus colaboradores en el Comité de Salud Pública después de octubre de 1793.

Generalidades. Áreas en general correspondientes a las antiguas provincias en que Francia estaba dividida, desde la época de Richelieu, con fines impositivos. En 1789 había veintitrés *généralités,* cada una dirigida por un *intendant.*

Gens sans aveu. Vagabundos o personas sin domicilio fijo.

Girondinos. Nombre dado al cuerpo principal de los opositores a los jacobinos en la Convención Nacional. Véase también *Brissotins.*

Guardia nacional (o milicia burguesa). Milicia cívica, organizada inicialmente por los Distritos de París en julio de 1789.

"Guerres des farines" ("guerra de las harinas"). Nombre popular aplicado a los disturbios por los granos de mayo de 1775.

Hébertistas. Los partidarios (reales o presuntos) de Jacques-René Hébert, director de *Le Pére Duchesne.* El rótulo es también aplicable a los colaboradores de Hébert en la comuna de París y el Ministerio de Guerra (Chaumette Vincent), el bloque de los "descristianizadores", los defensores de la "guerra universal" (Cloots) y los jefes de la *armée révolutionnaire* y el Club de los Cordeleros (Ronsin).

Impuesto popular. Control de los precios a través de los disturbios, como en mayo de 1775, enero-febrero de 1792, febrero de 1793.

Intendants. Véase Generalidades.

Jacobinos, Club de los Jacobinos. Nombre adoptado por el Club Breton —formado en la Primera Asamblea Nacional —, cuando se trasladó al Convento de los Jacobinos de París, en octubre de 1789. El Club sufrió una serie de transformaciones, por ejemplo la escisión de los *feuillants* en junio de 1791 y las sucesivas purgas de girondinos, dantonistas y hébertistas; y culminó en el verano de 1794 en la forma del grupo que se mantenía fiel a Robespierre. El Club fue disuelto por los termidorianos en noviembre de 1794. Véase también Montaña.

Jacquerie. Revuelta campesina, tradicionalmente —como durante los siglos XV a XVII— acompañada por la violencia ejercida tanto sobre la propiedad como sobre las personas.

Jornada (o Jornada revolucionaria). Un día de lucha revolucionaria en que participaban las multitudes (generalmente formadas por *sans-culottes*).

Juventud Dorada. Véase *Muscadins.*

Laboureur. El típico campesino francés que era propietario grande o mediano.

Lazzaroni. Las clases más pobres de la ciudad de Nápoles.

Lettres de cachet. "Cartas selladas", redactadas en nombre del rey y ordenando la detención sin proceso de los afectados.

Levée en masse. Ley del 23 de agosto de 1793 que movilizó a toda la nación francesa para la guerra. Expresión usada después para designar a la nación en armas de cualquier país.

Libra (o franco). En 1789, más o menos equivalente a veinte peniques. Había veinte sous en una libra.

Lit de justice. Reunión ceremonial del Parlamento de París, presidida por el rey, instalado en un lit o pila de almohadones. En tales ocasiones el Parlamento no tenía derecho a oponerse antes de registrar los edictos.

Lods et ventes. Un derecho feudal aplicado a la venta de tierras.

Llanura (o pantano). El partido del centro, no comprometido, en la Convención Nacional, que al retirar su apoyo a Robespierre en julio de 1794, contribuyó a precipitar su caída.

Maîtres-ouvriers (maestros). Artesanos de la industria de la seda de Lyon que, aunque sometidos a los manufactureros-mercaderes, utilizaban su propia fuerza de trabajo *(compagnons).*

Marco de Plata. Un marco de plata que valía 52 francos. Era la cantidad anual que debía pagarse en impuestos directos para poder optar al cargo de diputado de la Asamblea Nacional, de acuerdo con una ley de diciembre de 1789. Como consecuencia de las protestas, la condición fue modificada en agosto de 1791 y remplazada por la de la ciudadanía "activa".

Maréchaussée. Policía rural del *ancien régime* en Francia.

Máximo. Había dos leyes del Máximo: la de mayo de 1793, que fijaba un límite sólo al precio del grano; y la de setiembre de 1793, que extendía los controles de precios a todos los artículos de primera necesidad, incluso la fuerza de trabajo *(maximum des salaires).*

Menu peuple. El pueblo común: los asalariados y los pequeños propietarios. Véase también *sans-culottes.*

Métayers. Agricultores medieros, que generalmente compartían su producción sobre una base de cincuenta-cincuenta —o una forma menos ventajosa— con el terrateniente.

Montaña. Nombre del grupo principal de diputados jacobinos encabezados por Robespierre que, después de ser elegidos para la Convención Nacional en setiembre de 1792, ocuparon los escaños superiores de la Cámara.

Muscadins. Nombre dado por los *sans-culottes* a los ciudadanos burgueses y la juventud de clase media durante el período que siguió al 9 termidor. Sugiere actitudes remilgadas y ropas elegantes.

Nobleza. Aristocracia o nobleza francesa, cuyo núcleo estaba formada por la *noblesse d'épée* (nobleza de la espada) original, que derivaba sus privilegios tradicionales del servicio militar a la Corona. Las incorporaciones más recientes fueron la *noblesse de robe* (nobleza magisterial), creada mediante la venta de cargos públicos, sobre todo a partir de Luis XIV; y menos comúnmente, la *noblesse de cloche,* formada por los beneficiarios privilegiados de los cargos municipales.

Non-domiciliés (sin domicilio). Las personas que vivían en posadas, alojamientos o cuartos amueblados *(chambres garnies)* y que por eso mismo generalmente no estaban incluidas en el censo y no gozaron del derecho de voto hasta junio de 1793.

Notables. Término aplicable a los ciudadanos más prósperos, tanto burgueses como ex aristócratas, que ejercieron el poder y se vieron favorecidos bajo el Directorio y a veces continuaron en esa situación bajo Napoleón.

Obreros. Los que trabajaban con sus manos, fuesen pequeños manufactureros, artesanos independientes o asalariados.

Pacto de hambre. La política, atribuida popularmente a distintos gobiernos durante los reinados de Luis XV y Luis XVI, a quienes se acusaba de retener intencionadamente el grano de modo que no llegase al mercado y se elevaran los precios, provocando el hambre.

Parlamento. El más importante de los tribunales franceses de la jurisdicción real ordinaria, concebida principalmente como Alta Corte de Apelaciones. De los trece Parlamentos, de lejos el más importante era el de París, cuya jurisdicción abarcaba una parte importante del país y que, sobre todo cuando los reyes eran débiles o indolentes, había adquirido la costumbre de protestar antes de consentir en registrar los edictos reales, con lo cual prácticamente usurpaba atribuciones legislativas.

"Patriotas". Nombre dado al partido radical en Inglaterra y Holanda antes de la Revolución Francesa, y durante la Revolución a sus partidarios y a los reformadores avanzados de todos los países, en este último caso, como alternativa al término "Jacobino". No debe confundirse con patriotas —sin comillas— en tanto que defensores de una causa nacional.

Pays d'élections. La mayoría de las provincias francesas del *ancien régime,* en las que no había asambleas locales que distribuyesen los impuestos o aspirasen a una forma limitada de gobierno propio. Véase *pays d'états.*

Pays d'états. Las provincias, principalmente sobre las fronteras, incorporadas recientemente bajo el *ancien régime,* que habían conservado sus Estados tradicionales, cuyas funciones estaban rigurosamente circunscriptas pero que, a veces, despertaban esperanzas sobre la posibilidad de una medida más amplia de gobierno propio.

Portion congrue (porción apenas indispensable para vivir). El sueldo pagado por las abadías y los capítulos que recibían diezmo a los curas de parroquias que no tenían el control de los diezmos.

Prévôt des marchands (preboste de los mercaderes). El principal magistrado del gobierno real de la ciudad de París antes de la Revolución.

Privilegiados. Las órdenes francesas privilegiadas, por ejemplo el clero (aunque en general sólo el clero superior) y la nobleza.

Rebelión nobiliaria (o "revuelta aristocrática"). Nombre dado a la rebelión de la nobleza y los Parlamentos contra la monarquía en 1787-1788, episodio que fue el desencadenante de la Revolución de 1789.

Rentistas. La gente que vivía de ingresos fijos o no ganados mediante el trabajo, por ejemplo pensionistas, poseedores de acciones.

Sans-culottes. Término global (literalmente, los que usaban pantalones y no calzones cortos), aplicado a veces a todas las clases más pobres de la ciudad y el campo; pero sobre todo a los artesanos urbanos, los pequeños tenderos, los pequeños intermediarios, los jornaleros, los peones y los pobres urbanos. Por extensión, aplicado como rótulo político a los revolucionarios más militantes de 1792-1795, al margen de los orígenes sociales.

Séance Royale. La "sesión real" convocada por Luis XVI en Versalles el 23 de junio de 1789, con el fin de que escuchara las opiniones del monarca acerca de los temas que dividían a los tres Estados.

Secciones. Las cuarenta y ocho unidades en que fue dividida París con propósitos electorales —y políticos en general—, para remplazar a los sesenta distritos, de acuerdo con el decreto municipal de mayo-junio de 1790.

Señoríos. Las extensas propiedades latifundistas de los grandes españoles.

Sistema Continental. Nombre dado al bloqueo económico de Gran Bretaña por Napoleón y sus aliados después que derrotó a Austria, Prusia y Rusia en 1805-1807.

Sociedades populares. Denominación general aplicada a los clubes políticos formados en las diferentes secciones de París después del verano de 1791. Muchas fueron clausuradas en la primavera de 1794, otras después de Termidor, y el resto durante los primeros meses de 1795.

Estados Generales. Asamblea de los Tres Estados convocada por Luis XVI para discutir una constitución, en mayo de 1789.

Taille. El principal impuesto directo pagado por todos los plebeyos *(rôturiers)* en Francia antes de la Revolución, aplicado generalmente al ingreso personal *(taille personnelle)*, y más rara vez a la tierra *(taille réelle)*.

Talleres de caridad. Talleres públicos organizados en 1789 para dar trabajo a los desocupados.

Tercer Estado (o *Tiers État*). Literalmente, los representantes del Estado no privilegiado, uno de los Tres Estados convocados para asistir a los Estados Generales (véase más arriba). De un modo más general, se utiliza para indicar a todas las clases sociales fuera de la aristocracia, el alto clero o los magistrados privilegiados, es decir, el *menu peuple* tanto como la burguesía.

Termidor. El mes del Calendario Revolucionario que abarcaba partes de julio y agosto. Aplicado sobre todo a los dos días de Termidor (9 y 10) del Año II, que presenciaron el derrocamiento de Robespierre y sus colaboradores. De ahí el término “termidorianos”: los sucesores de Robespierre.

Terror. Se utiliza aquí el término no tanto para describir un método como para definir un período, de setiembre de 1793 a julio de 1794, en que el gobierno jacobino impuso su autoridad con distintos medios de compulsión: militares, judiciales y económicos.

Tribunal Revolucionario. Tribunal de justicia, creado por la Convención en la crisis de marzo-abril de 1793, para juzgar a los enemigos o sospechosos de enemigos de la Revolución.

Vencedores de la Bastilla. Título conferido a las 662 personas que pudieron demostrar su afirmación de que habían participado directamente en la caída de la Bastilla.

Vingtième. Impuesto sobre el ingreso aplicado a todos excepto al clero. Nominalmente era un impuesto equivalente a un vigésimo, aunque más a menudo representaba el décimo —o incluso, a veces, una cuarta parte— del ingreso.

NOTAS

INTRODUCCIÓN

I ¿Por qué hubo una revolución en Francia?

1 Acerca de Godechot véase la nota 3 más abajo, y con respecto a Lefebvre y Mathiez véanse las notas del capítulo siguiente. Véase también E. G. Barber, *The Bourgeoisie in Eighteenth-Century France* (Princeton, 1955), pp. 112-25; y F. Ford, *Robe and Sword. The Regrouping of the French Aristocracy after Louis XV* (Cambridge, Massachussetts, 1953), *passim.*

2 Acerca de este parágrafo y algunos de los hechos y argumentos que siguen véase mi *Revolutionary Europe: 1713-1815* (Londres, 1964, capítulos 1-4, *passim.*

3 J. Godechot, *The Taking of the Bastille* (Londres, 1970), p. 51.

4 Véase, por ejemplo, C.B.A. Behrents, *The Ancien Régime* (Londres, 1971), p. 71; y se encontrará un tratamiento más integral en D. Bien, "The Army in the French Enlightenment: Reform, Reaction and Revolution", *Past and Present, 85* (1979), pp. 68-98; y también D. M. G. Sutherland, *France 1789-1815: Revolution and Counterrevolution* (Londres, 1985), pp. 9-21.

5 A. Cobban, *The Social Interpretation of the French Revolution* (Londres, 1964), p. 123.

6 Sobre los temas abordados más arriba véase C. E. Labrousse, *Esquisse du mouvement des prix et des revenus en France au XVIIIe Siècle* (2 vols., París, 1933), II, pp. 637-42; y *La Crise de l'économie française à la fin de l'Ancien Régime et au début de la Révolution* (París, 1944), pp. IX-XLI, 623.

7 La mejor reseña de la "revuelta aristocrática" y sus consecuencias políticas está en J. Egret, *La Pré-révolution française, 1787-88* (París, 1962); traducción inglesa, *The French Pre-Revolution, 1787-1788* (Chicago, 1977).

8 Godechot, *Bastille*, p. XXIV.

9 He analizado más detalladamente este tema en *Europe in the Eighteenth Century. Aristocracy and the Bourgeois Challenge* (Londres, 1972); véase, sobre todo, el último capítulo, de donde he extraído varios de los argumentos precedentes.

II Los historiadores y la Revolución Francesa

1 E. Burke, *Reflections on the Revolution in France* (Londres, 1790), *passim.*

2 Pero sobre la opinión de acuerdo con la cual Cochin no se adhirió a la explicación de la Revolución basada en la "conspiración", véase F. Furet, *Penser la révolution française* (París, 1978); traducción inglesa, *Interpreting the French Revolution* (Londres, 1981; reedición 1985), especialmente las págs. 168-9.

3 Una traducción inglesa es A. Thiers, *The History of the French Revolution* (Londres, sin fecha); F. A. M. Mignet, *History of the French Revolution from 1789 to 1814* (Londres, 1915); Germaine de Staël, *Considerations on the Principal Events of the French Revolution* (3 vols., Londres, 1818).

4 Mignet, *History of the French Revolution*, p. I.

5 F. Parkman, *Montcalm and Wolfe* (Toronto, 1964), p. 253.

6 J. Michelet, *Histoire de la Révolution Française* (7 vols., París, 1847-53, traducción inglesa, *History of the French Revolution* (3 vols., Chicago, 1967).

7 A. de Tocqueville, *The Ancien Régime and the French Revolution* (Oxford, 1933), p. 220.

8 Ibíd., p. 186.

9 F. V. A. Aulard, *Histoire politique de la Révolution française* (4 vols., París, 1901); traducción inglesa, *The French Revolution: A Political History, 1789-1804* (4 vols., Londres, 1910), pp. 9-10.

10 J. Jaurès, Introducción crítica a la *Histoire socialiste;* cit. F. Stern, *The Varieties of History* (Nueva York, 1956), p. 160.

11 A. Mathiez, *La Vie chère et le mouvement social sous la Terreur* (París, 1932).

12 G. Lefebvre, *Les Paysans du Nord pendant la Révolution française,* (2 vols., París, 1924).

13 G. Lefebvre, *La Grande Peur de 1789* (París, 1932); traducción inglesa, *The Great Fear of 1789. Rural Panic in Revolutionary France* (Londres, 1973). Véase también "Foules révolutionnaires", *Annales historiques de la Révolution française,* 11 (1934), 1-26.

14 A. Soboul, *Les Sans-culottes parisiens de l'an II: mouvement populaire et gouvernement révolutionnaire, 2 juin 1793-9 Thermidor an II* (La Roche-sur-Yon, 1958); traducción inglesa (abreviada), *The Parisian Sans-culottes and the French Revolution, 1793-4* (Oxford, 1964).

15 D. Guérin, *La Lutte de classes sous la première République: bourgeois et "bras nus" (1793-1797)* (2 vols., París, 1946).

16 Sobre Guérin, véase *La Nouvelle Réforme* 2 (enero-febrero 1956), pp. 195-217,

17 A. Cobban, *The Myth of the French Revolution* (Londres, 1955); *The Social Interpretation of the French Revolution* (Londres, 1964). Véase también, para contar con un estudio más exacto, sus *Aspects of the French Revolution* (Londres, 1968).

18 *Aspects*, pp. 172-3.

19 G. Taylor, "Non-Capitalist Wealth and the Origin of the French Revolution", *American Historical Review*, LXXII(1966-7), 469-96; R. Forster, "The Provincial Noble: A Reappraisal", *ibíd.*, LXVIII(1963), 681-91; E. Eisenstein, "Who Intervened in 1788? A Commentary on *The Coming of the French Revolution*", *ibíd.*, LXXI (1965), 77-103.

20 W. Doyle, *Origins of the French Revolution* (Oxford, 1980), pp. 212-13.

21 Ibíd., pp. 2-3.

22 C. Mazauric, *La Révolution française* (París, 1970).

23 F. Furet y D. Richet, *La Révolution française* (2 vols., París, 1965-6); traducción inglesa, *The French Revolution* (Londres, 1970).

24 F. Furet, "Le catéchisme révolutionnaire, *Annales. Economie, Société, Civilisation* (marzo-abril 1971), 255-89.

25 Furet, *Interpreting the French Revolution.*

26 Esto parece la vieja historia de la "montaña" y la "topera". Es posible hallar muchos ejemplos dispersos en la obra de Soboul y Lefebvre que muestran que por lo menos estos dos "intérpretes sociales" tenían cabal conciencia de tales distinciones, así como conocían las tendencias contradictorias y por lo tanto la falta de uniformidad de la burguesía francesa del siglo XVIII. Se encontrará un examen más equilibrado y crítico de la prueba

esgrimida por ambas partes de la polémica en G. Ellis, "The 'Marxist Interpretation' of the French Revolution", *English Histotical Review,* XCII (1978), 353-71; y también en J. M. Roberts, *The French Revolution* (Oxford, 1978), pp. 137-59.

27 *Interpreting the French Revolution,* pp. 1-28.

28 Pero agrega sensatamente: "En realidad, la erudición, aunque puede verse estimulada por las inquietudes originadas en el presente, nunca es suficiente en sí misma para modificar la conceptualización de un problema o un acontecimiento" (ibíd., p. 9).

29 Entre estos elementos véase —complementariamente—, Doyle, *Origins,* pp. 17-40; y —más explícitamente— R. B. Rose en un trabajo inédito titulado "Reinterpreting the French Revolution: Cobban's 'Myth': Thirty Years After". Véase también un útil aporte a esta discusión: M. Slavin, *The Revolution in Miniature* (París, 1986).

30 Véase el Prefacio de Pierre Chaunu a *La Jeunesse dorée* de F. Gendron (Quebec, 1979), pp. 8-9.

31 Véase, sobre todo, el programa de discusión "Apostrophes", presentado semanalmente en la televisión francesa, canal 2.

Los Primeros Años

I Cómo empezó la Revolución

1 C.-E. Labrousse, *La Crise de l'économie française à la fin de l'Ancien Régime et au début de la Révolution* (París, 1944), pp. 180 y sigts.

2 D. Guérin, *La Lutte de classes sous la première République: bourgeois et "bras nus" (1793-1797)* (2 vols., París, 1946), *passim.*

3 Sobre esta cuestión y gran parte de lo que sigue, véase mi artículo "The Outbreak of the French Revolution", *Past and Present,* 8 (noviembre 1955), 28-42.

4 S. Hardy, "Mes Loisirs, ou Journal d'événements tels qu'ils parviennent à ma connaissance", Bib. Nat. fonds *français*, números. 6680-7, vols. 1-7, *passim.*

5 Ibíd., III, 281, VI, 149-50, 266-7, 315, 413-14, 424-5.

6 Ibíd., VIII, 58-109.

7 Ibíd., VIII, 73.

8 Ibíd., VIII, 154-5, 250.

9 Ibíd., VIII, 168.

10 Con respecto a las versiones antagónicas de los historiadores acerca de las causas de la crisis industrial de la década de 1780, véase C. Schmidt, "La Crise industrielle de 1788 en France", *Revue historique,* LCVII(1908), 78-94; y L. Cahen, "Une Nouvelle Interprétation du traité franco-anglais de 1786-7", ibíd., CLXXXV (1939), 257-85.

11 Arch. Nat. H 1453; Hardy, "Journal", VIII, 262, 278.

12 Sobre el último aspecto, véase G. Laurent, *Cahiers de doléances pour les États Géneraux de 1789* (6 vols., Reims, 1906-30), IV, 94-5;

G. Fournier, *Cahiers de doléances de la sénéchaussée de Marseille* (Marsella, 1908), pp. 70, 228-34; G. L Chassin, *Le Génie de la Révolution* (2 vols., París, 1863), I, 428-33.

13 A. Young, *Travels in France during the Years 1787-1788-1789* (Nueva York, 1969), pp. 147-8.

14 J. Jaurès, *Histoire socialiste,* comp. A. Soboul (7 vols., París, 1968-73), I, pp. 177-8.

15 R. Dupuy, *La Garde nationale el les débuts de la Révolution en Ille-et-Vilaine* (París, 1972), pp. 55-67.

II 1789: La Revolución "Burguesa"

1 E. Eisenstein, "Who Intervened in 1788?", *American Historical Review,* LXXI (1965), 77-103.

2 A. Cobban, *A History of Modern France* (3 vols., Harmondsworth, 1957), 1. 140.

3 Hay una vivaz reseña en P. Goubert y M. Denis (comps.), *1789. Les Français ont la parole.* Cahiers de États Généraux (París, 1964).

4 De una diversidad de versiones de la "revolución municipal", véanse las siguientes obras indicadas aquí por orden alfabético de autores y no por orden de importancia: R. M. Chase, *Bordeaux and the Gironde 1789-1794* (Nueva York, 1968), pp. 15 y sigts.; J. Egret, *La Révolution des Notables. Mounier et les Monarchiens 1789* (París, 1950), pp. 90-3; A. Forrest, *Society and Politics in Revolutionary*

Bordeaux (Oxford, 1975), cap. 3; Lynn A. Hunt, *Revolution and Urban Politics in Provincial France. Troyes and Reims, 1786-1790* (Stanford, 1978), pp. 68-91; M. Lhéritier, *Les Débuts de la Révolution à Boreaux* (París, 1919), pp. 73 y sigts.; D. Ligou, *Montauban à la fin de l'Ancien Régime et aux débuts de la Révolution 1787-1794* (París, 1958), pp. 206 y sigts.; C. Tilly, *The Contentious French* (Harvard, 1986), pp. 243-50; A. Young, *Travels in France during the Years 1787-1788-1789* (Nueva York, 1969), especialmente pp. 47-59; M. Vovelle, *The Fall of the French Monarchy 1787-1792* (traducción inglesa, Cambridge, Massachussetts, 1984), pp. 106-7.

III La Revolución "Popular"

1 Lefebvre, *The Great Fear of 1789: Rural Panic in Revolutionary France,* (traducción inglesa, Londres, 1973), pp. 141.

2 A. Cobban, *The Social Interpretation of the French Revolution* (Londres, 1964), pp. 102-3.

3 Se encontrará un interesante análisis de todo este asunto, realizado por un historiador inglés, en S. Herbert, *The Fall of Feudalism in France* (Nueva York 1969, reimpresión), *passim.*

4 S. Hardy, "Mes Loisirs, ou jounal d'événements tels qu'ils parviennent à ma connaissance", Bib. Nat. fonds français, números 6680-7, vols. 1-7, VIII, 297-8.

5 Ibíd., VIII, 299.

6 Hay una versión más completa de los desórdenes en mi trabajo *The Crowd in the French Revolution* (Oxford, 1959), pp. 34-44.

7 P. Goubert y M. Denis (comps.), *1789. Les Français ont la parole:Cahiers des États Généraux* (París, 19), pp. 231-5.

8 Véase, *inter alia,* Cobban, *Social Interpretation,* pp. 95-9.

9 Arch. Nat. T 514[1]: *Noms des vainqueurs de la Bastille* (662 nombres).

10 C. Tilly, *The Contentious French* (Harvard, 1986), pp. 231, 243-6; A. Young, *Travels in France during the Years 1787-1788-1789* (Nueva York, 1969), pp. 151-3; M. Vovelle, *La Mentalité révolutionnaire: société et Mentalité sous la Révolutions francaise* (París, 1985), pp. 73-5.

11 Hardy, "Journal", VIII, 478-80.

12 *Procédure criminelle instruite au Châtelet de Paris* (2 vols., París, 1790), I, pp. 117-32 (testimonio de S. Maillard).

La monarquía Constitucional

I Los "Principios del 89"

1 En este breve capítulo he seguido bastante de cerca los argumentos de G. Lefebvre en *The Coming of the French Revolution* (traducción inglesa, Nueva York, 1947).

II La Constitución de 1791

1 R. R. Palmer, *The Age of the Democratic Revolution: A Political History of Europe and America, 1760-1800* (2 vols., Princeton, 1964), I, pp.522-8.

2 S. E. Harris, *The Assignats* (Cambridge, Massachussetts, 1930).

3 Sobre las relaciones entre la Iglesia y el Estado en Francia prerrevolucionaria véase, sobre todo, J. McManners, *French Ecclesiastical Society under the Ancien Régime* (Manchester, 1960).

La lucha por el poder

I La caída de la Monarquía

1 Véase D. Greer, *The Incidence of the Emigration during the French Revolution* (Cambridge, Massachussets, 1951), y *The Incidence of the Terror during the French Revolution* (Cambridge, Massachussets, 1935).

2 *Marx-Engels Selected Correspondence, 1846-1895* (Londres, 1934), pp. 458.

3 Por esta época denominados generalmente *brissotins*, y después de setiembre de 1792, girondinos. Con respecto a la duda acerca de la sensatez de identificarlos con cualquiera de ambos nombres como partido político diferenciado, véase M. J. Sydenham, *The Girondins* (Londres, 1961).

4 P. Caron. *Les Massacres de septembre* (París, 1935).

II Girondinos y Jacobinos

1 Sin embargo, parece que los asalariados y otros que vivían en habitaciones amuebladas fueron excluidos del voto hasta la posterior "revolución" de mayo-junio de 1793. Incluso después de este episodio, los servidores domésticos —a quienes no se con-

sideraba propiamente ciudadanos— continuaron recibiendo el mismo trato.

2 Sobre este punto, véase M. J. Sydenham, *The Girondins* (Londres, 1961), *passim*; y también Alison Patrick, *The Men of the First French Republic* (Baltimore y Nueva York, 1972).

3 Véase A. Mathiez, *Girondins et Montagnards* (París, 1930).

4 Hay una versión original y un examen detallado del esquema de votación en el seno de la Convención en relación con el juicio y sentencia de muerte aplicada a Luis, en Patrick, *The Men of the First French Republic,* pp. 83-107.

5 Sobre la Declaración y la Constitución de junio de 1793, véase G. Lefebvre, *La Révolution Française,* comp. A. Soboul (París, 1951), pp. 350, 355-6. Véase también, para mayores detalles, J. H. Stewart, *A Documentary Survey of the French Revolution* (Nueva York, 1957), pp. 113-15,455-8.

III Los Jacobinos y Sans-Culottes

1 M. Vovelle, "Les Taxations populaires de février-mars et novembre-décembre 1792 dans la Beauce et sur ses confins", *Memoirs et documents,* XIII (París, 1958), 107-59.

2 A. Mathiez, *La vie chère et le mouvement social sous la Terreur* (París, 1932), pp. 139-61.

3 R. B. Rose, "The French Revolution and the Grain Supply", *Bulletin of the John Rylands Library*, XXXIV.I (setiembre, 1958), 171-87.

4 Hay un estudio completo en R. C. Cobb, *Les Armées révolutionnaires: instrument de la Terreur dans les départements avril 1793-floréal* and II (2 vols. París, 1961-3).

5 H. Taine. *Les Origines de la France Contemporaine: La Révolution* (3 vols., París, 1876), pp. I, 18, 53-4, 130, 272.

6 Véanse la página 22 y la nota 23 de la parte I[a.] capítulo 2.

7 G. Ellis, "The 'Marxist Interpretation' of the French Revolution", *English Historical Review,* XCII (1978), 353-75. Véase también R. R. Andrews, "Social Structures, Political Elites and Ideology in Revolutionary Paris, 1792-4", *Journal of Social History,* XIX (1985-6), 71-112.

8 Podrá verse mi propio tratamiento del tema y la documentación usada para sostenerlo, en *The Crowd in the French Revolution* (Oxford, 1959), pp. 178-90. Véanse también, si se desean otras interpretaciones además de las ya citadas en las notas 5-7 más arriba, a A. Soboul, *The Parisian Sans-culottes and the French Revolution, 1793-4* (Oxford, 1964), pp. 22-54; M. Vovelle, *La Mentalité révolutionnaire: société et mentalité sous la Révolution Française* (París, 1985), pp. 65-77; R. Cobb. *The Police and the People* (Oxford, 1970); G. Lefebvre, "Les Foules révolutionnaires", en *Etudes sur la Révolution Française* (París, 1954), pp. 271-87; O. Hufton, *The Poor in Eighteenth-Century France, 1750-1789* (Oxford, 1974), esp. pp. 355-61; ídem, "Women in Revolution, 1789-96", *Past and Present,* 53 (1971), 90-108; Andrews, "Social Structures"; M. Salvin, *The Revolution in Miniature* (París, 1986); y véase la Bibliografía.

IV El gobierno "Revolucionario"

1 R. C. Cobb, *Les Armées Révolutionnaires: instrument de la terreur dans les départements avril 1793 - floréal an II* (2 vols., París, 1961-3); vol. II.

2 Acerca de este punto, véase A. Soboul, *The Parisian Sans-culottes and the French Revolution, 1793-4* (Oxford, 1964), pp. 45-50; y P. Sainte-Claire Deville, *La Commune de l'an II* (París, 1946), pp. 42-76.

3 Véase N. Hampson, A *Social History of the French Revolution* (Manchester, 1963), pp. 209-13.

4 C. Crane Brinton, *The Jacobins* (edición revisada, Nueva York, 1961), apéndice II, pp. 46-72.

5 Soboul, *Parisian Sans-culottes, pp.* 65.

V Termidor

1 *Tribun du peuple,* 5 nov. 1795.

VI Una República de "Propietarios"

1 Hay un análisis más detallado en mi trabajo "Prices and Wages and Popular Movements in Paris during the French Revolution", en *Economic History Review,* VI. 3 (1954), 246-67.

2 Se encontrará una reseña detallada en K. D. Tönnesson, *La Défaite des sans-culottes: mouvement populaire et réaction bourgeoise à Paris en l´an* III (Oslo y París, 1959).

3 De modo que, en 1791, poco menos de cuatro millones y medio de varones de veinticinco y más años tenían derecho a votar en la etapa "primaria", en 1795, de un total de siete millones y medio de varones de veintiuno o más años de edad (obsérvese la calificación más generosa por referencia a la edad) podían votar en esta etapa. Véase J.-R. Suratteau, "Travaux récents sur le Directoire", *Annales historiques de la Révolution française,* 224 (abril-junio 1976), 202.

4 Se encontrarán más detalles acerca de la Constitución en G. Lefebvre, *La France sous le Directoire* (1795-1799), comp. J.-R. Suratteau (París, 1977), pp. 31-8.

5 Ibíd., pp. 52.

6 El lector encontrará versiones más completas y más *positivas* acerca del historial del Directorio en Suratteau, "Travaus récents", 181-214; y D. Woronoff, *The Thermidorean Régime and the Directory,* 1794-1799 (Cambridge y París, 1984), esp. pp. 172-94.

Napoleón

I Ascenso al poder

1 En este capítulo, lo mismo que en mi tratamiento de la interpretación de la era napoleónica en general, he contraído una gran deuda con la obra de G. Lefebvre, *Napoleón* (París, 4ª. edición, 1953; también en traducción inglesa, 2 vols., Nueva York, 1969). El lector que desee consultar otras obras acerca del período, las encontrará en la Bibliografía.

2 Véase *Journal of the Private Life and Conversations of the Emperor Napoleon at Saint-Helena* (8 vols., Londres, 1823), esp. V., 265-7, y VII, 133-9.

II Reformas en Francia

1 Véase I. Woloch, "Napoleonic conscription: State Power and Civil Society", *Past and Present,* III (mayo 1986), esp. pp. 126-7.

2 Con respecto al tratamiento de la religión, la irreligión y la descristianización durante el Iluminismo y los años revolucionarios, remito al lector a los escritos de Michel Vovelle, y sobre todo a los siguientes: *La Mentalité révolutionnaire: société et mentalité sous la Révolution Française* (París, 1985); "Le Tournant des mentalités en France, 1750-1789: la 'sensibilité' pré-révolutionnaire", *Social History*, V (mayo 1977), 605-29; y *La Déchristianisation de l'an II* (París, 1976).

La Revolución y Europa

I De los Constituyentes al Directorio

1 Hay un breve tratamiento de estos movimientos más tempranos en mi trabajo *Revolutionary Europe, 1783-1815* (Londres, 1964), pp. 3943, 45-6, 65. Hay un desarrollo más detallado en R. Palmer, *The Age of the Democratic Revolution* (2 vols., Princeton, 1959-64); vol. I., *The Challenge* (1959), vol. 2, *The Struggle* (1964).

2 El tema ha sido discutido, con diferentes ejes, en una serie de contribuciones realizadas desde 1954 por R. R. Palmer y J. Godechot (en relación con los detalles, véase la Bibliografía).

3 E. Burke, *Reflections on the Revolution in France* (1ª. edición, Londres, 1790), pp. 36-37, 52-53, 55-59; *Life and Writings of Thomas Paine,* comp. D. E. Wheeler (10 vols., Nueva York, 1908), IV, pp. 7-9, 25-6, 51-60.

4 R. Herr, *The Eighteenth-Century Revolution in Spain* (Princeton, 1958), pp. 286-96.

5 Véase J. Godechot, *La Grande Nation: expansion révolutionnaire de la France dans le monde de 1789 à 1799* (2 vols., París 1956), 11, pp. 418-49.

II Bajo el Consulado y el Imperio

1 Véase F. Crouzet, *L'Économie britannique et le blocus continental* (2 vols., París, 1958).

2 En relación con este capítulo, consúltense los mapas de Europa y el Imperio Francés incluidos al principio de la obra.

3 El lector observará que no propongo seguir la saga napoleónica a través de los años de derrota y exilio que comenzaron con lo que se denominó "la úlcera española" (1809) y que concluye con su muerte en Santa Elena, en 1821. La razón es que prácticamente nada de esa reseña sería importante para mi tema central, el "proceso de la revolución", en esta parte del libro. Es inevitable que haya excepciones: el matrimonio con la archiduquesa María Luisa, que inauguró el experimento constitucional —aunque por cierto no "revolucionario"— de fundación de una dinastía imperial napoleónica; de un modo más positivo, el crecimiento del nacionalismo que

acompañó a la decadencia del dominio napoleónico en Italia; y —lo que es quizá más importante, aunque sea imposible calibrarlo exactamente— la leyenda napoleónica, con su combinación de mito y realidad, que se originó en su exilio en Santa Elena. Pero las excepciones no parecen tan convincentes que justifiquen el agregado de otro capítulo, y en cambio sugerimos que tal vez convenga que el lector consulte los pasajes pertinentes del *Napoleón* de Lefebvre, *Napoleon and the Awakening of Europe* de F. H. N. Markham (1954) y otros títulos incluidos en la Bibliografía.

4 H. B. Hill, "The Constitutions of Continental Europe, 1789-1813", *Journal of Modern History,* VIII (1936), 82.

III Balance de la Revolución, 1815-1848

1 Véase, por ejemplo, N. Hampson, *A Social History of the French Revolution* (Manchester, 1963), pp. 231-4.

2 Pero el historiador soviético Anatoli Ado arguye —en oposición a la conceptualidad aceptada generalmente por los eruditos occidentales— que esta debilidad relativa de los campesinos franceses en la realización de la revolución democrático-burguesa en la campiña dejó a los campesinos medios y pequeños expuestos a las supervivencias feudales durante el siglo XIX, lo cual estorbó su desarrollo como cultivadores independientes. (Véase A. Ado, "The Peasant Movement during the French Revolution", tesis doctoral, Universidad de Moscú, 1971). Al examinar la obra, Soboul acepta este punto de vista: *Annales historiques de la Révolution Française 211* (enero-marzo 1973), 85-101. Un Simposio

celebrado en París en octubre de 1987, acerca de "The Revolution and the Countryside" ha profundizado todavía más el argumento.

3 Sobre el desarrollo de esta "revolución dual", véase E. J. Hoosbawm, *The Age of Revolution: Europe, 1789-1848* (Londres, 1962), pp. 168-81.

4 *Journal of the Private Life and Conversations of the Emperor Napoleon at Saint-Helena* (8 vols., Londres, 1823), VII, pp. 133-9.

5 Con respecto a estos procesos, véase W. H. Sewell, "Property, Labor, and the Emergence of Socialism in France, 1789-1848", en J. Merriman (comp.), *Conciousness and Class Experience in Nineteenth-Century Europe* (Nueva York y Londres, 1979), pp. 45-63; R. Bezucha, *The Lyon Uprising of 1834: Social and Political Conflict in the Early July Monarchy* (Cambridge, Massachussetts, 1974); B. Moss, "Parisian Workers and the Origins of Republican Socialism, 1830-1833", en J. Merriman (comp.), *1830 in France* (Nueva York, 1975), pp. 203-21; G. Rudé, *Ideology and Popular Protest* (Londres, 1980), pp. 118-30.

6 Sobre el último aspecto, N. Liu, "La Révolution française et la formation de l'idéologie révolutionnaire et républicaine chez les Roumains", *Annales historiques de la Révolution française,* 265 X (julio-agosto 1986), 285-306.

La Revolución y el mundo

I Como acontecimiento histórico mundial

1 W. E. H. Lecky, *A History of England in the Eigthteenth-Century* (7 vols., Londres, 1906), IV, pp. 299-300.

2 Parece que el principal obstáculo estuvo en las reclamaciones inaceptables formuladas por el portavoz autodesignado de los chuanes, el ultrarrealista conde de Puisaye. Véase M. Hutt, "Un Projet de colonie chouarme au Canada", en *Les Résistances à la Révolution* (París, 1987), pp. 444-5; se hallarán más detalles en la nota 8 de la Parte VII, capítulo 2.

3 J. P. Wallot, "Le Régime seigneurial et son abolition au Canada", *Annales historiques de la Révolution française,* 196 (abril-junio 1969), 343-71.

4 G. Rudé, *Protest and Punishment* (Oxford, 1978), pp. 49-5 1.

5 W. Smith, *Flags and Arms across the World* (con ilustraciones, Londres, *1980),*passim.

6 Esta serie de banderas incluye las de Guinea portuguesa, Gana, Etiopía y Sierra Leona (ibíd., *passim).*

7 Ibíd., pp. 130.

8 *Selections from the Prison: Letters of Antonio Gramsci,* comp. G. N. Smith y Q. Hoare (Londres, 1971), pp. 395.

II Legado y tradición en Francia

1 G. Rudé, *Robespierre. Portrait of a Revolutionary Democrat* (Londres y Nueva York, 1975), pp. 88.

2 R. Huard, "Marx et la Revolution française", *Cahiers d'histoire de l'Institut de recherches marxistes,* 21 (1985), pp. 35-6.

3 G. Chevalier, *Clochemerle* (París, 1934).

4 M. Agulhon, *La République au village* (París, 1970).

5 Véase la parte I, capítulo *2.*

6 Véase S. Mellon, *The Political Uses of History* (Stanford, California, 1958).

7 Hay una versión detallada y muy "comprometida" del asunto Barbie y su posible resultado en E. Paris. *Unhealed Wounds: France and the Klaus Barbie Affair* (Toronto, Nueva York, etc., 1985).

8 Se encontrará el estudio más actualizado de la "contrarrevolución" y la "antirrevolución" durante el período revolucionario en los trabajos leídos por unos cincuenta autores en el Coloquio de Rennes, setiembre de 1985, *Les Résistances à la Révolution,* comps. F. Lebrun y R. Dupuy (París, 1987).

Bibliografía

Se aconseja al estudioso que avance con cautela y busque permanentemente orientación en la nutrida bibliografía de la Europa revolucionaria y posnapoleónica. Aquí, para salvar dificultades lingüísticas, se citan los títulos en inglés y más rara vez (cuando parece no existir traducción inglesa) en francés. Ante todo, el estudioso puede comenzar eligiendo una o más de las siguientes lecturas generales o introductorias de la historia de la Revolución:

C. Crane Brinton, *A Decade of Revolution, 1789-99* (1944).
F. Furet y D. Richet, *The French Revolution* (traducción inglesa, 1970).
L. Gershoy, *From Despotism to Revolution* (1970).
L. R. Gottschalk, *The Era of the French Revolution: 1715-1815* (1929).
E. J. Hobsbawm, *The Age of Revolution: Europe 1789-1848* (1962).
G. Lefebvre, *The French Revolution* (traducción inglesa, 2 vols., 1963).

A. Mathiez, *The French Revolution* (traducción inglesa, 1927).
R. R. Palmer, *The Age of the Democratic Revolution: a Political History of Europe and America, 1760-1800 (2* vols., Princeton, 1964).
J. M. Roberts, *The French Revolution* (Oxford, 1978).
G. Rudé, *Revolutionary Europe, 1783-1815* (1964).
A. de Tocqueville, *The Ancien Régime and the French Revolution* (numerosas ediciones en francés y en inglés). Acerca de los antecedentes de la revolución en Francia y en Europa, se recomiendan las siguientes obras: M.S. Anderson, *Europe in the Eighteenth-Century, 1713-1783* (1961).
C. B. A. Behrens, *The Ancien Régime* (1971).
W. Doyle, *The Old European Order, 1660-1800* (Oxford, 1980).
A. Goodwin, *The European Nobility in the Eighteenth-Centuty* (1953).
R. Herr, *The Eighteenth-Century Revolution in Spain* (Princeton, 1958).
0. Hufton, *Europe: Protest and Privilege, 1730-1789* (GIasgow, 1980).
R. Mousnier y C.-E. Labrousse, *Le XVIIIe Siécle: l'époque des "lumiéres" (1715-1815)* (3ª. edición, 1959).
G. Rudé, *Europe in the Eighteenth-Century: Aristocracy and the Bourgeois Challenge* (1972).
E. Wangermarm, *From Joseph II to the Jacobin Trials* (Oxford, 1959).
A. Young, *Travels in France during the Years 1787-1788-1789* (Nueva York, 1969; y muchas otras ediciones).
A. de Tocqueville (más arriba).

En una aproximación más cercana a la propia Revolución: los aspectos políticos del período de "penumbra" que unen la "revuelta aristocrática" de 1787-1788 con el estallido revolucionario están admirablemente reflejados en J. Egret, *The French Pre-Revolution 1787-1788* (traducción inglesa, Chicago, 1977); y en A. Goodwin, en "Calorme, the Assembly of Notables of 1787 and the Origin of the 'Révolte Nobiliaire'", *English Historical Review,* LXI (1946), 203-34, 329-77; pero falta explorar más detenidamente los aspectos sociales. La mejor obra acerca del estallido de la Revolución todavía es la de G. Lefebvre, *The Coming of the French Revolution* (traducción inglesa, Princeton, 1947). También es importante la Introducción de treinta páginas de C.-E. Labrousse a su *Crise de l'économie française à la fin de l'Ancien Régime et au début de la Revolution* (1944). Puede estudiarse la "revolución municipal" de 1789 en la Francia provincial en algunos de los siguientes trabajos: J. Egret, *La Révolution des Notables: Mousnier et les Monarchiens, 1789* (1959), pp. 90-3; A- Forrest, *Society and Politics in Revolutionary Bordeaux* (Oxford, 1975), capítulo 3; L. A. Hunt, *Revolution and Urban Politics in Provincial France: Troyes and Reims, 1786-1790* (Stanford, Cal., 1978), pág. 206 y siguientes; A. Young, *Travels,* especialmente las páginas 47-59 (más arriba); y —muy brevemente— en M. Vovelle, *The Fall of the French Monarchy, 1787-1792* (traducción inglesa, Cambridge, Mass., 1984), pp. 106-7. Véase también, acerca del estallido de la Revolución, G. Rudé, "The Outbreak of the French Revolution", *Past and Present* 8 (nov. 1955), 28-42.

Antes de abordar la historia interna de la Revolución es necesario mencionar, aunque sea de pasada, el debate a veces acre que ha dividido a los historiadores y los comentaristas en relación con los orígenes, el significado y los resultados. Como este debate ha sido expuesto con cierta amplitud en la Parte I, capítulo 2, más arriba, será reseñado aquí principalmente mediante la enumeración de los nombres y las contribuciones escritas de los principales participantes. Como los autores que escribieron a fines del siglo XVIII y durante el siglo XIX estaban poco interesados en los factores sociales y económicos, podemos dividirlos en cuatro grupos, principalmente por referencia a la ideología, a saber: (1) Los enemigos declarados de la Revolución, tipificados por Edmund Burke, cuyo trabajo

Reflections on the Revolution in France apareció por primera vez en 1790, y H. Taine, autor de *Les Origines de la France contemporaine: la Révolution* (3 vols., 1876). (2) Los monárquicos liberales franceses de 1815-30, que aprobaron la Constitución de 1791 pero condenaron la fase republicana y jacobina de la Revolución. En este grupo está A. Thiers, cuya *History of the French Revolution* (sin fecha) mereció una publicación temprana en Londres, como fue el caso de *Considerations on the Principal Events of the French Revolution* (3 vols., Londres, 1815) de Germaine de Staël; y un siglo más tarde, con F. A. M. Mignet, *History of the French Revolution from 1789 to 1814* (1915). Hay un examen de estas obras y de su significado político en S. Mellon, *The Political Uses of History*, Stanford, Cal., 1958. (3) La tradición "Whig", favorable al liberalismo que beneficiaba a una élite, pero suspicaz frente a la igualdad, tuvo que ver con Tocqueville (véase más arriba). (4) La escuela demócrata-liberal, fundada por Jules Michelet con su *French Revolution (1856),* favorable tanto a la democracia como a la libertad, y por lo tanto dispuesta a saludar a los republicanos y los jacobinos como meritorios herederos de los "Principios del 89". Más aun, tales opiniones fueron compartidas ampliamente por el socialista republicano Alphonse Aulard, que al doblar del siglo publicó su *French Revolution: A Political History 1788-1804* (traducción inglesa, 4 vols., 1910).

Pero los factores sociales y económicos y el estudio serio del ingrediente popular —los campesinos y los *sans-culottes*— continuó siendo descuidado. La reparación de esta omisión ha sido una tarea importante de los historiadores del siglo XX, a partir de la *Histoire socialiste de la Révolution française* (publicada por primera vez e*n 1901,* pero que no fue comentada hasta la edición en siete volúmenes de Soboul, en 1968-73), de Jean Jaurès. Las exploraciones iniciales de Jaurès fueron profundizadas mucho más por sus sucesores: por A. Mathiez, en *La Vie chère et le mouvement social sous la Terreur* (1932); y sobre todo, en la obra de Georges Lefebvre acerca de los campesinos y las multitudes revolucionarias, por ejemplo *Les Paysans du Nord pendant la Révolution française* (2 vols., 1924); *The Great Fear of 1789: Rural Panic in Revolutionary France* (traducción inglesa, 1973)*; y "Foules révolutionnaires"*; publicado por primera vez en 1934 y reproducido en *Études sur la Révolution française* (1954). Véase también el primer estudio profundo de los *sans-culottes* urbanos, es decir *Les Sans-culottes parisiens de l'an* II de A. Soboul (La Roche-sur-Yon, 1958), reeditado en una edición inglesa abreviada, *The Parisian Sans-culottes and the French Revolution, 1793-4* (Oxford, 1964).

La nueva orientación impresa por la escuela Jaurès-Lefebvre al estudio de la historia revolucionaria ha agitado, en parte a causa de su tendencia a menudo marxista, un nido de avispas de opiniones discrepantes. La primera crítica seria a esta nueva "ortodoxia" —como la denominaron sus contradictores— provino de la izquierda, con la obra de D. Guérin, *La Lutte de classes sous la première République: bourgeois et "bras nus"* 1793-1797 (2 vols., 1946); pero esta disputa fue relativamente benigna, y concluyó en una reconciliación temprana —sobre todo con Soboul—, mientras con cierto retraso la crítica se afirmaba en el centro y la derecha. Comenzó con Alfred Cobban, el historiador inglés, a mediados de la década de 1950, y poco a poco fue asumida por otros "revisionistas" de Estados Unidos y Francia. El lector que desee conocer estas opiniones discrepantes deberá consultar los siguientes autores: A. Cobban, *The Myth of the French Revolution* (1955), *The Social Interpretation of the French Revolution* (Cambridge, 1964), y *Aspects of the French Revolution* (1965)*;* seguidos en Estados Unidos por E. Eisenstein, "Who Intervened in 1788? A commentary on [Lefebvre's] *The Coming of the French*

Revolution, American Historical Review LXXII (1965). 77-103; George V. Taylor, "Non capitalist wealth and the Origins of the French Revolution", *American Historical Review,* LXXII (1966-7), 469-96; D. Bien, "The Army and the French Enlightenment: Reform, Reaction and Revolution", *Past and Present,* 85 (1979), 68-98; y más cautelosamente, por R. Foster, *The Nobility of Toulouse in the Eighteenth-Century* (Baltimore, 1969). En Inglaterra, Cobban fue seguido por C. B. A. Behrens, "Nobles, Privileges and Taxes in France at the End of the Ancien Régime", *Economic History Review,* XV (1962-3), 451-75; y por W. Doyle en *Origins of the French Revolution* (Oxford, *1980).* Pero la principal crítica a los "intérpretes sociales" provino de Francia: ferozmente en F. Furet en "Le Catéchisme révolutionnaire", *Annales: Economie, Société, Civilisation* (marzo-abril de *1971);* y más calladamente en su *Interpreting the French Revolution* (traducción inglesa, 1981). Entretanto, el debate continúa y probablemente se prolongará durante el año del Bicentenario de la Revolución.

El lector que desee ampliar su conocimiento del trasfondo social y la historia social de la Revolución puede consultar E. G. Barber, *The Bourgeoisie in Eighteenth-Century France* (Princeton, 1955); F. Ford, *Robe and Sword: The Regrouping of the French Aristocracy after Louis XV* (1953); I. Cameron, *Crime and Repression in the Auvergne and the Guyenne, 1720-1790* (Cambridge, 1981)*; A.* Davies, "The Origins of the French Peasant Revolution of *1789", History,* 49 (1964), 24-41; O. Hufton, *The Poor in Eighteenth-Century France,* 1750-1789 (Oxford, 1974)*; S.* Herbert, *The Fall of Feudalism in France* (Londres, 1921; reedición en Nueva York, 1969*);* y N. Hampson, *A Social History of the French Revolution* (Manchester, 1963*).*

Desde las obras precursoras de Jaurès, Soboul y Lefebvre, el papel del pueblo común en la Revolución ha sido materia de permanente estudio y también de constante controversia. Se hallarán distintas opiniones en Furet, *Interpreting the French Revolution* (más arriba), Volvelle, *La Mentalité révolutionnaire* (1985), R. C. Cobb, *The Police and the People* (Oxford, *1970),* O. Hufton, "Women in Revolution, *1789-96",* *Past and Present,* 53 (1971), 90-108; y véase también R. J. Andrews, "Social Structures, Political Elites and Ideology in Revolutionary Paris, *1792-94",* *Journal of Modem History,* XIX (1985-6), 71-112; y G. Rudé, *The Crowd in the French Revolution* (Oxford, 1959*)* y *Ideology and Popular Protest* (1980).

El estudio de la historia "cultural" de la Revolución es un fenómeno incluso más reciente. En relación con este aspecto, véase *Mentalité Révolutionnaire* (más arriba) de Vovelle y otras de sus obras acerca de la irreligión y la descristianización —antes y después del estallido de la Revolución—, por ejemplo "Le Tournant des mentalités en France, 1750-1789: la 'sensibilité' pré-révolutionnaire", *Social History,* V (mayo de 1977), 605-29; y *La Déchristianisation de l'an* II (1976). Véase también la obra en apariencia macabra pero muy legible *Great Cat Massacre* (Penguin, 1955), por Robert Danton; Mona Ozouf, "Le Cortège et la ville: les itinéraires parisiens des fêtes révolutionnaires", en *Annales: Economie, Société, Civilisation* 26 (1971), 689-916; y el clásico de D. Mornet, *Les Origines intellectuelles de la Revolution française* (1933).

Con respecto a las etapas principales de la historia interna de la Revolución, el trabajo de la Asamblea Constituyente, está bien resumido en P. Sagnac, *La Législation civile de la Revolution française* (1898); las ideas que son la base de la legislación de 1789-91 han sido analizadas por E. Thompson en *Popular Sovereignty and the French Constituent Assembly, 1789-1791* (1952); y los movimientos políticos contemporáneos han sido tratados por Mathiez en *Les Grandes Journées de la Constituante, 1789-91* (1913) y *Le Club des*

Cordeliers pendant la crise de Varennes et le massacre du Champ de Mars (1910). Mathiez relata los episodios de 1792 en *Le Dix Aoûx* (1931) y P. Carron en *Les Massacres de septembre* (1935). Por referencia a la lucha entre la Gironda y la Montaña en 1792-3, véanse las opiniones opuestas de Mathiez en *Girondins et Montagnards* (1930); M. J. Sydenham en *The Girondins* (1961), y Alison Patrick en *The Men of the First French Republic* (Baltimore, 1973). Acerca de la obra del gran Comité de Salud Pública, véase R. R. Palmer, *Twelve who Ruled* (1941); y por referencia a una parte importante de las obligaciones de este organismo en 1794, A. Ording, *Le Bureau depolice du Comité de Salut public* (Oslo, 1935). Sobre las relaciones entre el gobierno "revolucionario" y el movimiento popular y las secciones de París, véase Soboul, *Parisian Sans-culottes* (más arriba); y con respecto al funcionamiento del Terror en las provincias véase W. Scott, *Terror and Repression in Marseille* (1973) y sobre todo R. C. Cobb, *Les Armées revolutionnaires: instrument de la Terreur dans les départments avril 1793 - floréal an II* (2 vols., 1961-3).

Hasta hace poco, el período termidoriano fue tratado de un modo bastante sumario, y con escasa simpatía. Acerca del año que siguió a la caída de Robespierre véase Mathiez, *La Réaction thermidorienne* (1929), Lefebvre, *The Thermidoreans* (traducción inglesa, 1964), y el estudio de K. D. Tönnesson acerca de los movimientos populares de Germinal-Pradial, *La Défaite des sans-culottes* (Oslo, 1959). Respecto de los años siguientes véase Lefebvre, *The Directory* (Nueva York, 1964), y M. Lyons, *France and the Directory* (1975); y podrá hallarse una visión más positiva tanto de los termidorianos como de los Directores en D. Woronoff, *The Thermidorean Régime and the Directory, 1794-1799* (Cambridge y París, 1984).

Aquí propondremos sólo una pequeña muestra del amplio caudal de literatura napoleónica. Entre las biografías pueden recomendarse las siguientes: J. M. Thompson, *Napoleon Bonaparte: His Rise and Fall* (1952); y la obra de H. A. L. Fisher, anticuada pero todavía legible, *Napoleon* (1912). Se examinan las opiniones sobre Napoleón en P. Geyl, que tiene una actitud crítica, en la obra *Napoleon For and Against* (traducción inglesa, 1949) y en el breve boceto de D. Dowd, *Napoleon: Was he the Heir of the Revolution?* (1957). Acerca del Sistema Continental y el contrabloqueo inglés véase F. Crouzet, L´Éco*nomie britannique et le blocus continental* (2 vols., 1958), así como las páginas 342-76 del *Napoleon* de Lefebvre (traducción inglesa, 2 vols., 1969), un retrato magistral del conjunto de la época napoleónica. Por lo que se refiere al "proceso revolucionario" de Europa hasta 1799, véase J. Godechot, *La Grande Nation: expansion révolutionnaire de la France dans le monde de 1789 a 1799* (2 vols., 1956); sobre su continuación bajo el Consulado y el Imperio, véase G. Lefebvre, *Napoleon* (1969), pp. 427-79; con respecto a las constituciones instauradas a través de la ocupación militar francesa de las "repúblicas hermanas" y otras naciones, véase H. B. Hill, "The Constitutions of Continental Europe, *1789-1803", Journal of Modern History,* VIII (1936). *Y* por referencia al desarrollo de una leyenda napoleónica después del exilio del emperador a Santa Elena, remitimos al lector al presuntamente anónimo *Journal of the Private Life and Conversations of the Emperor Napoleon at Saint-Helena* (8 vols., Londres, 1923).

Para continuar con el proceso en que Francia "revolucionó" a Europa antes y después de la caída de Napoleón: algunos estudios eruditos de este proceso en Escandinavia y Europa central, obra de K. Tönnesson, K. Benda y otros, fueron publicados en los números 212 y 265 (1973 y 1986) de los *Annals historiques de la Révolution française*; y las revoluciones francesas de 1830 y 1848 (también en aspectos importantes proyecciones de la Revolución de 1789), merecieron la atención de los estudiosos en dos libros compilados por J. Merriman de Yale: *1830 in France* (1975) *y Consciousness and Class Experience in Nineteenth-Century Europe* (1979). El nacimiento de un movimiento de la clase trabajadora francesa en Lyon ha sido analizado por Robert Bezucha en *The Lyon Uprising of 1834: Social and Political Conflicts in the Early July Monarchy* (Cambridge, Mass., 1974). *Y* finalmente, la contrarrevolución, que fue una molestia permanente para las Asambleas Nacionales de la Revolución así como para el Consulado y el Imperio, ha sido estudiada en J. Godechot, *The Counter-Revolution, Doctrine and Action* (traducción inglesa, *1971)*, y más recientemente y de un modo más integral en F. Lebrun y R. Dupuy (comps.), *Les Résistances à la Revolution* (1987).

Nota del editor:

El calendario revolucionario

Los hombres de la Revolución quisieron abolir el pasado y establecer una nueva era. Para ellos, la historia comenzaría con la Revolución. La era cristiana debía morir para que triunfara la era francesa, que abriría el tiempo de la verdad.

El 20 de setiembre de 1793 el diputado Romme presentó a la Convención un nuevo calendario. Los nuevos tiempos, dijo, comenzaron con la proclamación de la República el 22 de setiembre de 1792, en el momento en que terminaba el verano y comenzaba el otoño. La República había nacido un día de equinoccio, cuando el día es igual, en duración, a la noche. Aquel día la revolución de la tierra se encontró con la revolución de los hombres, y la igualdad del día y la noche en el cielo reflejó la igualdad de los hombres sobre la tierra. Para celebrar eternamente esta conjunción entre la astronomía y la historia, el año republicano comenzaría a medianoche, en el equinoccio de otoño.

Romme y Fabre d'Eglantine trabajaron para establecer un nuevo calendario. El año se dividió en doce meses y cinco días; un día en diez horas y una hora en décimos. Una hora de la nueva división del tiempo equivalía a dos horas y venticuatro minutos de la antigua, y la semana tendría diez días.

Para los nombres de los meses se utilizaron los fenómenos de la naturaleza. *Ventoso,* el mes del viento; *termidor,* el mes del calor; *floreal,* el mes de las flores, etc.

El calendario revolucionario se utilizó a partir de 1793 (en forma retrospectiva, el año I comenzó el 22 de setiembre de 1792) y rigió hasta 1805, o el año XIV de la Revolución.

Tabla de equivalencias entre el calendario revolucionario y el calendario gregoriano

1 vendimiario	22 de setiembre
1 brumario	22 de octubre
1 frimario	21 de noviembre
1 nivoso	21 de diciembre
1 pluvioso	20 de enero
1 ventoso	19 de febrero
1 germinal	21 de marzo
1 floreal	20 de abril
1 pradial	20 de mayo
1 mesidor	19 de junio
1 termidor	19 de julio
1 fructidor	18 de agosto